『내 정신의 자서전』을 한국에서 출판할 수 있게 되어 나는 매우 기쁘게 생각합니다.

말하자면 나는 한국에 특별한 감정을 갖고 있습니다. 그 이유가 단지 1994년에서 1995년까지 내가 한국외국어대에서 객원교수를 지낼 때, 한국의 대학교수·학생 및 학계의 친구들과 친밀하게 왕래하며 깊은 우정을 나누었기 때문만은 아닙니다. 더욱 큰 이유는 내가 한국에 갔을 때가 바로 톈안먼 사건 뒤여서 내 사상이 극단적으로 고통스러운 상태에 처해 있던 시기였기 때문입니다. 한국은 나에게 일정한 거리를 두고 더욱 광범위하게 중국 문제를 사고할 수 있는 공간과 시간을 제공해주었습니다. 한국에 있는 동안 내가 접촉한 한국 진보적 지식인들의 사상도 나의 사고를 크게 계발시켜주었습니다. 따라서 한국에 체류한 1년은 내 개인의 정신발달사에서 상당히 중요한 시기로 꼽힙니다. 마오쩌둥에 관한 나의 연구도 한국외국어대 외국인교수 기숙사에서 시작된 것입니다. 이 연구는 10여 년 동안 지속되었고, 그 성과물인 『마오쩌둥 시대와 포스트 마오쩌둥 시대—역사의 또 다른 글쓰기』란 책도 지금 한국어로 번역되고 있습니다.

나는 지금까지 한중 양국 지식인 사이에 더욱 깊은 '심적 교류'가 있기를 기대해왔고, 이러한 기대는 근래에 더욱 절실한 느낌으로 다가오고 있습니다. 특히 눈앞의 글로벌화에 직면한 경제·정치·사상·문화 상의 위기는 "중국은 어디로 가는가?" "한국은 어디로 가는가?" "동아시아는 어디로 가는가?" 및 "세계는 어디로 가는가?"라는 문제를 우리가 함께 사고하도록 요청하고 있습니다. 뿐만 아니라 이 문제들은 모두 서로 교직되고 뒤엉킨 채로 우리 앞에 나타나고 있습니다. 이러한 현상은 우리에게 더욱 커다란 용기와 지혜로 자국의 문제를 바라보도록 요청하고 있을 뿐만 아니라, 피차

간에 교류·이해·협력 강화를 위해 서로 더욱 열심히 노력하도록 요청하고 있습니다. 내가 이 책의 한국어판 출판을 중시하는 이유는 이 책이 개인의 정신사를 통해 1980년대 이후 중국의 사상사·문화사의 어떤 측면을 드러내고 있기 때문입니다. 이러한 점이 어쩌면 한국 친구들이 중국과 중국 지식인을 더욱 구체적이고 감성적으로 이해하는 데 도움을 줄 수 있고, 또 한국인들이 관심을 기울이고 있는 중국 문제를 관찰하고 토론하는 데 하나의 시각과 계기를 제공해줄 수 있을지도 모르겠습니다.

이 책의 한국어판 출간으로 나는 한국의 젊은 지식인 친구들과 더 많은 인연을 맺을 수 있기를 기대하고 있습니다. 애초에 이 책의 주요 독자 대상은 바로 중국의 청년들이었고, 나는 베이징대학에서 이 책의 일부 내용을 강의한 적도 있습니다. 나중에 타이완에서 이 책의 무삭제본이 출판되었을 때도 타이완 일부 청년들 사이에서 이 책을 둘러싸고 열렬한 토론이 벌어졌습니다. 나는 평생 동안 청년들과 밀접한 정신적 연계를 맺어왔습니다. 왜냐하면 나는 시종일관 국가와 인류의 미래를 대표하는 것은 청년들이라고 생각해왔고, 아울러 나는 늘 청년들에게서 끊임없이 창조적인 활력을 흡수해왔기 때문입니다. 당시 내가 한국외국어대에 재직할 때도 한국 청년 학생들과의 교류를 통해 사상 상의 유익한 점을 적지 않게 얻을 수 있었습니다. 만약 이 책의 출판으로 한국의 더욱 젊은 세대와 심적 교류를 할 수 있다면 나의 만년생활에 크나큰 행운이 될 것입니다.

이번 번역 과정의 모든 일에 대해 나는 이 책의 옮긴이 김영문 선생 및 출판사 친구들께 깊은 감사를 드립니다. 우리는 지금까지 아직 만난 적은 없지만, 이미 이심전심으로 마음이 통하는 느낌을 갖고 있습니다. 이러한 느낌이 어쩌면 한중 양국 비판적 지식인 사이에 흐르고 있는 심령 일치의 상징일지도 모르겠습니다. 여기까지 쓰고 나자 마음속으로 한 줄기 따뜻한 온기가 전해져서 아무 말도 할 수 없습니다. 여기에서 줄이겠습니다.

2012년 3월 19일 저녁

첸리췬

내 정신의
자서전

내 정신의
자서전

나에게 묻는다, 지식인이란 무엇인가

김영문 옮김　錢理群　첸리췬

글항아리

"첸리췬 선생의 「루쉰魯迅과 저우쯔런周作人 사상 비교」라는 과목을 청강하면서 실제 그의 모습을 대면할 기회를 얻게 되었다. 첸리췬 선생은 조성환이 말한 것처럼 정말 배불뚝이 미륵보살 불상과 흡사했지만, 그가 토해내는 사자후는 당시 베이징대학에서 가장 큰 계단식 강의실을 열광의 도가니로 몰아넣었다." _옮긴이의 말

| 일러두기 |

· 이 책은 『내 정신의 자서전我的精神自傳』 중 하편을 번역한 것이다. 상편은 저자의 가정 환경,
 성장 환경, 학문 역정을 다루고 있는데 그 양이 너무 방대하여 한국 독자들을 위해 하편만을
 번역했다.
· 이 책은 중국 대륙판과 타이완판을 대조 교정하여 양쪽에서 삭제된 내용을 모두 복원한 것
 이다. 교정 원고는 저자인 첸리췬 선생께서 직접 제공해주었다.
· 본문과 주석에서 강조 표시가 된 것은 이 책의 중국 대륙판에서 삭제되었으나 타이완판에는
 실린 것이다.
· 본문에서 옅은 색으로 표시된 것은 중국 대륙판에는 있으나 타이완판에는 없는 내용이다.
· 원래의 내용이 삭제되면서 수정된 부분은 복원한 내용 뒤에 괄호( )로 표시했다.

『내 정신의 자서전』은 2007년 12월 광시사범대학출판사廣西師範大學
出版社에서 출판되었다. 이 책의 상편「나의 회고와 반성我的回顧與反思」
은 2008년 9월 타이완 싱런출판사行人出版社(이하 싱런판으로 약칭)에서
『나의 회고와 반성—베이징대학 마지막 강의在北大最後一堂課』라는 제목
으로 다시 출판되었다. 그리고 이 책의 하편「내 정신의 자서전」도
2008년 8월 타이완사회과학잡지사臺灣社會科學雜誌社(이하 타이사판으로
약칭)에서[2] 『내 정신의 자서전—베이징대학을 배경으로以北京大學爲背
景』라는 제목으로 다시 출판되었다. 이렇게 하여 『내 정신의 자서전』
은 대륙판과 타이완판이라는 두 가지 판본으로 존재하게 되었다.

대륙판과 타이완판에는 다음과 같은 차이가 있다. 첫째, 책 제
목이 조금 달라지고 부제副題가 붙었다. 둘째, 싱런판에는 리어우판
李歐梵 선생의「서언序言」이 붙어 있고, 타이사판에는 사오옌쥔邵燕君
이 쓴「갓난아이의 불심을 지닌 첸리췬赤子佛心錢理群」이라는 도론導論
이 붙어 있다. 셋째, 타이사판 『내 정신의 자서전』에는 하편에「내
정신의 성장 배경我的精神成長背景」이 추가되어 있고, 여기에는 대륙판
에 없는「1978~1980 대륙의 사회민주 운동一九七八~一九八〇大陸社會民主運
動」,「1980년 대륙 캠퍼스 민주운동一九八〇年大陸校園民主運動」,「1997년 베
이징대학 기록一九九七年北京大學記事」,「'영안실'—세기말 중국의 또 다른
측면'停尸房'—世紀末中國的另一面」 등 네 편의 글이 보충되어 있다. 넷째,
위의 두 가지 타이완판에는 각각 대륙판과는 다른「후기後記」가 붙

어 있다.

그러나 가장 중요한 것은 대륙판은 많은 부분이 삭제되었지만 (삭제되지 않은—역자) 타이완판은 완전한 판본이라는 점이다. 나는 타이사판 「후기」에서 이렇게 설명했다.

> "『내 정신의 자서전』이 대륙의 광시사범대학출판사에서 출판되자 뜻밖에도 독자들의 반응이 매우 강렬했다. 나는 물론 기뻤지만 한 편으로 남몰래 마음이 아팠다. 왜냐하면 많은 부분이 삭제되었기 때문이다. 독자들과 가장 나누고 싶었던 내 마음속 말을 독자들은 볼 수도 읽을 수도 없게 된 것이다. 이 얼마나 가슴 아픈 비애인가? 그리고 이 모두는 '내 스스로 삭제를 받아들인' 자업자득의 결과이다. 이처럼 스스로 삭제하거나 다른 사람에 의해 삭제되지 않은 모습으로는 대륙의 젊은이들과 만날 방법이 없다.—솔직하게 말해서 이 책은 주로 젊은이들을 위해 쓰인 것이다.—이에 만신창이가 된 몸으로라도 독자들 앞에 설 수밖에 없는 것이다. 이제 다행스럽게도 타이완의 천싱광陳興光 등 친구들의 비분에 찬 도움으로 온전한 모습으로 세상에 나설 수 있게 되었으니 이 얼마나 큰 행운인가?"

동일한 책의 두 판본을 마주하고 나는 '대조 교정'을 해야겠다고 마음먹었다. 우선 눈앞의 학술 저작에 대해서 실험적인 교정을 해 보고 싶었다. 나는 어떤 저명한 학자이며 작가인 분께서 현대문학 작품에는 교감 문제가 존재하지 않는다고 공개적으로 선언한 일을 지금까지도 기억하고 있다. 그분은 이런 이유로 학자가 자기 저작의 종합 교정본을 만드는 작업에 대해 그 의의와 가치를 부정했다. 그렇다면 나중에 이와 관련된 소송이 벌어져서, 증거 자료를 위해 현대문학 작품이나 학술 저작을 교정해야 할 때는 어떻게 할 것인가?

그런 태도로 과연 교정을 할 수나 있을까, 교정할 수 있더라도 또 어떻게 해야 할까? 그때는 이 모든 것이 문제가 될 수밖에 없을 것이다.

하지만 내가 이와 같은 실험을 하려는 목적은 결코 여기에만 있는 것이 아니다. 왜냐하면 내가 볼 때 문헌학이 처리해야 할 판본·목록·교감 등과 같은 작업은 실제로 역사 속에서 이루어진 인간의 글쓰기 활동과 생명의 존재 방식 및 한 시대 문화[문학]의 생산과 유통을 가능케 한 시스템과 그 작동 방식을 다루어야 하기 때문이다.(「사료의 '독립적 준비' 및 기타史料的'獨立準備'及其他」) 이 때문에 나는 '대조 교정' 배후에 반영되어 있는 학술 저작의 출판·생산과 그 유통 방식 그리고 이러한 과정에서 굴절되어 나온 대륙 학자(나도 포함)들의 진실한 언어 환경과 생존 양식에 더욱 큰 흥미를 갖고 있다. 대부분의 학술 저작은 삭제 후에나(나의 거의 모든 저작도 이 같은 '처리 과정'을 거쳤다) 대륙에서 출판될 수 있고, 몇몇 금서는 타이완·홍콩이나 해외에서만 출판될 수 있다. 예를 들어 나의 『망각 거절: '1957년학' 연구 필기拒絕遺忘: '1957年學'研究筆記』라는 책은 바로 홍콩에서만 출판되었고, 지금 이 책『내 정신의 자서전』도 삭제된 대륙판과 온전한 타이완판이 존재하고 있는 것이다. 문제는 거의 모든 삭제가 나 자신에 의해 이루어지거나 혹은 나의 동의를 거쳐 편집위원이나 편집장에 의해 행해진다는 점이다. 이것을 나는 「후기」에서 '스스로에 의한 삭제와 다른 사람에 의한 삭제自殘他殘'라고 칭했다. 이것이 바로 '중국적 특색中國特色'이다. 겉으로 보기에는 '신중국'에 국민당 시대의 구중국과 같은 출판검열 제도가 전혀 존재하지 않는다. 우리에겐 지금까지도 '출판법'이란 것이 없다. 따라서 검열관이 직접 나서서 삭제에 관여하지 않는다. 아주 '자유로워' 보이고 우리가 대외에 선전할 때도 이와 같이 말한다. 그러나 '말하는 것은 자

대륙판과 타이완판 교정 소감
「내 정신의 자서전」

09

유이지만 출판에는 규율이 있어야 한다言論有自由, 出版有紀律'는 조항이 있다. 소위 '규율'이란 금서를 출판하면 출판사를 처벌하는 규정이다. 이렇게 작가와 출판사를 핍박하면서 '자기 검열을 통해 스스로의 삭제'를 강요하고 아무런 흔적도 남지 않게 하는 것이다.

국민당 시대에는 그래도 '천정으로 난 창문'이 있어서, 책을 출판할 때 신문 잡지에서 삭제된 글을 보충하고 그 위에 검은 점을 찍어 독자들의 주의를 끌도록 할 수 있었다. 루쉰은 당시에 이런 방법을 썼다. 그러나 오늘날 우리 사회에서는 불가능한 일이다. 삭제되면 그걸로 끝이고 어떤 설명이나 암시도 허용되지 않는다. 삭제가 행해진 수많은 곳에서 독자들은 영문을 모르고 어리둥절해한다. 그러나 영문을 몰라도 그걸로 그만이다. 더욱 많은 독자는 그 이유를 탐구해보지도 않고 작가가 원래 이렇게 썼겠거니 하고 생각한다. 따라서 '대조 교정'의 첫 번째 역할은 바로 삭제가 존재했음을 드러내는 일이다.

그렇게 되면 주의 깊은 독자들은 한층 더 진전된 연구를 할 수 있을 것이다. 삭제된 것이 무엇이며, 왜 삭제되었는가? 표면적으로는 어떤 문자를 삭제해야 하는지, 또 반드시 삭제해야 하는 글은 무엇인지에 관한 명문 규정은 없다. 그러나 중국 대륙에 살고 있는 사람이라면 지식인·학자·작가를 막론하고 자신의 언어 환경에 대해, 즉 어떤 말을 할 수 있고 어떤 말은 할 수 없는지, 어떤 말은 사적으로 할 수 있고, 어떤 말은 공적으로 할 수 있는지, 어떤 말은 글로 쓸 수 있고, 글로 써서 또 어떻게 발표할 수 있는지, 그리고 소수의 친구들 사이에 널리 알려져 있는 것처럼, 자신의 글을 인터넷에 업로드할 것인지, 아니면 잡지에 발표할 것인지, 아니면 책으로 출판할 것인지 등등의 언어 환경에 대해 나름대로의 판단 기준을 갖고 있다. 이런 판단은 오랫동안 관습으로 고정되어 일종의 규정처럼 작용하고 있다. 애초에 사람들은 자기 생존의 안전을 고려하여 핍박에 순종하다가 나중에는 점점 습관화되어 반자각적인 행위로까지 변질되었다. 그리고 그 악습이 일상화된 뒤에는 오히려 '그 장난 같은 규칙'에 순종하지 않는 사람을 의심하거나 심지어 증오하기까지 한다. 이처럼 한 통치자의 의지가 점차 소위 '집체의식'과 '공공 여론'으로 변질되는 과정을 자세히 생각해보면 정말 가공할 만하다. 문제는 오늘날의 중국 대륙에서 이처럼 '자세히 생각하는' 사람이 아주 드물다는 것이다. '생각하는 걸' 직책으로 삼고 있는 지식인들 조차도 생각하지 않는다.(혹은 생각하고 싶지 않은 것일까? 아니면 감히 생각하려 하지 않는 것일까?) 어쩌면 모두들 생각하지 않기 때문에 내가 나서서 원본과 삭제본을 대조 교정하여 피비린내 나는 사실을 억지로라도 사람들에게 보여주어 생각을 하게 하고, 아울러 그들로 하여금 우리의 진실한 언어 환경과 생존 양식을 직시하게 하려는 것이다. 이것이 바로 루쉰의 '눈을 부릅뜨고 바라보자'라는 말의 의미이다. 물론 어떤 사람은 계속 보지 않고 생각하지도 않으면서 내가 쓸 데 없는 일에 끼어들기 좋아한다고 욕을 할 것이다. 그럼 나도 어쩔 수가 없다. 각자 자기의 길을 갈 수밖에.

2009년 1월 6일
첸리췬錢理群

지금 시각은 2005년 1월 17일 새벽이다. 내 앞에는 나의 첫 번째 학술 저작 『심령의 탐색心靈的探尋』이 놓여 있다. 그 「후기後記」에는 '1986년 4월 27일 밤 12시 탈고'라고 씌어 있다. 나의 집필 생애가 벌써 20년이나 지속된 셈이다. 다시 한 달을 더 지나면 나의 인생은 66세의 문턱을 넘어선다. 이제 초보적으로나마 생애를 한번 정리할 시점에 도달한 것 같다.

그리하여 나는 책상 앞에 앉아 『내 정신의 자서전我的精神自傳』을 쓰기 시작한다.

『내 정신의 자서전』을 더 정확하게 말하자면 나의 '학술과 정신의 자서전'이라고 해야 한다. 왜냐하면 내 정신의 성장은 나의 학술 업무와 긴밀하게 연관되어 있고 또 이 배후에는 학술 연구에 대한 나의 이해, 좀 과장해서 말하면 나의 학술관이 깔려 있기 때문이다. 학술 연구와 창작은 서로 다른 특징을 가지고 있는 것으로 보인다. 예컨대 후자는 허구를 강조하고 전자는 허구를 배척하는 것 등등에서 그렇다. 그러나 이 두 가지 모두는 집필 주체의 생명 운동이라는 면에서는 그 본질이 일치한다. 따라서 집필 주체는 자아의 생명과 학술을 일치시키려는 노력을 하게 된다. 즉 학술 탐색은 바로 생명의 분투掙扎이고, 연구 대상의 발견은 자아의 발견이기도 하다. 학술상의 끊임없는 개척에 따라 자아 생명도 부단히 승화되어 간다.[1] 나는 학술 저작 뒤편에 긴 「후기」를 써서, 저작 배후에 숨어 있는

'나의 이야기'와 저작 속 '타인의 이야기'를 유기적으로 한데 버무려 숨김없이 이야기하기를 좋아한다. 나는 이런 「후기」를 '묘지명墓誌銘' 이라고 부른다. 이것은 결코 우스갯소리가 아니다. 왜냐하면 나는 한 권의 책을 탈고할 때마다 늘 루쉰魯迅이 이야기한 다음과 같은 감 상이 느껴지기 때문이다. "내 생명의 일부분은 이렇게 소진되었다. (…) 사라져갔다. 사라져갔다. 모든 것이, 시간과 함께 일찌감치 사라 져갔다. 또 사라지고 있고, 사라져가야 한다." 책을 편집한다는 것 은 "썩은 흔적들을 긁어모아", "구덩이를 파고 무덤을 만드는 일"에 불과하다.12 긍정적으로 말하자면 한 권 또 한 권의 학술 저작은 한 사람 또 한 사람의 인생이 지나온 발자취이며, 여기에는 삶의 투쟁 속을 치달려온 생명의 궤적이 그려져 있다.

지금까지 출판된 30권의 저작은 바로 내 20년 생애의 '정신 자서 전'이라고 할 수 있다.

그 이유는 이 저작들 속에 나의 온 생명을 투입했기 때문만이 아 니다. 더 중요한 것은 나의 모든 학술 탐색, 즉 외부 세계의 역사와 현실에 대한 추궁이 결국은 자아의 내면세계에 대한 면밀한 관찰로 모아지고 또 자아 존재에 대한 사적史的 분석과 본질적 추궁으로 귀 결되기 때문이다.

"나는 누구인가? 나는 어떻게 존재하고 어떻게 말하는가?"

이것이 바로 나의 학술 연구에 대한 자기반성이다. 학술 생애 20년 동안, 중국과 세계에서 일어난 전대미문의 대변동·대전환 과 정에서 나는 줄곧 나 자신을 꼼꼼하게 관찰하고 고문해왔으며, 아 울러 학술 연구를 통해 나의 자아가 안분지족安分知足할 장소를 찾아 왔다.

따라서 서로 다른 역사 시기와 조응照應하는 집필 단계마다 서로 다른 자아의 이름이 아로새겨져 있다.

13

차례

제3장 | 생존자

제1장

역사적 중간물

『심령의 탐색心靈的探尋』속표지에는 "삼가 중국인과 중국 사회의 개조에 진력하고 있는 젊은 친구들에게 바친다"라는 말이 씌어 있고 또 다음과 같은 서문의 글이 있다. "청년 학생들에게 나의 루쉰관魯迅觀을 강의하는 것, 그것은 내가 몇십 년 동안 꿈꿔온 소망이다. 이제 벌써 사명이 완수되었으므로 나는 저절로 물러날 수밖에 없다. 그러나 뒤따라 올 사람을 기다린다.—루쉰의 진정한 지음知音은 틀림없이 오늘날 중국 청년들 속에서 탄생할 것이다."

이 말 속에는 선명한 '역사적 중간물'[1] 의식이 포함되어 있고, 이것이 바로『심령의 탐색』이란 책의 핵심 개념이다. 이 개념은 연구 대상으로서의 루쉰에 대한 또 하나의 발견이며[2] 또한 연구 주체로서 내 자아에 대한 또 하나의 발견이기도 하다.

우리 세대의
정신과 학술 특징

"나도 그 속에 섞여 살았다"

『심령의 탐색』「재판再版 후기」에서 나는 이렇게 썼다. "이것은 나의 「광인일기狂人日記」이다. '나는 이전의 30여 년 동안 완전히 넋이 나가 있었다'는 사실을 처음으로 발견했다. 그리고 수십 년 동안 '항상 사람을 잡아 먹어온 이곳', '나도 그 속에서 오랫동안 섞여 살았고', 모르는 사이에 나도 사람 고기를 먹었을지도 모른다는 사실을 처음으로 분명하게 알게 되었다. 이 책은 이러한 상황에 대한 나의 첫 번째 반격이다. 또 이 책은 몇십 년 동안 사람의 영혼과 피 속에 깊이 스며든 관념·추측·이상·신앙에 대한 첫 번째 추궁인데, 즉 그것은 '옛날부터 그래왔다고 그것이 옳은 일인가?'라는 물음으로 표현된다. 동시에 이것은 나의 첫 번째 분투이고 첫 번째 영혼의 호소이다. 그 호소는 '사람을 잡아먹은 적이 없는 아이가 혹시라도 있을까? 아이를 구하라……'라는 구절에 잘 드러나 있다. 이로부터 나는 뒤돌아보지 않고 회의적·비판적 시선으로 새롭게 역사·사회·현실을 자세히 관찰하고, 기존 관념 가운데 선험적인 전제로 인정되어온 것들을 모두 다시 뒤집어보는 길을 걷게 되었다. 이것은 또한 내 영혼에 대한 고문이면서 내 영혼을 깨끗이 승화시키는 길이기도 했다."[13] 이 단락의 언급에 대해서 또 다음과 같은 설명이 붙어 있다. "여기에서 언급한 내용이 나 자신에게 그치는 것만은 아니다. 어쩌면 나와 같은 세대의 수많은 사람이 (…) 포함될 것이다. (…) 뿐만 아니라 이렇게 루쉰과 비교해보는 것은 선현先賢을 뛰어넘자는 것이 아니라, 우리 세대의 사람들이 인간에 대한 노역을 특징으로 하는 정치 문화의 속박에서 해방되었다는 사실을 강조하려는 것일 뿐이다. 그리고 그것은 5·4 세대 사람들이 인간을 인간으로 여기지 않는 '봉건 문화'의 속박에서 벗어나기 위해 몸부림친 일과 마찬가지로, '어렵고'도 위대한 과제이다. 여기에서도 우리는 시간상 최소한 2~3세대나 떨어져 있는 두 시대 사람들이 정신적으로는 서로 떼려야 뗄 수 없는 인연을 맺고 있다는 사실을 알 수 있다."14

위의 진술은 대체로 1970년대 말과 1980년대 초 문화대혁명(이하 문혁으로 약칭하여 표기)이 끝난 후 나와 같은 1950~1960년대 지식인이 겪은 정신 상태를 설명해주는 말이다. 여기에는 문혁 중 극단으로까지 치달은 "노예적 정치 문화"의 속박, 그 굴레에서 해방되려는 강렬한 욕구가 배어 있지만, 그것과 그처럼 간단하고 가볍게 이별을 고할 수가 없었다. 왜냐하면 "나도 그 속에 섞여 살았기" 때문이다. 이것은 나의 심령을 가장 강력하게 뒤흔든 발견 중 하나였다. 『심령의 탐색』「후기」에는 이처럼 나 자신과 그 한 세대 사람들의 정신적 오류가 언급되어 있다.

"그들의 절반은 핍박에 의해, 절반은 스스로 진리를 탐색할 수 있는 권리를 포기하였고, 독립적으로 사고할 수 있는 권리를 포기했다. 이는 근본적인 면에서 루쉰이 창시한 중국 현대 지식인의 역사 전통을 배반하는 일이었을 뿐만 아니라 지식인이 가져야 할 품격을 상실하는 일이기도 했다. 사회 분업이라는 측면에서 볼 때 '사고

思考'를 본업으로 삼아온 지식인들이 놀랍게도 '사고'를 멈추고, 기꺼이 '복종의 도구'가 되었다는 사실은 진정으로 역사의 대후퇴·대비극이었고, 또한 역사에 대한 커다란 풍자였다. 그러나 우리는 오랜 시간 이 점에 대해 매우 무감각하거나 태연자약했으며, 심지어 이런 복종을 득의만만하게 즐기기까지 했다. 이 책의 집필 과정에서 나는 다음과 같은 루쉰의 말을 새롭게 읽었다. '자신이 노예라는 것을 분명하게 알고 고통을 견디며 불평하고 몸부림치고, 다른 한편으로는 자신의 상황에서 벗어날 생각을 하거나 그것을 직접 실행한다면 설령 잠시 실패하여 수갑을 차게 된다 해도 그는 단순한 노예가 아니다. 그러나 만약 노예생활에서 아름다움을 찾아 찬탄하고 아끼고 또 그것에 도취된다면, 그는 진정 억겁의 세월이 흘러도 구제될 수 없는 노예근성을 가진 자라고 할 수 있다.' 돌이켜보면 나 자신도 지난날 오래도록 '복종'에 도취해 있었다. 나는 루쉰이 회초리로 나의 영혼을 후려치고 있다는 느낌을 받았다. 나도 자신을 용서할 여지가 없다는 생각이 들었다.'"15

23

위의 진술에는 노예 상태에서 노예근성으로 전환해가는 과정이 드러나 있다. 이것은 정말 가공할 만한 일이다. 나의 입장에서는 아마 또 다른 잔혹함으로 느껴졌던 것 같다. 즉 나 자신이 결국 노예화와 복종화에 젖어 있다는 사실을 발견하고 인정하는 것은 바로 내가 동시에 루쉰의 전통을 배반하고 있다는 사실을 인정하고 직시해야 함을 의미하기 때문이다.

"몇십 년 동안 루쉰을 연구해왔지만 이제야 마침내 나 스스로 몇 가지 기본 방향(물론 전부는 아니다)에서 루쉰과 동떨어져 있다는 사실을 발견하게 되었다. 이것은 말로 형언하기 어렵고, 심장을 후

벼 파는 듯한 고통을 안겨주었다."[16]

"겹겹의 포위망에 빠져 진퇴양난"의 곤경에 처하다

저우쭤런周作人에 관한 연구는 더욱더 내면의 격렬한 충돌을 일으켰다. "저우쭤런은 이미 망각했거나 부정했거나 매장해버린 본래의 '자아'를 환기해주었다." 이 '자아'는 나의 가정적 배경이나 유년기에 받은 교육 때문에[17] 본능적으로 개성 독립·해방·자유·민주와 휴머니즘을 지향해온 자아였다. 그러나 나중에 환골탈태의 과정을 거친 뒤에는 사회평등의 유토피아를 추구하였고, 사상 통일을 강조하였고, 또 의식화와 투쟁철학을 숭배하면서, 이러한 사상 경향을 핵심으로 하는 혁명의식에 바탕하여 일종의 새로운 자아를 형성했다. 이 자아는 외면적인 옷차림이나 대화에서부터 내면적인 사유 방식, 지식 체계, 감정, 문화 심리, 심미 의식 등에 이르기까지 모두 '이질화'의 모습을 보이면서 새로운 '본능'을 형성했다. 이처럼 아직 개조되지 않은 옛날 자아와 이미 개조 과정을 거친 새로운 자아는 개인 자유와 민주 의식이라는 측면에서 혁명의식과 충돌을 일으키면서 가치 판단상의 혼란을 일으켰다. 당시 나는 심리적으로 "겹겹의 포위망에 빠져 진퇴양난의 곤경에 처하여", "곤혹도 극심하고, 고통도 극심하다"는 느낌에 젖어 있었다. 이 때문에 상당히 긴 시간 동안 나는 스스로 만족할 만한 글을 쓸 수가 없었다.[18] 글을 발표하면 두 방향으로부터 문책을 받아야 했다. 극좌파는 혁명 정통을 옹호하는 입장에서 내 글이 좌파 경전과 행동 규칙을 위반했다고 지적했다. 뿐만 아니라 내부의 반역은 루쉰이 당시에 분석한 것처럼 "가장 가증스러운 반역이고, 다른 계

급의 노예가 일으킨 반역보다 더 가증스럽기 때문에 반드시 제거해
야 한다"[9]고 힐난했다. 또 한편 신파新派들은 나의 사상 해방이 불
철저하여 여전히 혁명의식이라는 전통적인 속박에서 벗어나지 못했
다고 비판했다.

결손의 가치, 생명이 감당할 수 없는 무게

나는 당시에 나를 비판하는 신파 청년들의
입장에 공감하였지만 역사 교훈에 비추어 반드시 자기 자신에게 충
실해야 한다는 사실을 알고 있었다. 설령 그것이 제한된 입장이라
하더라도 사실을 있는 그대로 밝힐 수만 있다면, 불철저한 소통을
하기 전에 그리고 진정으로 새 길을 찾기 전에 가볍게 입장을 바꿔
서는 안 되는 것이다. 그래서 다음과 같은 자기반성을 하게 되었다.

"매번 한 걸음을 힘차게 내디딜 때마다 우리 모두는 시대 및 학문
발전과 걸맞지 않은 낡은 관념, 사유 모델, 연구 방법, 지식 체계
와 언어 습관이 우리를 억압하는 힘을 강렬하게 느낀다. 그리하여
우리는 한편으로 투쟁할 수밖에 없지만, 다른 한편으로는 또 전진
을 멈출 수 없다. 우리는 끊임없이 자신을 반성하고 자신을 부정하
고 자신의 모습을 수정하는 가운데, 항상 '오늘은 옳고, 과거는 그
르다'는 개탄과 당혹감에 직면해왔다. 우리는 자신의 연구 성과가
제한적이라는 사실을 아주 분명하게 인식하고 있다. 그것은 일찍이
루쉰이 언급한 바와 같이 '대단히 많다 해도 교량에 쓰인 나무 하
나 돌멩이 하나에 불과한 것이지 결코 무슨 앞날의 목표나 본보기
는 아니다'라는 말에 잘 표현되어 있다."[10]

역사적 증간물
내 정신의 자서전

자신이 할 수 있는 일과 할 수 없는 일, 그리고 도달할 수 있는 일과 도달할 수 없는 일이 무엇인지 명확하게 인식하고 나서 나 자신의 학술 업무의 의의와 가치를 고려한 뒤 나는 '결손의 가치'라는 개념을 제기했다. 그리하여 이 개념을 바탕으로 자기부정과 자기비판을 함과 동시에 제한적이나마 초보적인 자신감과 자기긍정이 가능하도록 했다.

가치의 결손이 생겨나게 된 한 가지 중요한 원인은 바로 지식 체계의 결손 때문이다. 이 점은 내가 고통스럽지만 어쩔 수 없이 여러 차례 언급했던 내용이다. 우리 세대 사람들은 문화 단절의 시대에 성장하였기 때문에 태생적으로 지식 체계의 결함을 가질 수밖에 없었고, 이후로는 아무리 노력해도 보완하기 어려운 상태에 처했으며, 이 때문에 모종의 역사적 곤경을 초래하기도 했다. 다음의 진술에서 그러한 상황을 엿볼 수 있다.

> "한편으로 학술 발전의 객관적인 정세에 따라 우리는 '윗세대와 아랫세대를 연결시키는' 책임을 안아야 한다. 우리 세대는 지금 확실히 중국 학계 중견의 위치에 자리 잡고 있다. 그러나 자신이 갖고 있는 지식 체계의 선천적인 결함 때문에 우리는 더러 힘이 마음을 따라가지 못하는 곤경을 느낀다. 개인적인 재능이나 천부적인 능력, 그리고 특히 후천적인 노력이나 부지런함의 정도만을 가지고 말한다면 우리 세대도 선배나 후배들에게 절대 뒤지지 않는다. 그러나 '독서를 많이 한 사람일수록 멍청하다'는 시대사조 때문에 우리 세대는 '문화 단절'의 피해를 입었고, 결국 우리 세대에서는 대학자나 대가급의 인물이 배출되기가 아주 어려워졌다. 이것이 바로 우리 세대의 비극이다. 원하지 않거나 하지 못하는 것이 아니라 할 수 없는 것이 현실이다. 이 '할 수 없음'이 우리 자신의 책임이 아님

은 분명한 사실이다. 이런 고통은 다른 세대 사람들이 이해하기 어렵고 직접 느끼기도 어렵다. 우리는 다른 사람의 연민을 바라지 않는다. 다만 루쉰이 말한 것처럼 수풀 속으로 숨어 들어가 거세된 몸의 핏자국을 스스로 핥을 수밖에 없다. (…) 만약 이 지식 체계의 결함을 틀어잡고 우리 세대를 완전히 부정한다면 우리는 쓴웃음으로 보답할 수밖에 없다."[11]

다른 한편으로는 우리 세대가 "학문의 발전에 강렬한 책임감과 사명감을 품고 있고 또 스스로의 한계성을 분명하게 깨닫고 있기 때문에 긍정적으로 보자면 항상 위기감과 긴박감을 갖게 되었다. 따라서 이를 극복하기 위해 부단히 학습하고 부단히 탐색하면서 조금도 게으름을 부리지 않았다. 그러나 부정적인 측면으로 보자면 엄청난 정신적 스트레스에 시달리게 되었다. 우리 자신이 짊어진 십자가는 실로 너무나 무거웠다."[12]

이것은 확실히 생명이 감당할 수 없는 무게였다. 나는 일찍이 어떤 추모의 글에서 우리 세대 사람들이 지니고 있는 내면의 고통을 이렇게 언급한 적이 있다.

"시대는 먼저 우리에게 열정적이고 천진난만한 이상주의 기질을 부여해주었고, 바로 이어서 우리가 세상 물정과 현실세계를 이해하도록 해주었다. 한 차례 또 한 차례 고난을 겪으며 우리는 강건하게 변해가는 듯이 보였지만, 우리의 내면은 오히려 너무나 연약했다. 우리는 세속에 분노하면서도 치욕을 참고 중임을 맡아야 했다. 역사적 사명감은 우리에게 모든 일에 헌신적일 것을 강력하게 요청했지만, 무정한 현실 때문에 우리는 앞뒤를 돌아보며 주춤거리지 않을 수 없었다. 우리의 마음은 미래를 바라보며 청년들의 용감함을 부러워하지만 우리의 행동은 늘 케케묵은 귀신에 붙잡혀 있다. 역사는 우리에게 앞 세대에 마침표를 찍는 동시에 뒷 세대를 끌어줄 것을 요구한다. 많은 사람은 우리를 별 볼일 없는 세대로 여긴다. 노인과 청년, 역사와 미래, 이상과 현실 등등의 사이에 끼어 우리의 심신은 피폐해졌다. 우리의 유일한 의지처는 바로 몇십 년 동안의 고투 속에서 단련해낸 강인한 내재 역량이다. (…) 그러나 더없이 강인한 활도 줄이 끊어질 수 있다."[113]

집필의 '자기 징벌성', 속죄와 채무 상환

또 다른 글에서 나는 역사 속 기억이 야기한 '심령의 폭풍' 및 이로부터 형성된 집필의 '자기 징벌성'에 대해 언급한 적이 있다.

"바로 이와 같이 이미 개인과 가정의 피와 살이 되어버린 '고난 체험과 그 기억'은 내가 20세기 중국의 역사와 문학 및 중국의 현실과 미래를 관찰(이해)하는 바탕이 되었다. 뿐만 아니라 '고난에 대한 나의 기억' 중에서 가장 외면할 수 없는 부분은, 외부의 압력 때문에 마음이 흔들려 굴복한 나머지 심지어 배신에까지 이른 경험들과 인성의 왜곡과 추악함에서 비정상적인 행위로까지 나아간 (…) 목불인견의 비참한 기록들이다. 나는 그것들을 말살할 수 없다. 그것들은 악몽처럼 나를 가위 누른다. 마치 저 공동묘지의 '무덤'들같이. '회한'의 뱀은 이처럼 부지불식간에 나의 영혼을 물어뜯는다. 오직 펜 끝으로 그것들을 기록할 때에만 내 마음은 조금 편안해진다. 근 20년 동안 나는 펜을 놓아본 적이 없고 하루라도 게으름을 부려본 적도 없다. 사실 결코 부지런하다고 할 수는 없지만, 내면의 동력으로 글을 써온 것이다. 뿐만 아니라 지금 이 순간도 심령의 폭풍이 멈춘 뒤 내가 펜을 놓고 위안을 받을 만한 어떤 조짐도 나타나지 않고 있다. 나는 아마도 이처럼 쉬지 않고 자신을 징벌하면서 글을 '써내려갈' 수밖에 없을 것 같다."[114]

'자기 징벌'은 또한 '속죄'이기도 하고 '부채 상환'의 의미도 있다. 나는 첫 번째 수필집 『인간의 병폐人之患』에서 중국에서 '인간 되기가 어려움'을 토로했다. '인륜人倫'이라는 관계망 속에서 펜을 들고 글을 쓸 때마다 언제나 내 몸 뒤에 나의 손윗 분들(부모님, 형님, 선생님……)과 동년배 등 수많은 사람이 서 있는 걸 의식해야 했다. 그들은 나를 길렀고, 나의 자아를 발견해주었으며, 지금의 나를 빚어냈다. 인생의 중요한 지점에서 그들은 나에게 지지와 격려를 보내주었다. 이러한 은혜는 나에게 늘 정신적인 압력으로 작용했다. 다른 한편 나는 또 늘 내 앞에 수많은 젊은 친구가 서 있음을 느껴야 했다. 나는 그들에게 희망을 기탁하지만 내 스스로도 어떤 의무와 책임을 져야 할 것으로 생각한다. 위아래 두 세대(같은 세대까지 포함하여)의 압력을 받으며 나는 언제나 내 생명이 감당하기 어려운 부담을 느낀다. 나는 오직 글을 쓰는 것만으로 해탈을 추구할 수밖에 없다.[115] 어떤 의미에서 나는 집필 생애 첫 번째 단계에서 바로 '부채 상환'을 위해 글을 썼다고 할 수 있다. 나는 나의 스승님, 부모님, 형과 선배들을 위해 성실하게 문집과 기념집을 편집하면서 회고와 추모의 글을 썼을 뿐만 아니라[116] 이 시기의 저작들을 그들에게 헌정했다. 내가 속표지 제사題詞에서 구체적인 이름을 밝힌 네 가지 헌정본에는 다음과 같은 헌정사가 쓰여 있다. "지금 중국인과 중국 사회의 개조에 진력하고 있는 젊은 친구들에게 바친다"(『심령의 탐색』), "우리 스승님들에게 바친다"(『저우쭤런론周作人論』), "나의 학우들과 동시대인들에게 바친다"(『저우쭤런전周作人傳』), "나의 동반자 커신可忻에게 바친다"(『크고 작은 무대 사이에서—차오위 연극 신론大小舞臺之間—曹禺戲劇新論』). 이밖에 몇몇 후기에서도 다음과 같은 헌정사를 썼다. "구이저우貴州 대지에 살고 있는 내 정신의 형제자매들에게 바친다."(『풍부한 고통—'돈키호테'와 '햄릿'의 동천豊富的痛苦—'堂吉訶德'與'哈姆雷特'的東移』) 비록 이 책이 이미 다음 시기의 저작이긴 하지만 나는 본래 부채를 상환한 뒤 몸을 털고 나면 심신이 좀 가벼워질 줄 알았다. 그런데 뜻밖에도 나와 동시대를 산 희생자들과 나를 길러준 대지 및 인민들에 대한 책임감을 느끼게 되었다. 그리하여 이 주제를 상세하게 토론할 새로운 책을 집필하기 시작했다. '죄의식과 부채 상환 의식'은 영원히 나의 집필 과정을 따라다닐 것 같고 또 나의 학문과 저작의 기본 특징으로 자리 잡을 것 같다.

자신의 풍부한 '경력'으로 학계에 진입하다[17]

또 한 편의 글에서 나는 나 자신이 풍부한 경력으로 학계에 진입했다고 언급했다. 즉 나는 일찍이 사회 최하층에서 중국 사회의 대동란을 거쳤을 뿐만 아니라 광란의 미신에서 맑은 자성의 단계로 정신적인 대변신의 과정도 겪었다. 이 두 가지 경력은 모두 나의 사상과 학술 연구에 깊은 영향을 끼쳤다. 이 때문에 '중국의 사회와 문화 그리고 중국인의 국민성 및 자아의 영혼에 뿌리박힌 봉건주의(특히 그중에서도 봉건전제주의)에 대해 극도로 민감하게 반응하고 고도로 경계하는 마음을 갖고 있다. 이것은 나의 기본적인 입장이며 마지노선이다. 어떤 시기 어떤 형태의 전제

주의에 대해서도 나는 절대로 타협하지 않고 비판적인 태도를 견지
했다.

　다른 한편 나는 자기반성 과정에서 한때 나의 자아를 포기하면
서까지 떨쳐버릴 수 없는 양심의 가책을 느꼈기 때문에 오히려 개성
독립과 자유 추구의 입장을 극도로 강화할 수 있었다. 이 점도 내가
가진 또 하나의 기본 입장이며 마지노선이다.[118] 아래의 글에서 다시
언급하겠지만, 나는 바로 이러한 경력과 경험을 가지고 루쉰의 '참
인간 세우기立人' 사상을 받아들이고 이해했다. 세기말에 이르러서도
나는 여전히 '개체의 정신 자유는 절대로 양보할 수 없다'는 마지노
선을 고수하고 있다. 이것은 인간이 되느냐 노예가 되느냐를 가르
는 최후의 마지노선이다.[119] 이 말에도 타인과 자아의 생존 상황 및
노예성에 대해 극도로 민감하게 반응하고 고도로 경계하는 마음이
나타나 있다. 나는 여러 편의 글에서 마스다 와타루增田渉의 다음과
같은 회고를 인용한 적이 있다. "루쉰의 저작과 그의 일상 대화에는
늘 '노예'라는 말이 출현한다." 아울러 그는 이에 대해 다음과 같은
해설을 덧붙이고 있다. "루쉰에게 있어서 이 말은 추상적인 개념이
아니라 직접 삶과 맞닿는 현실이었다. 이 현실은 항상 그의 생존 과
정에서 그의 열정을 고무하며 그의 모든 사고와 긴밀하게 결합되어
있었다."—따라서 이 점도 루쉰과 나의 자아에 대한 이중의 발견이
었다.[120]

역사의 추궁:
자기 독립성을 어떻게 상실하였는가

바로 이와 같이 스스로 각성하는 과정에서 나는 '20세기 중국 지식인의 정신사'에 흥미를 갖게 되었고 또 이것에 대해 비판적으로 관찰하는 입장과 태도를 견지하게 되었다. 최초 단계의 사고와 연구는 주로 두 가지 문제에 집중되었다.

민족주의 문제에서 발생한 오류

『심령의 탐색』「후기」에서 나는 또 다음과 같이 썼다.

"1950~1960년대를 전후하여 중국 대륙에는 외부로부터 강요된 봉쇄 조치가 두 차례 있었다. 첫째는 1950년대에 미국을 주축으로 하는 서구 사회가 중국에 가한 봉쇄 조치였다. 둘째는 1960년대에 소련을 주축으로 하는 국제 공산주의가 중국에 가한 봉쇄 조치였다. 20년 동안 있었던 이 두 차례의 봉쇄는 때마침 중국 대륙에서 성장하기 시작한 이 한 세대 지식인의 사상·성격 및 문화 심리 구조 형성과 발달에 심각한 영향을 끼쳤다."

우선 이 세대 지식인들은 강렬한 민족주의 정서를 갖게 되었다. 국가의 독립과 부강을 위해 헌신하는 커다란 열정과 자주독립·자력갱생을 위해 분발 분투하는 정신은 이 세대 사람들의 특징이며 장점이라고 할 수 있다. 그러나 이 세대 사람들이 비록 이러한 입장에서 출발했지만 어떤 함정에 빠져들고 말았다는 것이 역사의 교훈이다. 이것은 일찍이 루쉰이 경고를 보내며 다음과 같이 강조했던 점이다. "모두 일치하여 외부의 적에 대항할 때" 국민들의 정당한 권리를 박탈하는 걸 방지해야 한다.[21] 20세기 중국에서도 뜻밖에 이따금 다음과 같은 오해가 발생하곤 했다.

> "민족과 사회에 대한 지식인들의 책임감을 강조할 때 언제나 지식인들의 개성 상실을 대가로 요구한다. 이것은 사실상 근본적인 면에서 전통적인 유가 문화의 특징을 반영한 현상이다. 중국의 지식인들은 전통문화의 담지자로서 알게 모르게 이러한 전통을 계승해왔다. (…) 이 지점에서 바로 루쉰이 예언한 비극이 발생한다. 즉 사람들은 '일치단결하여 외부의 적에 대항하고, 제국주의와 패권주의에 반대하는' 측면에만 주의하고 여기에서 야기된 국내 봉건 전제주의에 대한 경각심은 소홀히 취급하고 있는 것이다."[22]

오류의 또 다른 측면은 국가가 1950~1960년대에 민족주의의 깃발을 높이 들고 민족 독립과 국가 건설 부문에 현저한 성과를 거두며 지식인들의 신임을 얻었지만, 그것이 극단으로 치달아 점점 맹목적인 복종으로 변질되었고 결국 다음과 같은 논리와 현실을 용납하게 되었다는 점이다. 즉 "중국의 발전 노선을 탐색하는 '큰일'은 마오쩌둥毛澤東과 같은 영수領袖의 특권이다. 그러므로 우리 같은 보통의 백성(지식인도 포함하여)들은 마오쩌둥의 지시에 따라 착실하게 일

33

하며 본분에 충실하면 된다." 앞에서도 분석한 것처럼 우리 세대 지식인들은 이처럼 결정적인 측면에서 잘못된 선택을 했고, 결국 절반은 핍박으로 절반은 스스로 지식인이 가져야 할 '독립적인 사고의 권리'를 포기하고 말았다.[123] 여기에는 다음과 같은 잘못된 전환 행위가 포함되어 있다. 즉 '국가'의 의지에 순종하는 것에서 '국가 대변인'의 의지에 순종하는 것으로 변질된 행위가 그것이다. 이에 '국가의 이익'에 복종하고 그것을 위해 희생하는 행위도, '국가의 이익을 대표한다'고 공언하는 이익 집단에 복종하고 그들의 이익을 위해 희생하는 행위로 변질되었다.('국가의 이익'에 복종하고 그것을 위해 희생하는 행위도 이와 같은 경우이다.) 그러나 이것은 바로 모든 '희생론'의 실질적인 내용이기도 하다.[124]

여기에서 반복해서 출현하는 사안이 바로 민족주의를 어떻게 다루어야 하는가이다. 어떤 면에서 민족국가가 객관적으로 존재하는 상황이므로 민족주의가 없을 수 없다. 그러므로 민족의 이익과 민족의 자주 독립, 민족의 자존, 민족의 자강을 강조하는 것은 그 나름대로 의의를 갖게 된다. 이런 측면에서 우리는 친일 매국노가 된 저우쭤런의 교훈을 망각해서는 안 된다. 그러나 또 다른 측면에서 민족주의가 극단으로 치달으면 '중화중심'으로 변질되어 맹목적이고 배타적으로 세계 문명 발전의 바깥에 서서 민족지상·국가지상의 전제주의를 행하는 일에 매몰될 수도 있다. 이러한 두 가지 상황은 민족주의를 간단하게 부정[포기]하든 아니면 극단적인 민족주의를 실행하든 간에 모두 노예주의와 맹목주의를 조장하여 결국 대외적으로는 제국주의와 패권주의로 빠져들게 만들고, 대내적으로는 전제주의 체제 하에서 노예근성만 키우게 될 것이다.—이와 같은 두 가지 위험한 함정이 20세기 말과 21세기 중국에서 또다시 출현하고 있다. 현실은 바로 이처럼 우리에게 역사의 반복 가능성을 경고하

고 있다. 우리는 이에 대해 경계심을 갖지 않을 수 없다.[125]

지식인과 인민의 문제를 다룰 때 생겨난 오류

『심령의 탐색』「후기」에서 나는 또 다음과
같이 역사의 교훈을 총결하여 말했다.

> "굴원屈原이 '길게 탄식하며 눈물을 흘리나니, 애달프게도 백성들의
> 삶은 고난이 많다네'라고 반복해서 읊은 것처럼, 다사다난한 중국
> 땅에서 생활하는 사람들의 고난은 시종일관 중국 지식인들의 영혼
> 을 고통스럽게 했다. (…) 인민들의 운명과 함께하는 것은 중국 지
> 식인에게 가장 중요한 전통이었다."

이러한 전통은 20세기 역사 발전 과정에서도 지식인들이 노동자
농민들과 결합하는 것으로 이어졌다. 우리 세대처럼 1950~1960년
대에 성장한 지식인들은 이러한 전통의 긍정적인 의의를 받아들여
사회 하층 인민들과 정신적인 혈육관계를 맺음과 동시에 '지식인의
노동자화' 이론과 '사상 개조' 실천이라는 부정적인 영향도 수용해
야 했다. 시간이 갈수록 더욱 분명하게 보통의 노동자 농민들과 일
체화되는 것을 분투 목표로 삼으면서 지식인과 노동자 농민 관계에
왜곡 현상이 나타났다. 그들은 더 이상 서로 지지하고 함께 호흡하
고 돕는 평등관계로서의 사회변혁 역량이 아니라 인위에 의해 개조
자와 개조 대상으로 갈라지고 말았다. 그리하여 개조 대상인 지식
인은 '환골탈태'의 개조를 완수하지 못하면 존재 가치도 인정받지
못하는 소외 계층이 될 수밖에 없었다.[126]

여기에는 또 다음과 같이 가공할 만한 논리적 미로가 존재한다.

"먼저 지식인들은 자신들에게 확실히 존재하는 위의 약점을 과장
하면서 서구와 소련의 중국 봉쇄에 극단적인 반감을 표했다. 전통
을 반성하는 중국 지식인들은 아주 쉽게 이러한 과장을 수용하여
자각적으로 분분히 자신을 질책하였고, 그런 후 '흥무멸자興無滅資
의 논리와 수정주의 반대'의[27] 깃발을 내걸었다. 그리하여 민족주
의와 애국주의에 격동된 중국 지식인들은 중국 보위라는 의식의
순수성과 독립성 차원에서 앞의 구호를 받아들였다. 이후 '흥무멸
자의 논리와 수정주의 반대'라는 신성한 깃발 아래에서, 과학과 민
주를 핵심으로 삼아온 현대 의식을 '부르주아 수정주의 사상'으로
낙인찍어 근본적으로 부정하고 철저하게 유린했다. 이렇게 하여 중
국 지식인들의 존재 근거, 즉 역사의 진보 방향을 대표해온 현대
적 과학 문화와의 연계가 근본적으로 부정·파괴되고 말았다. 심지
어 막다른 골목에 이르러서는 '책을 많이 읽을수록 더욱 멍청해진
다'는 궤변을 낳았고, 지식 자체가 '원죄'로 변하고 말았다. 이것은
정말 가공할 만한 '논리의 미로'였다. 지식인과 노동자 농민의 상호
결합이라는 전제가 역사적 합리성을 지니고 있었을 뿐만 아니라,
이러한 논리를 한 걸음씩 추진해갈 때마다 그것을 수용할 수밖
에 없는 이유가 있었고, 그것은 합리적인 논리를 갖춘 것처럼 보였
다. 추상적인 추리와 논리적 유희를 즐겨온 중국 지식인들은 이렇
게 한 걸음씩 부지불식간에 자신이 자신의 영혼을 팔며 마침내 자
신에게 죄가 있다는 걸 자인하게 되었고, 자신이 철두철미하게 개
조되지 못했다는 걸 인정하면서 자신의 존재 가치를 근본적으로
부정하고 말았다."[28]

여기에도 앞의 경우와 마찬가지로 심각한 역사적 교훈이 들어 있다. 1990년대 말에 나는 다시 이 명제를 다루면서 두 가지 결론을 내렸다. 첫째, 지식인의 약점에 대한 비판이 절대로 지식인과 지식 자체에 대한 폄하와 부정으로 나아가서는 안 된다. 이러한 반문화적 반지성적 사조가 사회적 기초를 지니고 있으므로 우리는 이에 대해 응당 경각심을 가져야 한다. 둘째, 역사와 현실 속에 존재하는 '국민성 약점'을 비판할 때, 민중에 대한 멸시·협박과 배척으로 나아가서는 안 된다. 이와 같은 '엘리트주의적' 경향도 역사와 현실 속에 늘 있어왔고, 우리는 이 점에 대해서도 응당 동일한 경각심을 가져야 한다.[129] 이 배후에는 망각해서는 안 될 한 가지 기본 사실이 감추어져 있다. 보통 국민이건 아니면 지식인이건 그들 중 대다수는 노역을 당하고 핍박받는 상황에 처해 있었다. 설령 그들 자신의 약점, 특히 뿌리 깊은 노예근성이 강권통치의 사회 기초를 구성하고 있다 하더라도, '노예'와 '주인'의 구별을 혼동해서는 안 된다. 이 때문에 마지막에는 루쉰처럼 비판의 칼날이 노예 생산자와 노예 제도 자체를 겨누지 않으면 안 된다. 아울러 압제자를 도와 그 죄악에서 탈출하게 만들 가능성이 있는 어떠한 언행에 대해서도 고도의 경각심을 가져야 한다.[130]

윤리관에서 발생한 오류

지식인의 철두철미한 개조 과정에서 발생한 아주 중요한 한 가지 상황은 바로 상층사회 출신의 지식인에게 자신의 '반동' 가정[부모]과 '명확하게 갈라서라고' 요구했다는 점이다. 본래 자식이 그 부모와 다른 선택을 하는 것은 독립된 인격이 갖는 권리이기 때문에 그 자체로는 비난할 수 없다. 문제는 거기에서 한 걸음 더 나아가 부모를 원수로 여기고 정신적·육체적으로 그들에게 상처를 주라고 요구했다는 점이다. 이것은 인간이 지켜야 할 마지노선을 넘어서는 일이다. 앞에서도 말했듯 이 점이 바로 내 정신의 자책 과정에서 '가장 고개를 돌려 바라보기 힘든' 부분이었다. 나는 일찍이 「아, 당신은 나의 아버지이다哦, 你是我的父親」, 「이것도 일종의 인내와 위대함이다這也是一種堅忍和偉大」, 「말로 표현할 수 없는 회한無以表達的悔恨」 등의 글을 써서 나의 치욕을 되새기고 영원히 잊지 않고자 했다. 문제는 이러한 오류가 소위 혁명 윤리관에 의해 지탱되면서 그것이 강제적인데도 어떤 면에서는 자발적으로 받아들여지기도 했다는 점이다. 이 부분에서 드러나는 사상 개조의 마법에 우리는 정말 소름이 돋을 정도로 두려움을 느낀다. 따라서 역사를 반성할 때 우리는 반드시 이러한 장애를 걷어내야 한다.

나는 또 어떤 글에서 다른 하나의 논리적 미로를 다음과 같이 분석한 적이 있다.

"먼저 이론적인 측면에서 말을 하자면 계급사회에서는 오직 계급성만 있을 뿐 근본적으로 '초계급적 인성'은 존재하지 않는다. 루쉰이 당시에 말한 것처럼 교환관계나 이해관계와 완전히 단절된 사랑은 존재하지 않는 것이다. 인륜관계에 '천성적인 사랑'이 존재한다는 것을 인정하든 하지 않든 이것은 하나의 사실이다. 이러한 사실을 초월했기 때문에 아래에 서술한 일련의 심각한 결과後果가 나타난 것이다. 당시 우리 지식인들은 바로 이 지점에서 이론상의 양보[후퇴]를 하고 말았고, 이로부터 일련의 이론(사상)·정감·심리상의 오류가 나타나기 시작했다. 그런 후 집권자들은 또 유가의 이론에서 '대의멸친大義滅親'[31]의 윤리관을 가져와서 '의義'에다 의식화에 필요한 해석을 가했다. 예를 들면 '의義'는 혁명[계급·정당·민족]의 이상[최고 이익]이라고 해석한 것 등등이다. 동시에 이러한 혁명화된 '의義'를 신성화한 뒤 절대적 진리성을 부여하여 이른바 신성불가침의 '혁명적 대의[정의]'로 변질시켰다. 이와 같은 혁명적 대의 앞에서는 우선적으로 인간 본성에 소속되어야 할 모든 것, 즉 존엄·자유·욕구 및 인간 사이의 사랑 등등이 모두 입에 담을 수 없고 반드시 희생되어야 할 아주 사소한 것으로 치부되었다."[132]

이 부분 또한 이론[논리]상의 갈림길이다. 이 부분에서 어떤 사람[지식인]이라도 일단 한번 양보하거나 타협하기만 하면 바로 논리상의 혼란이 발생한다. 모든 상황이 어쩔 수 없는 방향으로 흘러가게 된다. 인륜 관계에서 어떤 고리라도(부모와 자식, 남편과 아내 등등), 그것이 혁명의 적이라고 선포되는 순간 그 대상 친척은 자연스럽게 모든 사회관계 바깥으로 몰아내지고 배척당한다. 동시에 사람들은 또 혁명의 명의로 이제 적으로 선포당한 가족과 분명한 경계선을 긋는다. 이것이 바로 '대의멸친大義滅親'의 실상이다. 이처럼 '진리'의 화신으로서 '혁명 대의'는 소위 '멸친滅親' 과정에서 발생할 수 있는 심리적 장애[죄책감도 포함]도 해소시켜주고 심지어 숭고한 자아의식까지 부여해준다. 이것이 바로 정신상의 진정한 최면제이다. 소위 혁명 대의[진리]에 복종하는 것은 실상은 혁명의 화신[대변인]임을 자처하는 일이고, 때와 장소에 따라 끊임없이 다르게 적용되는 해석에 복종하는 일이었다. 이것이 바로 혁명[진리]의 명의로 자행된 '자기 노예화'의 길이었다. 이러한 자기 노예화는 또한 '멸친'이라는 혹독한 대가를 지불해야 했다. '멸친'은 결과적으로 자신의 가족에게 끝없는 재난, 즉 치유하기 어려운 정신적 상처를 안겨주면서 민족정신의 불씨가 사라지게 만들었다. 양날의 칼날 중 한쪽 칼날은 자신에게 상처를 입혔다. 사랑이라는 인간의 본성이 말살되자 필연적으로 인간 내면에 잠복해 있던 수성獸性(흡혈성)이 마구 날뛰었다. 오늘날의 시각으로는 생각할 수조차 없고 또 죄악으로 여겨지는 수많은 일이 문혁 과정에서 그렇게 일어난 것이다.[133]

역사관의 오류

20세기 중국에서 지식인들은 어쩔 수 없이 서로 다른 선택을 해야 했다. 그중에서 가장 영향력이 컸던 것은 바로 '민족 해방, 사회 평등, 사상 통일과 의식화를 추구하는' 선택, 그리고 '개성 해방과 자유를 강조하면서 주류 사상으로부터의 분리와 초월을 지향하는 선택'이었다. 그러나 혁명의 성공으로 전자의 선택은 절대적인 승리를 거두었고, 후자의 선택은 절대적으로 실패·파산했다는 인식이 사회 전반에 두루 확산되었다. 아울러 그러한 인식이 단순하게 가치 판단의 형태로 전환되면서, 이미 실현된(혹은 기본적으로 실현된) 선택은 의심할 것도 없이 절대적으로 정확하고, 실현되지 못한 선택은 100퍼센트 잘못되었다고 생각하는 경향이 만연하게 되었다. 건국 후 고도로 정치화·조직화된 역사 환경 하에서 '절대적인 정확함'과 '100퍼센트 잘못'은 신속하게 '진보'와 '보수[반동]' 및 '혁명'과 '반혁명'을 규정하는 잣대로 승격되었다. 이러한 인식의 배후에는 '잘되면 충신, 못 되면 역적'이라는 중국의 전통적인 역사관이 감추어져 있다. 바로 이와 같은 역사관의 압력과 영향 하에서 일찍이 '개성 해방과 자유'를 선택하여 혁명에 대해서 보류나 심지어 반대의 태도를 견지하고 있던 일군의 지식인들은 상당한 죄책감을 느낄 수밖에 없었고, 결국 서둘러 혁명의식에 기대

려는 경향이 나타났다. 이른바 '잘못을 뉘우치고 새 삶을 얻기回頭是
岸' 위해 '개인주의자'로 지칭된 수많은 지식인은 결국 자의반 타의반
으로 사상 개조를 받아들이고 개인의 독립과 자유의 추구를 포기
했다.

　그러나 징벌은 결국 역사학자의 몸에 떨어지고 말았다. 왜냐하면
위와 같은 역사관에 근거하여 역사학자들은 오직 한 가지 일에만
집중해야 했기 때문이다. 즉 실현된 선택에 대해서 이미 정해진 결
론을 합리화하기 위해 그 선택이 필연적으로 실현될 수밖에 없었다
는 '과학적 논증'을 해야만 했던 것이다. 그리하여 역사학자 자신의
가치관은 중국 역대 왕조 교체 때마다 승리한 왕조를 찬양한 어용
'황실사관' 정도로 떨어질 수밖에 없었다. 이에 따라 그들은 근본적
인 면에서 지식인의 독립적인 품격을 상실하고 말았다.—나는 자신
을 반성하는 과정에서 이와 같은 결론을 도출하고 온몸으로 식은땀
을 흘리며 오래도록 고통스러운 자책감에 시달려야 했다. 자칭 역사
적 유물론자라는 우리가 어째서 역사의 실패자인 항우項羽를 위해
「본기本紀」를 쓰던 사마천司馬遷 같은 담략조차도 없었단 말인가?[34]

자아 심문:
지식인은 체제 속에서
어떤 역할을 맡아야 하는가

나는 바로 이러한 '식은땀'으로 인해 체제 속에서 지식인이 맡아야 할 역할이 무엇인지 집중적으로 추궁하게 되었고, 또 중국 지식인 자신의 저열한 근성에 대해서도 꼼꼼하게 탐색하기 시작했다. 이 점은 이 시기 및 이후에도 내가 장기적으로 탐구하고자 하는 지식인 정신사의 또 다른 중점 사항이다.

나는 또 다른 글에서 '피해자로서의 이성적 협력'이라는 개념을 제기했다.[35] 나 자신을 포함하여 이 한 세대 지식인들은 체제 속에서 바로 '피해자'이면서 '이성적인 협력자'로서 이중의 역할을 부여받았다.

이에 나는 루쉰이 지식인을 개괄할 때 쓴 '협력자+어용 문인'과 '재주꾼+건달'이라는 두 용어에 관심을 갖게 되었고 공감하게 되었다.—이것은 또 루쉰과 지식인의 자아에 대한 나의 이중 발견이었다.

협력자와 어용 문인

나는 독서를 하는 과정에서 쿵이지孔乙己[36]가

실제 지위는 사람들의 놀림감에 불과하지만 주관적으로는 스스로 독서인·고사高士 등 특수한 사명을 담당하는 '군자'로 생각하고 있고 결국 그 엄청난 괴리에서 비극이 발생한다는 사실을 발견했다. 아울러 이 과정에서 나는 또 갑자기 이 점이 바로 지금까지 중국 지식인들이 처해온 현실 상황을 심도 있게 드러내주고 있다는 사실을 깨닫게 되었다. "바로 루쉰이 날카롭게 지적한 바와 같이 중국 현대 지식인의 실제 지위는 관방의 '어용 문인'이거나 '협력자' 또는 대중을 '추종하는 문인'이거나 '협력자'에 불과한데도, 스스로는 시대의 양심, 민중의 향도자, 국가의 동량棟梁 등 소위 '사회구조의 주체'로 인식했다." (…) "현대 중국 지식인의 노예화는 결국 지식인 자신의 '숭고화' 과정 속에서 완성되었다. 이러한 비극과 황당함은 쿵이지의 경우를 훨씬 뛰어넘고 있다." 이 때문에 중국 지식인에게 가장 먼저 필요한 것은 '자신의 진실한 생존 환경'을 명료하게 직시하는 일이다. "앞으로 전개될 새로운 사회구조 속에서 우리는 근본적으로 정치권력에 종속되는 상황을 바꿀 수 없을 것이고, 이와 동시에 이제부터는 '장사꾼'을 '추종하는 모리배 또는 협력자'가 되거나 '대중'을 '추종하는 문인이나 협력자'가 될 위험이 높아지고 있다고 할 수 있다."137

제왕 기질, 재사才士 기질, 건달 기질

문제는 상당히 많은 지식인이 아주 자발적으로 이러한 '협력자'와 '어용 문인'의 길로 들어섰다는 사실이다. 이것이 바로 중국 지식인의 근본적인 약점이다. 또 이것은 내가 줄곧 긴장 속에서 고민하고 사고해온 주요 과제이다.

1989년 '지식인의 지위를 향상시켜 치국治國의 역할을 충분하게 발휘하도록 해야 한다'는 화두가 한 시기를 풍미할 때, 나는 오히려 시대를 앞서나가 다음과 같은 또 하나의 문제를 생각하게 되었다. 지식인이 정말 정권을 쥐어 '전문가가 나라를 다스린다'는 원칙이 실현된다면 어떻게 될까? 나의 이 남모르는 근심은 역사적 경험에서 온 것이고, 중국 지식인에 대한 나의 관찰과 이해에서 온 것이었다. 나는 또 한 편의 글에서 중국 지식인이 갖고 있는 세 가지 비열한 근성을 제기하고 이에 대한 경각심을 촉구했다.

"첫째, '추장酋長 사상'이다. 즉 유아독존唯我獨尊 혹은 유아독혁唯我獨革(유아독존식의 혁명) 식의 사고방식으로 자기와 다른 이단적인 사상을 용인하지 않고 권력을 남용하여 타인의 죄를 닦달하는 것을 낙으로 삼는다. '독단'을 좋아하여 '하나로 통일하기'를 즐긴다. 다원적이고 자유로운 발전에는 익숙하지 않은 그것들을 허용하려고도 하지 않는다. (…) 둘째, '이원론적 흑백논리'이다. 이것이 아니면 저것이고, 흑이 아니면 백이고, 100퍼센트 옳지 않으면 100퍼센트 틀린 것이고, 혁명이 아니면 바로 반혁명이라고 규정한다. 서로 다른 의견과 선택을 극단적으로 해석하면서 오직 '너 죽고 나 살자' 식의 절대적인 대립만 인정하고 대립물 간의 상호 영향이나 상호 보충은 이해하지도 못하고 수용하지도 못한다. (…) 셋째, '살기殺氣'이다. 이에 대해 저우쭤런은 이렇게 말했다. '사람의 생명은 아까워하지 않고, 있는 힘을 다해 자신의 잔인한 본성을 만족시키려 한다. 이것은 아주 뿌리 깊은 중국의 유전병이다. 임금·장군·재상·학자·건달 중 모두 이 병에 깊이 감염되지 않은 사람이 없다. 장래 망국의 뿌리는 바로 여기에서 시작될 것이다.' 저우쭤런이 지식인을 임금이나 건달과 섞어서 이야기한 것은 그가 지식인을 매우 공경하지 않았다는 사실을 말해준다. 그러나 나는 그가 최소한 중국 지식인의 병세에 대해서는 아주 정확하게 진단했다고 생각한다.[38]

여기에서 말하려는 것은 우선 중국 지식인의 '제왕 기질', '패권 기질', '살기'이다. 이것은 역사가 나에게 알려준 것이다. 20세기 중국의 사상문화사에서 지식인 사이에 정상적으로 존재했던 서로 다른 의견과 선택에 관한 논쟁은 결국 최후의 순간에 모두 정치적인 힘에 의지하여 실제적인 처결을 보게 되었다. 당시에 루쉰은 분노에 찬 목소리로 이렇게 질문을 던졌다. "무엇이 실제적인 해결인가? 군대에 잡아들이는 것인가? 아니면 목을 자르는 것인가?" 실제적인 처결 대상자는 물론 지식인이 가장 먼저였고, 그들 중에서도 가장 뛰어난 사람이 우선적으로 처결되었다. 실제적 처결의 꼭두각시로 맨 처음 군중 앞에 세워진 사람도 대부분 명성이 뜨르르했던 거물급 지식인이었다.[39] 이로 인해 나는 다음과 같은 결론을 얻게 되었다. "'5·4' 이후 중국 사상문화사는 바로 중국 지식인들이 서로가 서로를 살육한 역사이다." 그리고 다음과 같이 현실 속에 잠복해 있는 근심을 표명했다. "오늘날 권력을 장악하고 있는 지식인들이 그들 자신의 선택을 신성화하면서 자신이 가진 권력을 이용하여 그들과 다른 의견을 가진 지식인들을 실제로 처결할 수 있을까?"[40] "중국에서는 '문치文治'와 '무장공격武功'이 일찌감치 하나로 일체화되어 있어서, '문자를 이용한 살인'에서 '실탄을 이용한 살인'에 이르는 길이 동일한 길일 따름이다."[41] 나중에 조직적으로 나에 대한 대대적인 비판이 진행될 때, 이 말은 나의 주요 죄목 중 하나가 되었다. 이는 나의 이 개괄이 당시 현실의 핵심을 찌르고 있었다는 사실을 반면으로 증명해주는 근거이다.[42] 나는 때로 현재 문단과 사상계에서 활약하고 있는 명사名士들을 묵묵히 관찰한다. 그들 중에는 나보다 연배가 높은 사람뿐 아니라 나의 동년배와 나보다 젊은 후배들도 있다. 그러나 어느 부류를 막론하고 나는 그들의 신상에서 혹은 많게 혹은 적게, 혹은 분명하게 혹은 은밀하게, 혹은 자각적으로 혹은 비자각적으로 전제적인 기질이 발휘되고 있음을 자주 목격한다. 나도 수시로 내 몸에 남아 있는 전제적인 기질에 대해 경계심을 늦추지 않고 있다. 사람들은 흔히 우민 전제정치의 가공할 만한 점이 아무런 구속도 받지 않는 군중의 광기에 있다고 말한다. 또 지식인 전제정치의 가증스러운 점은 그 정교하고 엄밀한 '합리화'와 '과학화'에 있다고 말한다. 그러나 지식인 전제정치가 독존과 일체화를 숭상하고 개성·자유·소수·다름·분리·다원 등의 요소를 배척하는 측면에서는 제왕 전제정치나 우민 전제정치와 털끝만큼의 차이도 없다.

중국에는 건달이 많았고 그들이 역사 변혁 과정에서 발휘한 '특수한 역할'은 중국의 낙후된 경제·문화 구조가 중국 변혁 사업에 가한 '역사의 짐'이라고 할 수 있다. 혹자는 이러한 현상을 일종의 '역사의 농담'이라고 말하기도 한다. 이처럼 낙후된 경제·문화를 가진 나라의 지식인으로서 중국 문인·학자들은 '건달'들과 동료가 되는 것을 아주 하찮게 여기면서도 오히려 자신들은 '건달 기질'(깡패 기질과 비적 기질)에 푹 절어서 살았다.[43] 1990년대에 나는 이 명제로 되돌아와 특히 루쉰의 관점을 끌어와서 다음과 같이 진술했다.

"고금을 막론하고 일정한 이론이나 주장도 없고, 변신할 때도 일정한 노선 없이 수시로 각종 파벌의 이론을 가져와서 무기로 삼는 사람들을 통칭하여 건달이라고 할 수 있다. (…) 한 사회에 혼란이 발생하여 구질서가 파괴되고 신질서가 아직 제자리를 잡지 못하는 전환기에, 그 속을 꿰뚫고 다니는 건달들이 출현할 수 있다. (…) 건

달의 출현은 막다른 골목에 도달했다는 것을 나타낸다. 요 몇 년
간 중국에서는 바로 이와 같은 건달이 횡행하고 쓰레기 같은 인간
들이 범람했다. 우리에게는 거품 경제도 있지만 (…) 거품 문화도 있
다. 이것이 바로 시대가 변화해야 한다는 걸 의미한다."[144]

21세기 초에 나는 강의 도중 '재사+건달'에 관한 루쉰의 논술을
여러 번 상세하게 토론했다. 그리고 다음과 같이 강조했다.

"'건달 문화'는 중국 전통문화와 서구 식민 문화 및 상업 문화의 악
성 결합이다. (…) '재사+건달' 기질은 바로 봉건 전통문화 기질과
조계지 한량 기질의 짬뽕이다. (…) 이러한 세 가지 기질, 즉 재사
기질, 건달 기질, 제왕 기질이 바로 조계지인 상하이_{上海}에서뿐만
아니라 전체 중국 사회에서 거리낌 없이 횡행했다. 이 점도 중국의
역사와 현실에 의해서 거듭 증명된 사실이다."[145]

학계의 새로운 권력자, 학계의 보스,
문화 스타, 학문 브로커

이제 중국 지식인의 지위는 변했다. 그리하
여 나는 2003년에 쓴 「중국 대학의 문제와 개혁_{中國大學的問題與改革}」이
란 글에서 다시 이렇게 개괄했다.

"지식계와 대학에 '새로운 권력자', '학계의 보스', '문화 스타' 그리
고 중국에서는 서양을 팔고, 외국에서는 중국을 파는 '학문 브로
커'가 출현했다. 이들은 모두 앞에서 서술한 '세 가지 기질'을 극단

으로까지 밀고 갔을 뿐만 아니라 그것이 하나의 기풍이 되게 하였고, '유관 이익집단의 유기적 조직'이 되게 했다. **1989년의 예언은 불행하게도 적중했다.** 더욱 우려스러운 것은 현재 **당국에서 채택한 문인 사육 정책과 새로운 과거제도[임명제도]가** 지식인의 '정신적 약화를 초래할 수 있고, 학문적 비판력·창조력과 학자의 독립성의 약화를 초래할 수 있다'는 점이다."[46]

지식인의 변화는 또다시 새로운 모습으로 나타나고 있다.

'가짜 지식인'을 경계하고,
더욱 인정사정없이 자신을 해부하자

그리하여 지식인의 타락에 대한 첨예한 비판이 나타나게 되었다. 이러한 비판은 지식인 스스로의 각성을 촉진하는 면에서 세찬 죽비의 역할을 해냈다. 그러나 비판자 스스로 반성하는 모습을 보이지 않고, 오히려 도덕적 심판자의 지위에 올라서다면 그것은 바로 전통 시대의 가짜 도학자의 수렁에 빠져드는 꼴이 될 것이다. 바로 이러한 점 때문에 루쉰의 '중간물 의식'이 20세기 말과 21세기 초에 다시 한번 우리에게 새로운 의미를 부여해준다고 할 수 있다. 2001년에 발표한 『루쉰과의 만남與魯迅相遇』에서 나는 이에 대한 새로운 이해를 서술했다. 그것은 루쉰에 대한 새로운 발견이었고 나 자신에 대한 새로운 경고였다.

"낡은 사상과 낡은 문화를 비판하거나 부정하려면 먼저 자신에 대한 비판과 부정이 앞서야 한다. (…) 절대적인 대립 속에서 자신과 타자의 뒤엉킴 현상을 발견해야 하고, 단선적으로 외부 세계의 타자를 비판하는 태도로부터 자신과 타자 그리고 내부와 외부의 이중·다중의 뒤엉킴 양상을 발견하는 방향으로 태도의 전향이 이루어져야 한다. (…) 루쉰의 회의정신과 비판정신은 철저한 발전을 이루어야 한다. 비판의 태도가 철저하냐 불철저하냐를 보려면 자신을 철저하게 비판할 수 있느냐 없느냐를 보면 된다. 따라서 루쉰은 거듭 거듭 다른 사람은 늘 자신이 다른 사람을 인정사정도 없이 해부한다고 하지만, 사실은 루쉰 자신이 자신을 더욱 인정사정없이 해부한다고 했다. 나의 눈에도 이처럼 철저한 자기비판과 자기회의 정신을 갖춘 루쉰이야말로, 또 이처럼 인정사정없이 자신을 해부할 수 있는 루쉰이야말로 진정한 의미의 '루쉰'으로 보인다. (…) 동시에 이 점은 우리에게 지식인 속의 '가짜 지식인'을 경계해야 한다는 일깨움을 준다. '가짜'와 '진짜' 여부를 판가름하는 기준도 자기비판정신이 있느냐 없느냐에 달려 있다. 만약 타인만 맹렬하게 비판하고 자기 자신에 대해서는 전혀 비판의 활을 겨누지 않는다면 우리는 그에게 마땅히 의심의 눈길을 보내야 한다. (…) 중국은 도학자를 양산한 나라이다. 도학자는 '천국'의 문지기이다. 그들은 도덕 이상주의의 깃발을 내걸고 자신과 다른 사람은 철저히 배척하는 수작을 부렸다. 그것은 가공할 정도로 엄격한 그들의 법망을 거치지 않고는 '천국'으로 들어갈 생각은 말라고 강제하는 것과 똑같았다. (…) 이 같은 지식인은 겉으로는 비분강개한 열사처럼 보이지만 사실상 커다란 깃발이나 내걸고 호랑이 가죽이나 쓴 가짜 지식인에 불과할 뿐만 아니라 제왕 기질과 건달 기질이 몸에 짙게 밴 속물에 불과할 뿐이다. 루쉰이 말한 것처럼 과격한 사람일수록 사람들의 주의를 더 많이 끌려고 한다. 이것은 매우 깊은 의미를 담고 있다."[147]

루쉰의 '중간물 의식'에 포함된 자아비판 정신에 공감하면서 나의 사고와 저작에는 '반성적 요소'가 짙게 깔리게 되었다. 나의 모든 언설言說은 타인을 비판하기 위한 것이 아니며, 마찬가지로 어떤 기존 질서를 옹호하기 위한 것은 더더욱 아니다. 그것은 다만 나 자신을 반성하여 내면의 암흑에서 벗어나기 위한 것일 뿐이다. 말하자면 일종의 자기 정리, 자기 세척, 자기 청산과 자기 경계의 과정이다. 이를 통해 어쩌면 미래의 어느 날 맑고 깨끗하고 편안한 마음으로 '하느님'을 보러 갈 수 있을지도 모르겠다.

제2장

돈키호테와 햄릿

시대의 격변이
지식인에게 제기한 문제

1992년 8월 17일 막 마침표를 찍은 『풍부한 고통—'돈키호테'와 '햄릿'의 동천豊富的痛苦—'堂吉訶德'與'哈姆雷特'的東移』「후기」에서 나는 다음과 같은 두 단락의 글을 썼다.

"근래 몇 년간 중국과 세계에서 발생한 역사적 격변으로 우리는 자신을 더욱 심도 있게 관찰하고 중국과 세계 지식인의 정신 역정을 회고할 수 있는 계기를 갖게 되었다. 그리고 이러한 계기에 기대어 역사의 이와 같은 발전에 내적으로 정신의 발전 논리를 찾아줄 수 있게 되었다. 나는 바로 이러한 사상 배경 아래 나 자신과 중국과 세계의 동료 지식인들이 정신[기질]적으로 돈키호테와 햄릿의 특징을 가지고 있고 이 두 가지 특징 사이에는 대립·삼투參透·성쇠盛衰의 과정이 반복된다는 사실을 발견했다."

"지금 생각해보면 내가 이 책을 쓰겠다고 결심하게 된 이면에는 또하나의 잠재의식이 작용했던 것 같다. 나는 아마도 햄릿의 회의懷疑정신이 갑자기 정말 의심스러워졌거나, 돈키호테의 이상주의로부터 모종의 충격을 받았기 때문에, 실망감과 압박감에 사로잡혔을 뿐만아니라 벗어날 수 없는 '무물의 진無物之陣'으로 빠져들어 갔던 것 같다. 나의 과거는 모든 것이 불쾌하였고, 캠퍼스에 도착하고 나서야모든 고통이 잦아들 수 있었다. 그러나 지금은 전혀 그렇지 않다.

베이징대학 캠퍼스는 더 이상 내 '정신의 성지'가 아니었다.[11] 루쉰이 일찍이 '좁은 누각에 숨어서도 나의 정신 한결같으니, 그들의 춘하추동 마음대로 해보라지躲進小樓成一統, 管他冬夏與春秋'라고 읊은 것처럼, 나는 서재로 도피하여 글을 쓰며 기이한 이중생활을 경험하게 되었다. 그것은 갑자기 형체가 있다가 없어지기도 했고, 말로 표현할 수 있다가도 말로 표현할 수 없기도 했다. 또 커다란 명분이 있는 것 같다가도 자잘한 티끌처럼 명분이 모두 사라져버리기도 했다. (…) 온갖 번뇌가 심신에 얽혀들고 초조·불안해지면서 모든 것이 '무료'하게 느껴졌다. 그러다가 또 갑자기 구속 없는 정신세계를 유영하며 성실한 심령들과 교류하고 천마가 하늘을 횡단하는 것 같은 사상의 질주를 경험했다. 그것은 비록 슬프고 황당한 것이긴 했지만 의연히 엄숙하게 진실을 추구하는 과정이었다. 영원히 결과를 얻을 수는 없었고, 어떤 해답도 찾을 수 없었지만 마지막까지 전심전력을 투입한 진실한 탐색의 과정이었다. 이 때문에 나는 이러한 과정에서 정신의 자유, 심령의 해방 그리고 생명의 충실을 느낄 수 있었다. 그러므로 내게 있어서 이 책의 집필은 다시 한번 '자아를 구제하는 과정'이었고, 정신의 여유로 현실의 결손을 보충하는 과정이었다. 즉 그것은 아Q식의 또는 돈키호테식의 자아가 몸부림치는 과정이었다."[12]

위의 인용문에서 언급한 "근래 몇 년간 중국과 세계에서 발생한 역사적 격변"은 1980년대 말 중국에서 발생한 정치 풍파(1989년 6·4 톈안먼 사태-역자) 및 소련의 와해와 동구의 변화를 가리킨다. 그리하여 그와 같은 캠퍼스와 사회적 분위기, 그와 같은 생존 환경 및 그와 같은 정감과 심리 반응, 그와 같은 생명의 곤혹과 몸부림이 있을 수밖에 없었던 것이다. 그리고 더욱 강조하고 싶은 것은 그와 같은 생존 위기와 정신 위기 속에서 내가 사고하고 반성했다는 점이다.

당시나 그 이후에 유행한 언설言說에 비춰보면, 소련과 동구의 격변은 '냉전'의 종결을 의미하며, **이와 같은 결말은 사회주의 진영과 자본주의 진영의 격투('냉전'이라고도 칭한다)에서 자본주의가 전면적으로 승리했음을 의미하고**, 어떤 사람은 한술 더 떠서 '역사의 종결'이라고 선언하기도 했다. 그러나 나는 즉각 이러한 언급의 배후에도 여전히 '잘되면 충신, 못 되면 역적'이라는 전통적인 역사관이 감추어져 있음을 깨닫게 되었다. 나는 이런 언설을 받아들일 수 없었다. 앞에서도 말한 것처럼 우리는 이에 대해 침통한 역사적 교훈을 경험한 적이 있다. 그래서 나의 사고와 반성은 또 다른 방향을 지향하게 되었다. 이처럼 커다란 파도가 닥쳐오더라도 우리는 한 가지 사실을 부인하거나 회피할 수 없다. 즉 사회주의의 이상과 공산주의 운동은 일찍이 전 세계 노동자·농민·일반 민중과 지식인을 흡인하였고, 그중에는 독일의 하이네, 프랑스의 로맹 롤랑, 중국의 루쉰과 같이 각 민족의 대표적 지식인도 포함되어 있었다. 여기에서 발생한 문제는 사회주의 이상과 공산주의 운동이 왜 이러한 흡인력을 발휘했을까? 또 지식인이 공산주의 운동에 투신했을 때 어떤 문제에 봉착했으며, 어떤 운명을 만났고, 이러한 과정에 어떤 역사적 경험과 교훈이 포함되었을까? 하는 점이다. 이 점에 집중하면 "지식인과 공산주의 운동의 관계" 문제를 만나게 된다. 이것도 내가 **1980년대 말과 1990년대 초에 중국과 세계에서 발생한** 역사적 격변 속에서 맞닥뜨린 문제였다.

시대의 문제에서 자아의 추구으로:
'나는 돈키호테' '나와 햄릿'

이것은 먼저 나 자신의 문제였기 때문에 필연적으로 나 자신을 되돌아보게 되었고, 결국 '나는 누구인가'라는 자아 추구으로 바뀌었다. 그리하여 다음과 같이 나 자신을 새롭게 발견하고 나 자신을 반성하게 되었다.

"후세 사람들이 류상페이劉尙沸를 어떻게 바라보고 어떻게 평가할지 모르겠지만, 나와 우리 세대 사람들은 당사자로서 다음과 같이 사람들의 주의를 일깨우고 싶다. 즉 우리는 청소년 시기 폐쇄적인 시대를 살긴 했어도 신념·이상·낭만에 가득 차 있었으며, 아울러 유토피아를 창조하고자 했던 시대 분위기 속에서 항상 돈키호테 기질을 가슴에 품고 있었다. 말하자면 어떤 절대적이고 순수한 진眞·선善·미美의 이상세계에 집착하면서 그것을 위해 어떤 대가를 치르더라도 애석해하지 않았다."

"다른 한편으로는 햄릿 정신이 억압되고 말살되면서 우리의 정신은 기형적인 모습으로 갖춰져 나갔다. 그리하여 새로운 시기가 되어 햄릿 정신이 다시 일깨워진 후에도 끊임없이 그 햄릿 정신이 의심을 받았고 그렇게 의심을 받은 뒤에는 또 끊임없이 다시 호출되고 일깨워졌다. 이 모든 것이 20세기 1950~1960년대에 성장한 신중국 제1세대 지식인인 우리 세대가 안고 있는 정신사의 한 중요한 측면이다."[13]

현실 문제가
어떻게 학술 문제로 전환했는가

'내가 바로 돈키호테'라는 사실을 확인하고 '나와 햄릿'의 관계를 사고한다는 것은, 자신과 동시대인을, 20세기 중국 지식인의 정신사와 세계 지식인의 정신사 속의 돈키호테와 햄릿 계보 속에 자리매김한다는 말에 다름 아니다. 현실에 대한 사고가 역사에 대한 고찰로 전환하는 과정에서 『풍부한 고통』이란 책이 씌어졌다. 게다가 다음과 같이 아주 재미있는 발견을 했다. 즉 17세기 초에 스페인 사람과 영국 사람이 각각 돈키호테와 햄릿을 창조했다. 그러나 이 두 개의 '문학유령'은 몇 세기의 문지방을 넘어 서양에서 중국으로 옮겨왔다. 동쪽으로 오는 과정에서 중요한 중개지 두 곳을 거쳤다. 즉 독일과 러시아인데, 한 곳은 마르크스주의의 발원지이고 다른 한 곳은 공산주의 운동의 중심지이다. 말하자면 돈키호테와 햄릿의 동천東遷 그리고 마르크스주의 전파와 공산주의 운동의 동쪽 확산은 거의 동보적同步的이었고, 그것은 우연이 아닌 것으로 보인다.

이처럼 『풍부한 고통』이라는 책에서 '돈키호테와 햄릿의 동천'이라는 문학 현상과 정신 현상을 고찰한 배후에는 자연스럽게 '지식인과 공산주의 운동'과 관련한 문제가 깔려 있을 수밖에 없었다. 혹은 내가 지식인(물론 나 자신도 포함됨)의 신상에 내재되어 있는 '돈키호테 기질'과 '햄릿 기질'을 분석하고 해부하여, 역사와 현실 속에

드러난 지식인과 공산주의 운동의 관계를 고찰하고 반성했다고 말
할 수도 있을 것이다.

진정한 의미의
자아 탐색과 조정

　　돈키호테를 탐색할 때 가장 먼저 주의해야
할 것은 그가 '황금 세계'(세르반테스 원저『돈키호테』제1부 제11장 참
조)를 지향하고 있다는 점이다. 그것은 모든 사람이 노동하고, 모든
사람이 평등하고, 사람과 사람 사이 혹은 사람과 자연 사이에 평화
가 넘쳐흐르고, 숭고한 도덕과 공유제의 이상이 가득한 집체사회
로 묘사되고 있다. 이러한 갈망은 인류의 원시적 이상세계로까지 회
귀하려고 하는데, 이는 세르반테스의 선배인 16세기 영국의 사상
가 토머스 모어가 그의 저서『유토피아』에서 미래의 '유토피아'를 묘
사한 대목을 떠올리게 한다. 돈키호테는 특유의 '천부적 사명감'으
로 유토피아라는 이상을 추구했고 또 그 유토피아에는 신성한 빛이
뒤덮여 있다. 바로 이러한 낭만적 고난철학과 투쟁철학이 용감하고
의지력 있고 신념에 충실한 돈키호테의 희생정신을 끊임없이 일깨
우고 있다. 이에 따라 돈키호테는 완벽하게 선하고 도덕적인 이미지
또는 성스러운 사도司徒의 이미지를 갖게 되었다.[14]
　동시에 우리가 주의해야 할 사람은 돈키호테가 동쪽으로 오는 과
정에서 아주 중요한 역할을 한 러시아 작가 투르게네프이다. 그는
저명한 연설에서 돈키호테와 햄릿을 '인류 본성의 양대 축'으로 간
주하였고, 이 두 가지는 인간의 본성 가운데서 '이타적'인 특성과
'이기적'인 특성을 대표하지만 서로 대립하는 경향이 있다고 했다.

따라서 투르게네프는 돈키호테를 찬양하면서 그가 우선 자신의 신념을 표현하였고, 자신의 생명을 이 세상에 이상을 실현하고 진리와 정의를 확립하는 수단으로 삼았다고 했다. 이로 인해 돈키호테의 성격에는 자아 희생이라는 숭고한 요소가 포함되어 세계에서 가장 도덕적인 사람이 될 수 있었다는 것이다.[5]

특히 나를 더욱 깊이 사색에 빠지게 한 사람은 돈키호테의 동쪽 전파 과정에서 빼놓을 수 없는 또 한 명의 중요한 인물, 즉 독일 시인 하이네이다. 마르크스와 엥겔스의 비밀 친구였던 그는 공산주의 운동이 흥기할 무렵 진정 본질적인 측면에서 공산주의의 의의를 발견하였을 뿐만 아니라, 그 열렬한 예언자 역할을 수행했다. 그는 자신의 마음속에서 공산주의가 거절할 수 없는 마력을 부리고 있다고 했다. 그리고 그 이유를 다음과 같이 들고 있다. 즉 공산주의 운동의 주요 목표가 평등 광영, 평등 신성, 평등 행복의 다중 민주주의를 건립하려 하기 때문이라는 것, 또 그것이 모든 민족에 대한 박애를 실천하고, 재산의 공동 관리를 실행하여, 지구상의 모든 자유 시민의 공동 소유로 귀속시키려 하기 때문이라는 것, 또 공산주의자들이 절대적인 세계주의를 근본적인 신조로 삼고 있기 때문이라는 것 등이다. 여기에 더하여 특히 하이네를 매료시킨 것은 공산주의자들이 이론을 행동으로 옮기며 모든 사상의 최종 목표를 강력한 실천이라고 규정한 점, 그리고 적들에게 치명적인 타격을 가하려는 그들의 군센 의지와 불굴의 역량이었다. 그러나 하이네는 공산주의 운동 및 이 운동이 건립하려는 새로운 사회에 대해서 조금도 의구심을 감추지 않았다.

"그들은 굳은살 가득한 손으로 내가 사랑하는 대리석 조각상을 전혀 애석함도 없이 깨부수어버린다. (…) 아, 나의 노래집은 잡화상

들이 커피나 담배를 담을 수 있게 종이 봉지로 만들어 미래의 노마
님들에게 제공될 것이다. 아! 내 눈에는 이 모든 것이 예견된다. 나
는 이러한 파멸을 생각할 때마다 말할 수 없는 비애를 느낀다."[16]

1980년대 말과 1990년대 초의 격변(시대의 격변)을 겪은 뒤 우리가
하이네의 이 글을 읽어보면 마음이 심하게 떨려옴을 느낄 수 있다.
나는 이에 대해 다음과 같은 분석을 했다.

"어떤 의미에서 보자면 하이네가 공산주의 운동을 찬양하면서도
의구심을 보인 것은 바로 그의 몸에 깃들어 있는 '돈키호테 기질'과
'햄릿 기질'이 반영된 현상이라고 할 수 있다. 이 두 가지 기질은 모
두 지식인의 본성에서 유래한 것이다. 그들은 태생적으로 집체[인
류] 평등의 휴머니즘을 추구하는 경향이 있을 뿐만 아니라 본능적
으로 개체의 정신 자유와 개성의 발전을 추구하며 이에 대한 특유
의 열정과 민감함을 보여주기도 한다. 공산주의 운동이 처음 일어
날 때 하이네가 직면한 이러한 난관, 즉 '공산주의와 지식인'의 관
계 문제는 최초로 그의 사고를 거친 이후에도 끊임없이 사람들의
회고와 사색을 이끌어주었다."[17]

위의 마지막 문장은 사실 나 자신이 역사의 원점으로 되돌아가서
던진 질문이다. 어떤 면에서 이것은 또 앞서 얘기한 '역사적 중간물'
개념 속에 내재된 모순과 자기반성 의식이 새로운 역사 조건 아래
에서 지속된 것이라고도 할 수 있다. 뿐만 아니라 사상과 정감의 진
동은 더욱 격렬해졌다고 말해야 할 것이다. 다른 한편으로 나는 여
전히 내 마음 깊은 곳에 남아 있는 돈키호테 정신에 대한 미련을 떨
쳐버릴 수 없었다. 왜냐하면 그것은 나의 천성이 그러하기 때문이기

도 했다. 그런 의미에서 하이네가 느꼈던 사회주의·공산주의의 흡인력 및 마력이 나에게도 의연히 작용하고 있었던 셈이다. 설령 그것이 벌써 파산 선고를 받고 종국을 맞이하고 말았다 하더라도 말이다. 그러나 다른 한편 나는 부득불 하이네가 보여준 햄릿식의 문제의식과 마주하지 않을 수 없었다. 왜냐하면 그의 예언이 이미 현실이 되었을 뿐만 아니라 심각한 후유증을 초래하고 있었기 때문이다. '잘되면 충신, 못 되면 역적' 식의 역사관을 거절하는 것만으로는 역사와 현실의 착오에 대한 회피와 부인의 태도를 변화시킬 수 없었다. 특히 이러한 착오는 아직도 몇몇 인간에 의해 사회주의·공산주의 깃발 아래에서 계속 저질러지고 있으며, 심지어는 그 본모습보다 더욱 심각하게 변질된 모습으로 추진되고 있다. 이러한 사회 환경과 언어 환경 아래에서 나는 단 하나의 선택을 할 수밖에 없었다. 즉 나의 주요 생각과 언어를, 돈키호테 정신의 부정적 측면으로 초래된 사상 상의 오류를 반성하는 부분에 집중시켜야 했다. '어디에서 왜 함정에 빠졌는가'에 대한 검토도 하이네가 제기한 의구심 속에서 지속시켜나가야 했다. 그것은 역사적 경험과 교훈에 대한 총결인 동시에 현실 생활 속에서 발휘된 작용에 대한 어떤 논리적·이념적 고찰이었다.

따라서 나는 항상 대혁명 실패 후에 루쉰이 언급했던 진술을 떠올렸다. 즉 군벌들이 스스로 '삼민주의를 신봉한다'고 공언할 때, "진짜 총리(쑨원孫文을 가리킴)의 신도는 삼민주의를 이야기하지 않거나 혹은 다른 사람들이 진실한 체 이야기하면 곧바로 얼굴을 찌푸리며 마치 삼민주의에 반대하는 모습을 지어 보이곤 했다"[18]는 것이다. 또한 나는 돈키호테 정신에 대한 나의 반성이 그것을 완전히 부정하거나 포기하게 되지 않을까에 대해서는 전혀 걱정하지 않았다. 왜냐하면 근본적인 면에서 나는 돈키호테이고 그 본성은 바뀔 수 없다는 사실을 알고 있었기 때문이다. 지금 내가 하고 싶은 일은 바로 자신에 대한 깨끗한 정리다. 이를 통해 더욱 맑고 더욱 이성적인 태도로 현실 속의 돈키호테 정신과 내 몸에 배어 있는 돈키호테 기질을 마주하는 동시에 나의 내면에서 장기간 은폐되어온 햄릿 기질을 불러내고자 한다. 여기에다 비판적인 고찰을 더하면, 더욱 복잡하지만 드넓은 장력을 갖춘 새로운 심리 구조가 형성될 수 있을 것이다. 이러한 과정을 통해 진정한 의미의 자각적인 자아 조정이 이루어질 수 있다. 이것이 바로 역사의 격변을 겪고 난 뒤 내가 종사하고 있는 주요 업무이다.

유토피아 이상에 대한 반성:
'차안'과 '피안'의 경계를 명확히 하자

여기에서 우리는 '이쪽 문으로 들어가서 다른 쪽 문으로 나오는' 비극에 직면할 수밖에 없다. 유토피아 이상의 합리성과 매력은 의심할 바 없지만, 그것을 실현하기 위한 노력과 분투 과정에서 **피비린내 나는 전제주의로 변했다.**(그것은 전혀 다른 모습으로 변했다.) 이것은 바로 당시에 구준顧準이 언급했던 문제이다. **즉 혁명 이상주의는 보수적이고 반동적인 전제주의로 바뀌고 말았다.** 그 원인은 아주 복잡한데, 내가 아래에서 토론하고자 하는 주제도 실은 모두 이와 관련된 문제이다. 먼저 말하고 싶은 것은 다음과 같은 오류이다. 즉 우리가 유토피아 이상을 추구하면서 그것을 자신이 동경하는 목표와 신념으로 삼았을 때 그 피안성을 소홀히 취급하거나 부인하게 된다는 것이다. 이에 나는 이러한 반성을 하게 되었다.

"지극히 선하고 지극히 아름다운 인성과 사회는 실은 궁극적인 목표일 뿐이며, 피안의 세계에만 존재할 수 있다. 끊임없이 그 목표에 다가갈 수 있지만 영원히 도달할 수는 없다. 만약 피안의 목표를 차안화此岸化(현실화)하면 엄청난 재난이 초래될 수도 있다. 유토피아의 긍정적인 역할을 간단하게 부인할 수는 없지만, 그것은 피안의 세계에서 차안의 세계를 비춰줄 수 있을 뿐이다. 그리하여 차안

의 세계의 갖가지 결함을 발견하게 하고 끊임없이 변혁을 추진하게
한다. 유토피아의 이상을 추구하지 않으면 아주 쉽게 현실에 만족
하고 변혁의 동력을 상실하게 된다. 그러나 그것을 현실 속으로 옮
겨와서 차안화하면 오히려 유토피아와는 반대의 길로 들어서게 된
다. (…) 이 세기 최대의 교훈은 바로 피안과 차안의 경계선을 망각
했다는 것이다."[9]

  "천당이 현실이 되자 그것은 바로 지옥이었다." 이것이 20세기 역
사가 우리에게 내린 최대의 징벌이었다. 어떤 의미에서는 이 점도
하이네가 당시에 탐구한 '이상과 실천의 결과後果'와 관련된 문제인
셈이며, 이것은 바로 전형적인 햄릿형 의구심과 관련된 명제이다.
하이네는 사상이 행동으로 옮겨지면 그에 수반될 결과를 다음과 같
이 예언했다.

  "유토피아의 이상은 가장 위험한 현상을 야기할 수 있다. (…) 아마
  도 광기어린 주신酒神 바쿠스의 축제 행렬처럼 국가의 모든 것을 충
  격에 빠뜨릴 것이다. (…) 아마도 술을 젓는 막대기로 우리의 가장
  순결한 꽃봉오리를 두드려 뭉갤 것이다."[10]

  『풍부한 고통』에서 나는 하이네의 이러한 곤혹을 개괄하여 "사
상의 실현은 곧 사상 자체와 사상가의 궤멸을 의미한다"고 했다.[11]
이것은 수많은 역사적 사실에 의해 증명될 수 있다. 예를 들면 이상
주의 색채가 충만한 루소의 사상이 현실로 전환되면서 로베스피에
르의 전제정치로 바뀌었고, 계몽주의 사상가와 백과전서파의 이상
주의 왕국은 현실에서 죄악으로 가득 찬 자본주의가 된 것 등등이
다. 오늘날의 공산주의 이상도 똑같은 운명에 직면해 있다.[12] 이것

은 상당히 재미있는 이론 명제이다. 아래(제6절)에서 이에 대해 더 진전된 논의를 하고자 한다.

도덕 이상주의에 대한 반성:
인간의 '성인화'는 인간의 '도구화'이다

유토피아 이상은 지극히 선하고 지극히 아름다운 순수 사회를 추구하는 동시에 지극히 선하고 지극히 아름다운 인성도 추구한다. 돈키호테가 의심할 것 없이 도덕 이상주의자라는 사실은 앞에서 언급한 바와 같다. 그의 몸에는 신성한 후광이 빛나고 있어서 그야말로 '성도聖徒'로 여길 수 있다. 지극히 선하고 지극히 아름다운 순수 인성 추구와 연관된 것은 바로 '범인凡人'을 '성인聖人'으로 바꾸려는 인간 개조의 욕망이다. 앞에서도 언급했듯 이것은 20세기 중국에서 진행된 가장 대담하고 황당한 실험의 하나였다. 이러한 중국식 개조 과정에서 숭상한 순수 인성(지극히 선하고 지극히 아름다운)에는 두 가지 부문의 특성이 포함되어 있다. 첫째, 생물로서의 인간 근원에서 벗어나 인간의 본능적인 욕망을 억압[심지어 말살]하면서 '인간의 비동물화'를 실현하고자 했다. **그리하여 저속한 취미를 초월한 인간이 만들어진다.** 둘째, 인간의 개인 욕망에 대한 억압과 극복을 강조하면서 '인간의 비개인화'를 실현하고자 했다. **그리하여 털끝만치도 이기적이지 않고, 완전히 이타적인 고결한 인간이 만들어진다.** 이에 '인간의 비동물화'는 인간에 대한 지나친 윤리화를 초래할 수밖에 없었고 결국 인간이 '윤리의 도구'가 되게 했다. 그리고 '인간의 비개인화'는 마침내 '개인'이 어떤 '집체'의 도구로 전락하게 했다.[113] 이처럼 인간 개조는 끝내 인간의 도구화로 귀결되고 말았다. "현실에서 실제로 드러난 양상은 바로 인간에 대한 통제와 압제였다." "중국 지식인은 이처럼 아주 순수하고 지극히 선하고 지극히 아름다운 인성 이상주의에서 출발하여, 자발적으로(또는 완전히 타의에 의해) 강권통치의 함정에 빠져들고 말았다. 여기에서 얻은 교훈은 아주 심각한 것이다.

정치적 낭만주의와
경제적 낭만주의에 대한 반성:
헛된 꿈꾸기를 거절하고 상식으로 돌아가자

하이네는 일찍이 미래혁명의 추진자는 일련의 '몽상가', 즉 현대의 돈키호테들일 것이고, 그들은 '주관적 열광주의'와 '선험적 관념론'이라는 아주 뚜렷한 정신 특징을 갖게 될 것이라고 예언했다.[114] 이 말은 대단히 깊이 있는 개괄과 발견이라고 할 수 있다. 20세기 후반 중국이 저지른 가장 큰 실수와 오류는 바로 1958년에서 1960년까지 전체 인민이 허망한 꿈을 꾸게 했다는 것이다. 이에 본질적인 면에서 정치적 낭만주의, 경제적 낭만주의, 도덕적 이상주의가 제한도 없고 감독도 받지 않는 권력과 결합하여 막대한 재난을 야기했다. 그 배후의 소위 '대약진' 철학이 하이네가 언급한 바 있는 '주관적 열광주의'와 '선험적 관념론'이며, 이는 '4대 미신'으로 개괄할 수 있다. 첫째, 주관 정신과 의지에 대한 미신을 신봉하면서 그것을 극단으로까지 과장했다. '대담하면 대담할수록 더 큰 수확을 거둔다', '할 수 없을까 걱정하지 말고, 마음을 내지 못할까 걱정하라' 등의 구호가 이러한 경향을 잘 보여준다. 둘째, 군중 운동에 대한 미신이 극단으로 흘러갔다. '중국에는 사람도 많고 이론도 많으며, 열기도 뜨겁고 의욕도 커서 마치 한 장의 백지에 새롭고도 아름다운 그림을 그리는 것 같았다.' 다수의 역량으로 기적을 창조할 수 있음을 강조하면서 다수의 힘을 맹신했다. 셋째,

권력에 대한 미신이다. 감독받지 않는 권력이 군중 운동과 결합하여 인간 세상에서 마치 기적을 창조할 수 있을 것처럼 호들갑을 떨었다. 여기에서 청춘에 대한 미신, 무지에 대한 미신과 같은 오류가 빈번하게 일어났다. 이른바 '비천한 자가 고귀한 자를 이기고, 젊은 사람이 늙은 사람을 이기고, 무지한 자가 지식인을 이기고, 하찮은 사람이 큰 인물을 이긴다'는 논리가 당시의 규율이었다. 주관 정신과 의지에 대한 미신은 동시에 과학과 이성을 반대한다는 뜻이며, 군중 운동에 대한 미신은 전문가와 지식인을 반대한다는 의미이다. 또 다수에 대한 미신은 소수를 억압한다는 뜻이며, 권력에 대한 미신은 민주에 대한 억압을 의미하고, 청춘에 대한 미신은 노년을 반대한다는 말에 다름 아니다. **따라서 이러한 '광신**狂信**'의 다른 측면은 바로 저우쩌런이 언급한 바 있는 '전제주의'이다.**[115]

그 후 나는 또 「가공할 청춘」이라는 전문적인 글을 한 편 써서 문혁 과정에서 '천사'와 '악마'의 형상을 한 몸에 지니게 된 홍위병의 역사적 비극을 총체적으로 살펴보고 청춘과 관련된 모든 유토피아적 환상과 일체의 비이성적인 '서정시'가 모두 '전제정치'로 치달을 가능성이 있음을 강조했다.[116]

20세기 말, 나는 한 차례의 강연에서 특별히 다음과 같이 말했다. "최근 100년의 역사를 회고하면서 나는 서글픈 감회에 젖는다. 중국의 역사는 일치일란—治—亂을 반복하며 전진해왔다. 흡사 다음과 같은 규칙이 있는 듯하다. 한 번 어지러워지면 사람을 죽이고, 한 번 다스려지면 헛된 꿈을 꾼다. 어지러워지면 사람을 죽이고, 사람을 충분히 죽이고 나면 천하가 태평해지고, 그러면 바로 다스림을 강구한다. 다스림을 강구하면 바로 헛된 꿈을 꾸고, 그러면 주·객관적 조건을 따지지 않고 천하를 어지럽게 만들고, 또다시 재난이 조성되고, 또 어지러워지고, 또 사람을 죽인다. 헛된 꿈과 살인

사이를 왕복한 것이 마치 이 세기의 역사인 것 같다. 결과적으로 헛된 꿈이든 살인이든 모두 대규모 살상을 초래했다. 아마도 이 세기는 중국 역사에서 사망자가 가장 많은 시대로 기록될 것이다." 그리고 나는 다음과 같이 새로운 세기에 대한 기대를 적었다.

> "하나는 경솔하게 사람을 죽여서는 안 된다는 것이고(하나는 생명을 아껴야 한다는 것이고), 또 하나는 조용하게 개혁과 건설을 추진해야 한다는 것이다. 이건 비관적인 논조처럼 보이지만 사실 인류의 상식에 속한다. 중국인도 상식 속으로 돌아올 수 있기를 바란다."[117]

인민주의에 대한 반성:
노예화와 자아부정의 길

　　　　　　　　우리는 여전히 돈키호테와 그의 부하 산초
의 관계에 대한 하이네의 인식으로부터 이야기를 시작할 수 있을 것
같다. 하이네는 역대로 돈키호테의 부하로만 간주되던 산초가 "시종
일관 뜬구름 잡는 식으로 비현실적인 삶을 사는 그 주인보다 세상
이치를 훨씬 더 분명하게 알고 있다"고 강조했다. 그는 한 걸음 더
나아가 이런 의견을 제기했다. "때로는 육체가 정신보다 더욱 깊이
있게 문제를 바라본다. 척추와 뱃가죽으로만 사고하는 것이 흔히 두
뇌로 사고하는 것보다 더 정확할 때가 많다." 하이네가 이와 같은 생
각으로 문제를 제기한 까닭은 물질의 파괴를 통해서 정신을 미화하
려는 독일 지식인과 독일 국민들의 몸에서 돈키호테의 유령을 목도
했기 때문이다. 하이네의 이러한 인식에는 민족에 대한 자아비판 의
식이 매우 강렬하게 스며 있다.[118] '돈키호테와 햄릿'에 관한 이러한
주제는 그 뒤 투르게네프에게서 새롭게 전개된다. 그가 쓴 『처녀지』
등의 작품에는 러시아 나드로니키[인민주의자]가 출현한다. 『풍부한
고통』에서 나는 다음과 같은 분석과 진술을 했다.

　　"이와 같은 러시아의 햄릿들은 자신의 연약함을 발견[인정]하고는
　　'인민'을—그들이 잘 알지 못하는 추상적인 인민. 잘 알지 못하기
　　때문에 상상 속에서 신비감을 느낄 수 있음— 미화하면서 신성화

의 경지로까지 이끌고 갔다. 즉 그들은 인민과 하나가 되어야만 '전 세계를 뒤엎을 수 있다'는 낭만주의 신화에 탐닉했다. 얼마간의 공상과 얼마간의 참회와 얼마간의 '이타주의적' 신성감을 품고 천진함과 열정으로 가득 찬 지식인들은 인민들과 하나 되어 그들을 위해 봉사하기를 갈망하면서 자기 고유의 모든 것을 포기했다. 그들의 관점으로는 자기 고유의 모든 것이 귀족적인 '죄악'에 속한다는 것이다. 일반 백성들과 완전히 일치된 삶을 살면서 '단순화'된 사람이 되는 것이 그들의 마음속 진정이었다. 그러나 결말은 매우 엄혹했다. 그들은 농민 속으로 들어가 선전 고무활동을 하였지만, '농민들은 그들을 따르지 않았을 뿐만 아니라, 오히려 그들을 포박하여 관아에 넘겼다. 그 인솔자는 바로 러시아 백성의 화신으로 여겨지던 농민이었다.'"[19]

위의 글에서도 알 수 있듯이 나는 러시아 인민주의를 묘사할 때 상당히 감정적으로 격해 있었다. 왜냐하면 어떤 면에서 나도 이와 유사하게 중국 지식인과 나 자신의 이야기를 서술하고 있었기 때문이다. **"그리고 우리가 직면했던 더욱 큰 비극은 이러한 '인민과의 결합'이 강권통치에 의해 추진된 '노동 개조'였다는 사실이다."** 중국 지식인들이 노동 개조를 순순히 받아들인 것도 확실히 마음속 깊은 곳의 인민주의에 의해 초래된 결과라고 할 수 있다. 인민을 이상화하고 신성화하는 것 이외에도 고난을 신성화하였고, 이 모든 것은 폭압에 대한 용인과 굴종을 가져왔다.[20] 이 지점엔 또 다른 오류가 들어 있다. 즉 '철의 노동자 논리'를 이용하여 돈키호테의 정신적 환각과 정신적 충동을 부정하였을 뿐만 아니라 햄릿의 정신적 고통도 부정했다. 말하자면 물질로 일체의 정신을 말살하였을 뿐만 아니라 지식인이 의지해야 할 생존 근거조차 부정했다.[21] **인민주의**

에서 노예화와 자아부정의 길로 나아간 이 교훈은 매우 심각한 것
이다.

계몽주의에 대한 반성:
'계몽자'의 전횡과 '독재정치의 돈키호테'

        투르게네프는 또 '하반신은 햄릿이면서 상반신은 돈키호테'의 모습을 한 루딘Rudin의 형상을 창조했다. 이것은 우리 세대 사람들이 아주 잘 아는 러시아 문학의 전형이다. 그는 모종의 사람들 사이에 새로운 사상을 주입한 전파자인 동시에 계몽자이며 선전 선동가이기도 하다. 그의 몸에는 사상과 신앙의 매력[마법], 정감과 인격의 매력[마법], 언어 자체의 매력[마법] 등 세 가지 매력이 구비되어 있다. 이러한 그의 형상에는 지식인의 가치가 충분하고도 자유롭게 구현되어 있고, 동시에 '인간'의 영성[정신]과 신성도 충분하고 자유롭게 구현되어 있다. 그러나 투르게네프는 오히려 그의 신상에서 '계몽자의 전횡'을 발견했다. 이것은 매우 심도 있는 역사적 명제이다. 『풍부한 고통』에서 나는 다음과 같이 썼다.

> "이것은 사실상 러시아와 같은 문화 후진국의 계몽주의자들이 보여주는 몇몇 특징이다. 그들의 '계몽'은 결코 계몽 대상을 자각시키고 그들의 독립 자주를 환기하는 데 기초를 둔 것이 아니라, '영수'나 '지도 교사'의 신분으로 높은 곳에 앉아 아랫사람을 굽어보면서, 자신의 주관적인 사상을 계몽 대상에 주입하기만 했다. '주입'이란 모종의 강제성이 개입된 행위로 그것은 '간섭'이지 '계발'이 아니다. (…) 이것은 돈키호테식의 열정과 공평무사한 가르침의 배후

에 숨어 있는 전횡이다. 계몽자 스스로도 깨닫지 못할 뿐만 아니라 피계몽자들도 발견하기가 아주 어렵다. (…) 바로 이 지점에서 곤혹감이 생겨난다. 이것은 숭고한 이상과 도덕을 추구 목표로 삼아 자행하는 전제주의인데, 사람들은 흔히 목표의 숭고함 때문에 의식적·무의식적으로 이러한 전제주의를 받아들이게 된다. (…) 한편으로는 그 어떤 인격적 매력에 의해 이끌리지만, 다른 한편으로는 전제주의에 필연적으로 수반된 재난성의 결과와 맞닥뜨리기도 한다. 사람들은 늘 이 둘 사이에 가로 놓인 거대한 격차 때문에 '돈키호테의 전제주의'에 대한 평가에서도 엇갈린 견해를 보이고 있다."[122]

이 때문에 어떤 연구자는 '전제주의적 낭만주의자'와 '독재정치적 돈키호테'라는 개념을 제기했다.(몰리에르, 『투르게네프전』)[123] 이것은 더 깊이 연구하고 발전시켜야 할 아주 중요한 명제이다.

계몽주의자들이 가장 쉽게 범하는 오류는 계몽의 역할을 과대포장하면서 심지어 현실 속의 생존 환경과 언어적 곤경을 무시한다는 점이다. 따라서 계몽주의에 대한 반성도 반드시 진실한 곤경과 마주하는 데서 시작해야 한다. 나는 이를 위해 1990년대 초 『생각, 말, 쓰기에 대한 중국 지식인의 곤혹中國知識者"想""說""寫"』이란 책에서 지식인에 대한 루쉰의 언급 및 지식인 자신의 갖가지 신화에 대한 회의와 힐난을 아주 상세하게 밝혔다. 이와 동시에 루쉰의 그 스스로에 대한 회의에 대해서도 다음과 같이 의문을 표시했다.

"바로 이와 같은 '이중의 회의懷疑', 즉 '계몽주의'에 대한 회의 및 '계몽주의에 대한 회의'에 대한 회의가 바로 루쉰 사상의 진정한 특징을 이루고 있다."[124]

나도 루쉰의 계발을 받아 나 자신의 입각점과 기본 입장을 찾았다. 즉 계몽주의에 의문을 갖게 되었으면서도 계몽주의를 견지하였고, 이상주의와 유토피아 사상에 의문을 갖게 되었으면서도 이상주의와 유토피아 사상을 견지했다. 이것은 말 그대로 의문 속의 견지이며, 견지 속의 의문이었다.

정신 귀의에 대한 반성:
노예화와 자아부정으로 나아가는
또 하나의 함정

'돈키호테의 귀환'이란 말도 돈키호테의 동쪽 이동 역사에서 아주 유명한 명제이다. 재미있는 것은 저우쭤런이 1922년에 쓴 최초의 소개글에 세르반테스 소설의 결말 부분에서 '산초'가 외치는 고함 소리가 특별히 언급되어 있다는 점이다.

> "내가 그리워하던 고향아! 눈을 크게 뜨고 그분이 돌아오시는 걸 보아주렴!"

이것은 책 전체의 요점이라고 할 수 있다.[125] 이것도 내가 1980년 대 말과 1990년대 초에 관심을 기울이던 명제이다. 본래 '귀환'은 인간 생명의 본능적 욕구이다. 나는 어떤 글에서 '하늘'과 '땅', '출타'와 '귀가', '매진'과 '회고' 및 '혁신'과 '수구', '개척'과 '보수', '파괴'와 '안정', '소동'과 '편안', '변화'와 '불변' 등등이 인간 생명 욕구의 양 극단이라고 말한 적이 있다. 사람은 예로부터 이 양 극단 사이를 배회하며 끊임없이 한곳으로 편향되는 동시에 이에 뒤따르는 거대한 정신적 고통에 시달려왔다.[126] 그러나 20세기 중국 지식인 정신사에서 이처럼 본능에서 출발한 귀환 욕구는 결국 정신적인 오류를 빚어내고 말았다. 나는 일찍이 「'유랑자 문학'의 심리 지향流亡

着文學的心理指歸」이란 글에서 항일 전쟁 도중 지식인들이 걸었던 정신적 발전의 궤적에 대해 서술한 적이 있다. 그것은 다음과 같은 심령의 변천사였다. 먼저 전쟁과 유랑 과정에서 극단적인 고독과 절망에 빠져 허무의 감정까지 느낀 사람들은 '연약하고 고독한 개체를 지탱해줄 수 있는 자신의 귀의처'를 찾기 시작했다. 아울러 환상과 상상 속에서 자신의 귀의처를 국가·민족·가정·토지·인민[농민]·전통[문화] 등등으로 설정하고 그것을 시화詩化(낭만화)·추상화·기호화하여 종교적인 '신성의 빛'을 부여했다. 이에 따라 '갖가지 현대적 신화'와 '현대적 숭배 대상'이 만들어졌다. 나는 그것을 '전쟁 낭만주의'라고 개괄했다. 바로 이와 같이 귀의처를 찾는 전쟁 낭만주의 정서가 전란 와중에서 중국의 돈키호테들을 혁명으로 나아가게 했다. 그들은 정권과 조직과 영수를 '조국[민족, 토지]'의 화신, '인민[농민]'의 대변인, '어머니·전통·가정[가장]'의 상징으로 여기면서 '정신의 귀의처'가 되게 했다. 그들은 확실히 존재하게 된 '새로운 사회'의 '새로운 현상'을 질적·양적 부문에서 공히 과장하여 '순수하고 지고지순한 성지·성인·성도'의 경지에 도달했다는 환상을 가졌다. 그리고 그것을 '아무런 모순과 결함도 없는 절대적인 존재와 궁극적인 귀의처로 간주했다.' 이러한 태도는 현실 존재에 대한 진실한 감각과 현실의 결함을 직시할 수 있는 담력을 잃게 만들었다. 뿐만 아니라 실제로 '자신을 절대적이고 무조건적으로 현실을 인정[만족 더 나아가 복종] 하는 지위로 전락시켰고, 이에 따라 지식인의 존재 표지인 독립적인 사고와 비판적 권리도 자동으로 포기하고 말았다.'[127] **이처럼 자유·해방과 민족 독립을 갈망하던 중국 지식인들이 귀의한 길도 노예화와 자아부정의 길이었다.** 이에 우리가 직면한 것은 바로 귀의처를 찾는 과정에서의 패러독스였다. 이것은 피하기 어려운 인간의 본능적 욕구이긴 하지만, 결국 이로 인하여 인간이 강대한 힘에 의지하려는 부용附庸화 현상을 초래하고 말았다.

　이것은 확실히 정신적인 함정이었다. 21세기가 시작되는 시점에서 수많은 사람이 절망과 허무에 빠져 있다. 나는 이즈음 다시 위의 명제를 회고하며 다음과 같은 경고를 보낸 적이 있다. "자신을 지탱해줄 수 있는 귀의처를 찾는 건 인간의 본능적 욕구이다. 개체 생명이 허무주의로 인해 극단적인 비관·절망·고독에 빠졌을 때 자신감을 충족시켜주는 강력한 신념과 결단에 쉽게 이끌리고 더 나아가 그것의 포로가 되기도 한다. 자신의 정신적 고향이 없는 사람은 진정한 그리고 독립적 인격이 없는 자이다." "허무주의에서 강권통치에 의지하는 방향으로 나아가는 것 역시 노예화의 길이다."[128]

'투쟁철학'에 대한 반성:
돈키호테와 그의 '미친 제자'

하이네는 장차 '선험적 관념론'과 '주관적 열광주의'에 충만한 현대의 돈키호테가 출현할 것이라고 예언하면서, 또 그들이 '무장 봉기'를 지향하는 혁명가일 것이라고 언급했다. 이것은 돈키호테 정신에 대한 또 다른 중요한 발견이다. 사실상 세르반테스 작품 속에서 돈키호테는 일찍부터 사람들에 의해 '창을 든 찬란한 모범 인물'로 칭해졌으며 스페인 기사 자신들도 '창을 휘두르는 것이 나의 직업'이라고 했을 뿐만 아니라, '법률은 믿을 수 없으므로 나의 창을 멈출 수 없다'는 이론을 갖고 있었다. 그리하여 의분에 충만하여 이렇게 고함을 질렀다.

"펜대를 굴리는 직업이 창을 휘두르는 직업보다 더 고상하다고 누가 말했는가? 그들을 몰아내자."[129]

여기에서도 돈키호테가 아주 일찍부터 '창을 숭배한 사람'이었음을 알 수 있다. 이것은 그의 '호전적인' 본성에 의해 결정된 것이다. 돈키호테 자신도 '싸움을 직업으로 삼아 약자와 빈민을 구제하는 협객 기사'의 계승자임을 인정했다. 이 때문에 그가 연출해내는 반항정신·투쟁정신·희생정신도 이 소설의 매력 포인트이다.[130]

그러나 10월 혁명 이후 소련 작가들은 돈키호테와 그의 '미친 제

자' 사이에 드러나는 모순과 충돌 현상을 발견했다. 취추바이瞿秋白
가 번역한 루나차르스키의 저서 『해방된 돈키호테』에서 돈키호테는
자유·평등·박애·인자함이 구현된 황금시대에 모든 시간과 공간을
초월한 절대적 이상을 기탁하고 있다. 따라서 깨끗한 수단을 사용
하고 흉악한 짓은 해서는 안 된다고 주장하면서 폭력과 독재를 반
대한다고 했다. 그러나 자칭 돈키호테의 제자라고 일컫는 혁명가들
은 '우리의 진리는 구체적인 공간과 시간이 있고, 목적이 위대하면
어떤 수단이라도 쓸 수 있으며, 목적을 달성하기 위해서는 모든 것
을 희생할 수 있다'는 태도를 견지했다. 이들도 돈키호테의 정신과
이상이 궁극적인 목표로서의 합리성을 갖는다고 인정했지만, '신세
기의 사랑으로 구세대의 폭력에 대항하자'는 주장의 비현실성을 강
조하면서 최종적으로 '박애와 인정'을 실현하기 위해서는 우선 '폭
력혁명'을 수행해야 할 뿐만 아니라, 스스로 탄압자로서의 사상과
실천을 수행해야 한다고 했다. 이 때문에 이상과 원칙을 견지한 돈
키호테는 감옥으로 보내질 수밖에 없었고, 돈키호테를 배척하는 '미
친 제자'는 결국 붉은 망토의 잔인한 전제 마왕이 되고 말았다.[13]

1930년대에 문예 형식으로 출현한 이 논쟁을 다시 살펴보면 다양한
느낌에 젖어들 것이다. 이후의 역사 발전을 살펴보면 혁명의 폭력과
전제정치가 하나의 수단에 그치지 않고 목적 자체가 되었다. 인류
는 결국 폭력으로 폭력을 대신하는 악순환을 벗어나지 못했다. 노
예화와 압제 소멸을 목적으로 하는 혁명이 오히려 새로운 노예화와
압제를 조성하면서 자신의 목적과는 반대 방향으로 치달려가고 말
았다.

　여기에도 여전히 반항·투쟁·혁명에 관한 패러독스가 존재하고
있다. 예컨대 '사람이 탄압을 받으면서도 왜 투쟁하지 않는가?'라고
루쉰이 말한 경우와 같다. 반항·투쟁·혁명의 역사적 합리성은 절

대 부인할 수 없다. 이를 부인한다면 우리는 탄압과 노예제도에 굴종하는 노예 철학에 빠져들 수밖에 없다. 그러나 만약 그것을 절대화·신성화하여 '투쟁이 모든 것'이라는 투쟁철학으로 발전시켜 끝도 없이 투쟁 대상(이는 자신의 목표 실현에 방해가 되는 사람은 모두 적이라는 내재 논리를 갖는다)을 하나하나 설정해나간다면, 투쟁이란 바로 한 사람이 다른 사람을 먹어치우는 식인 행위가 될 것이다. 즉 목표를 실현하기 위하여 수단을 가리지 않고 임의로 무고한 사람을 학살할 수 있을 뿐만 아니라 항상 군중성의 폭력을 동원하게 된다. 그리하여 인간의 잔인함, '집안 싸움'을 좋아하는 중국인의 악습을 바탕으로, 간악한 본성과 욕망을 유발시켜 전 민족의 대학살을 조장하고, 지식인을 포함한 모든 사람이 잔혹한 생존 경쟁의 참여자나 피해자가 되게 하여 인간의 동물화를 야기하는 것이다. 그리고 모든 청년 지식인(예컨대 문혁 중의 젊은 홍위병 장교)은 투쟁철학에 포함된 낭만주의 격정에 휩싸여 의식적이든 무의식적이든 이와 같은 잔혹한 투쟁의 조급한 선봉장이 되고 말았다. 이것들은 모두 우리가 친히 경험한 '역사'이다. 그러나 이처럼 인류가 서로 살육해온 역사는 아직도 끝나지 않았다. '폭력으로 폭력을 대신하는' 악순환을 어떻게 끊을 수 있을까 하는 문제는 여전히 우리를 곤혹스럽게 한다.[132]

문제는 우리가 왜 이러한 투쟁철학을 수용하고 심지어 거기에 연연할 수밖에 없었느냐 하는 점이다. 이 점에서 나는 침통한 역사적 교훈을 경험했다. 『심령의 탐색』「후기」에서 나는 이렇게 자기반성을 했다.

"나는 사회의 최하층에 속해 있었기 때문에 당내의 불량한 기풍에 의해 초래된 일부 당 간부와 군중 사이의 모순 투쟁에 대해 매

82

우 구체적이고 강렬한 느낌을 받았고 심지어 상당히 엄중한 대립각을 세우기도 했다. 들끓는 분노로 촉발된 심리와 정서의 지배 아래 우리는 자연스럽게 모순·대립 이론을 절대화한 마오쩌둥의 투쟁철학을 받아들였다. 그리고 나는 한 걸음 더 나아가 루쉰의 투쟁철학을 절대화했다. 중용적 전통문화에 대한 루쉰의 비판을 절대화하여 극단적으로 루쉰을 왜곡해서 이해했다. 몇 년 전『루쉰 전집』을 다시 읽는 과정에서 루쉰이 벌써 1925년에 이미 이렇게 경고한 사실을 발견했다. '나는 중국인이 품고 있는 원한이 너무 많다고 생각한다. 따라서 그들의 감정을 고무시킬 때 전심전력으로 명백한 이성을 펼칠 수 있도록 해야 한다. 그렇지 않으면 매우 위험해진다.' 나는 이 글을 읽고 마음이 떨릴 정도로 커다란 감동을 받았다. 이로부터 나는 20세기가 시작된 이래 중국에서 이미 전 민족이 동원된 비이성적인 광란이 여러 차례 발생했음을 떠올렸다. 내가 직접 겪은 것으로도 1958년 대약진 운동과 10년 대동란이라고 불리는 문화대혁명이 있다. 이러한 광란은 모두 압박된 원한 정서의 충동으로 시작되었고 마지막에는 의도하지 않은 반대의 극단으로 치달았다. 이와 같은 비극은 항상 자신의 지위를 급박하게 바꾸고 싶어 하는 낙후된 국가의 피압박 계층에서 발생한다. 부분적으로만 합리성을 갖춘 이러한 역사의 요청에 따라 피압박 계층은 이용당했고 이는 특히 우리를 비애와 상심에 젖어들게 한다. 우리는 시종일관 두 극단 사이에 처해 있다. 압제 앞에서 치욕을 참고 타협하거나 고분고분하지 않으면 비이성적인 복수의 길로 나아가서 결국 무고하게 참살되고 만다. 언제가 되어야 루쉰이 기대한 '이성적인 반항'이 가능하겠는가?"[133]

역사적 진테제의 철학관과
세계관 추구에 대한 반성:
모든 정신적 피난처를 거절하고
절망에 반항하자

1980년대 말과 1990년대 초에 진행된 앞의 7개 부문에 대한 반성은 역사와 현실에 대한 반성이면서 나 자신에 대한 반성이었다. 그것은 내 마음속에 감추어져 있는 돈키호테 기질과 낭만주의 기질에 대한 집중적인 비판적 성찰이었고, 또 전면적인 정리였다. 이와 같은 정리는 필연적으로 더욱 근본적인 철학관과 세계관의 문제로 나아가게 된다. 그리하여 나는 1993년에 쓴 『나의 근래 10년 연구我這十年硏究』란 글에서 이에 대한 반성을 하게 되었다. 이때 한 젊은 친구가, 내가 『심령의 탐색』에서 강조한 '심령의 변증법'을 비평하면서, 내가 루쉰의 인격과 심령의 갖가지 모순과 곤혹을 드러냄과 동시에 이 같은 모순 및 곤혹이 최종적으로 해결되었다는 선언을 했다고 인식했다. 즉 대립으로부터 변증법적 통일에 도달했다고 인식했지만 이것은 사실과 부합하지 않는다. 그러나 이러한 지적은 매우 시의적절한 것이어서 나는 이로 인해 내 루쉰 연구에 근본적인 결함이 있음을 의식하게 되었고, 더 나아가 내 '세계관'에 모순점이 있다는 것을 분명하게 알게 되었다. 그리고 내 세계관의 결함을 진지하게 사고하게 된 것은 그 역사적 사변이 일어난 이후의 일이었다. 이것은 한 친구가 말한 바와 같다. 즉 나는 '중심에서 변두리로' 밀려났고, 자신의 의욕으로 세계를 바꾸겠다는 상황에서, 세계에 의해 자신이 개조되어야 한다고 위협받는 상황에 처했다. 나는 아무도 없는 곳에서 충분한 자각을 통해 갈가리 찢겨 다시는 복구 불가능한 자아를 새롭게 마주해야 했고, 자아에 대한 절망을 통해 이제 다시 자아를 새롭게 조정해보고 싶은 욕망이 생겨났다. 말하자면 나는 갈가리 찢긴 자아를 발견하고 또 그것을 깨달으며 한 걸음 더 나아가 타인(연구 대상도 포함)과 인성과 인간 자체에 대해서 사고하게 되었다. 그리고 마침내 세계와 우주까지 파괴되었다는 것을 알게 되었고, 또 더 나아가 찢긴 자아를 봉합하려는 욕망을 발견하였고, 아울러 찢긴 자아를 봉합하려는 모든 노력이 슬프고 가소롭다는 사실을 깨달았다. 나는 소위 '심령 변증법'이 헤겔의 역사적 '진테제Synthese'에 불과하다는 것을 분명하게 인식하게 되었다. 따라서 그것은 인위적으로 모순을 소멸시키고 절대 존재를 추앙하게 하고 현상을 인정하게 하는 통치자의 역사철학으로 전락할 수밖에 없었다. 이는 출발점에서는 전혀 예상하지 못했던 부정적인 측면이었다.[134] 이 점을 인식하자 등에서 식은땀이 흘렀다.

바로 이와 같은 자기반성 과정에서 나는 루쉰의 '역사적 중간물'이란 명제에 대해 완전히 새로운 인식과 발견을 하게 되었다. 루쉰에게 있어서 '중간물'이란 대전환 시기에 역사 개체로서 존재하면서도 두 사회에 모두 속하지 못한 역사 지위에 대한 확인이었을 뿐만 아니라 세계 본질에 대한 그 자신의 인식이었다. 그는 세계의 본체를 '원만하고 신령스러운' 혼돈이라고 인식하지 않았고 '돌고 돌아 반복된다'는 순환으로 이해하지도 않았다. 오히려 그는 세계의 본체란 무한한 발전의 사슬과 그(중간 고리)의 대립·통일 과정이라고 인식했다. 세계란 무한히 진화하고 발전하며 이러한 무한성은 유한한 중간물로 구성된다는 것이었다. 이처럼 루쉰은 근본적인 면에서 중간물과 유한성은 만사와 만물의 존재 방식임을 인정했다. 따라서 그는 우선 '완벽한 아름다움(또는 미善)'과 '원만함'을 부정하였고, 역사 발전·사회 형태·인생[예술] 역정의 지극한 경지, 즉 완벽한 진선미를 인정하지 않았다. 그러나 그는 불완전하고 결함이 있는 것만이 역사·사회·인생·인성·예술의 정상적인 존재 형태이며 만물의 객관적인 발전 법칙이라는 사실을 확실하게 인정했다. 동시에 루쉰은 '완벽'을 거절하면서 '아무런 폐단이 없는 개혁'과 '아무런 편향이 없는 선택'을 결단코 부정했다. 그는 대신 '어떤 것이든 모두 폐단이 있고' 편향 속에서 발전한다는 사실을 인정했다. 루쉰은 또 영구성[영원성]을 물리치면서 역사적·사회적 생명의 '고정성'과 '불후성'을 부정했다. 그러나 그는 만사와 만물의 과도성, 즉 모든 것은 하나의 고리와 매개체로서 구체적인 시공간 속에서 존재하기 때문에 필연적으로 다른 시공간에서는 존재 이유와 가치를 상실한다는 사실을 인정했다.[135] 루쉰이 포기·부정하려고 했던 것은 유토피아 세계를 현실화하려는 환각과 현실세계의 절대성·완벽성·전면성·영구성에 대한 신화였다. 이러한 것들은 통상적으로 고난의 현실을 살아가는 사람들에게 정신적인 피난처 구실을 한다. 루쉰은 정신적인 모든 도피처[퇴로]를 근절시키고 다른 사람들과 자신에게 유일한 선택을 하도록 했다. 그것은 바로 현실과 인생의 불완전·불원만·결함·편향·폐단과 일시성·소멸성을 직시하고, 이러한 직시로부터 죽음으로 이 한 줄기 생명의 길을 뚫고 나가야 한다는 것이다.[136] 이것이 바로 루쉰식의 '절망에 반항하는' 철학이다. 나는 고통스러운 반성의 과정을 통하여 그것을 나 자신의 철학으로 내면화했다.[137]

중요한 환기:
'진짜 돈키호테와 가짜 돈키호테'를 구분하다

1933년 루쉰은 「진짜 돈키호테와 가짜 돈키호테眞假堂吉訶德」라는 제목의 취추바이의 글을 자신의 필명으로 발표했다. 이 글은 나중에 루쉰의 수필집 『남강북조집南腔北調集』에 실렸다. 그는 취추바이가 이 글에서 제기한 다음과 같은 경고에 분명하게 공감을 표했다.

> "중국의 강호파와 건달들은 돈키호테 같은 우직한 사람을 우롱하면서 자신들이 돈키호테인 것처럼 가장하게 될 것이다. (…) 당신이 만약 가짜 바보를 진짜 바보로 생각하고 진심으로 가소롭게 여기거나 아니면 가련하게 여긴다면 구제 불능의 바보로 전락하게 될 것이다."[138]

사실 돈키호테의 성격에는 다소 연기에 가까운 부분이 있고, 일찍이 '대가들이 한결같이 모두 돈키호테의 행동이 연기'라고 고담준론을 펼친 바 있다. 그리고 스페인의 관객들도 돈키호테를 사람들에게 즐거움을 선사하는 '어릿광대'로 여겼다. 투르게네프가 묘사한 루딘에 대해서도 어떤 사람들은 '어릿광대'일 뿐이라고 조롱했다.[139] 그러나 루쉰과 취추바이가 주목한 것은 중국의 가짜 돈키호테였다. 그들이 보기에 돈키호테라는 이 책벌레는 스페인의 책벌레

일 뿐, 지금까지 '중용中庸'을 강구해온 중국에는 이런 유형의 사람이 있을 수 없다는 것이었다.[140] 따라서 중국의 토양은 가짜 돈키호테가 출현하기 아주 쉬운 환경이라고 할 수 있다.

이 때문에 루쉰은 중국의 지식인을 관찰하면서 시종일관 진짜와 가짜를 구분하는 것에 관심의 초점을 맞추고 있다. 이것은 루쉰의 일생을 관통하고 있는 기본 명제이다. 20세기 초에 그는 벌써 중국 유신파 지식인들 속에서 '가짜 지식인偽士'을 발견해내고 있다. 20세기 마지막 1년 나는 당시 가짜 지식인들의 포위 공격을 당한 이후 루쉰의 이 명제에 대해서 새로운 깨달음을 얻고 다음과 같은 진술을 했다.

> "가짜 지식인에게는 다음과 같은 특징이 있다. 첫째, 그들은 모두 믿음이 없는 인사이며 신념이 없는 지식인이다. 둘째, 그런데도 그들은 다른 사람의 신념을 말살시키고 다른 사람이 신념을 갖는 것도 허락하지 않는다. 셋째, 그들은 또 자기 자신을 신념의 수호자로 가장한다."[141]

이와 동시에 주의할 만한 것은 루쉰이 1920년대에 '특수한 지식인'으로 자처한 현대평론파 신사들에게서도 '연기를 하는 허무주의자'의 존재를 간파해내고 있다는 점이다. 그들도 "아무런 특수한 행동을 하지 않고, 아무것도 믿지 않지만 늘 본심과 다른 거짓 행동으로 일관하려 한다."[142] 여기에서 우리는 당시 중국에서 돈키호테의 형상이 겪었던 운명과 의의에 관한 문제를 상상할 수 있다. 나는 『풍부한 고통』을 쓸 때 친구 쉐이薛毅와 이와 관련된 문제를 토론한 적이 있다. 그는 다음과 같은 의견을 제기했다.

"돈키호테식의 순결·선량·진실·열정·온화 등 이 모든 것은 사람들이 동경하고 갈망하는 대상이다. 그러나 이것들은 현실 속에서 아주 연약하여 쉽게 사라지는 것들이다. 따라서 인성의 허위·암흑·음험함을 어떻게 해도 제거할 방법이 없다. 그것들은 영원히 유토피아의 세계에서만 존재하고 성모 마리아의 세계에서만 존재한다. 그러므로 그 동경의 대상들을 영원히 그리고 완전하게 그곳에서만 신성한 빛을 발산하게 하고 현실의 심연과 인성의 결함을 밝게 비추도록 해야 한다. 그러나 중국에서는 문화대혁명이라는 대재난을 진지하게 생각해보기도 전에, 그리고 홍위병의 광기와 1950년대 지식인의 충성 경쟁을 진정으로 심도 있게 해부하기도 전에, 돈키호테 정신의 합리적인 부분조차 수용될 수 없었다. 루쉰이 말한 가짜 돈키호테와 비슷하게 되든지, 아니면 돈키호테 정신을 고귀하면서도 지나치게 몽환적인[천진한] 품격과 연결시켜야 했다. 현재까지도 진정한 돈키호테가 출현하지 않았다. 우리는 그의 출현을 위해 충분한 준비를 해야 한다."[143]

그의 언급은 꽤 일리 있는 것이라 생각된다.

제3장

생존자

1980년대 후반에 나는 황쯔핑黃子平·천핑웬陳平原과 함께 '20세기 중국문학론二十世紀中國文學論'이란 개념을 제시하여 학계의 주목을 받았다. 1990년대 초에 우리는 각자 책을 한 권씩 출판했다. 그 제목이 의미심장하다. 『풍부한 고통豐富的痛苦』(첸리췬), 『천고 문인 협객몽千古文人俠客夢』(천핑웬), 『생존자의 문학幸存者的文學』(황쯔핑). 이 책들은 방금 지나온 정치 폭풍에 대한 우리들 심령의 반응으로 볼 수 있다. 나중에 나는 어떤 글에서 황쯔핑이 쓴 책의 '생존자'란 세 글자를 보고 "내 영혼이 떨리는 것 같은 느낌을 받았다"고 언급했다.[11] 그때부터 '생존자'란 명제는 나의 저작활동과 일체를 이루게 되었다.[12]

나의 문제:
누구를 위해 글을 쓰고,
무엇을 위해 글을 쓰는가

생존자의 글쓰기

나는 일찍부터 나 자신에게 '누구를 위해 글을 쓰고 무엇을 위해 글을 쓰는가?'라는 질문을 계속해왔다. 나 스스로의 대답은 다음과 같다.

"나는 파란만장한 삶을 살았고 우리나라와 우리 인민과 함께 거대한 고난을 겪은 이후에야 현대문학 연구에 투신했다. 이 때문에 나는 학술 연구에 종사한 그날부터 '고난을 정신 자원으로 전환시킨다'라고 스스로의 연구 목적과 임무를 귀결시켰다. 이에 내 글쓰기를 '생존자의 글쓰기'라고 명명했다. 소위 '생존자'란 말에는 두 가지 뜻이 포함되어 있다. 첫째, 내가 겪은 여러 차례의 운동 과정에서 나보다 우수한 많은 사람이 희생되었지만 나는 아직도 생존하고 있다.[3] 둘째, 지금의 중국에서도 수많은 우수한 인재가 여전히 새로운 삶을 추구하고 사고하며 심지어 글쓰기를 하고 있지만 현실에서는 발언권이 없다. 이들이 바로 내가 말하는 '민간 사상가'들이다. 우여곡절 끝에 나는 학자가 되어 다소나마 목소리를 낼 조건을 갖추게 되었다. 나는 이처럼 생존자가 되어 그 파멸당한 생명들과

생존자 녜 정신의 자서전

침묵하는 대다수를 위해 많든 적든 그들의 목소리를 대신해야 한다는 의무감과 책임감을 느끼고 있다. 그들은 나의 학술 생명 속에 존재하고 있다. 그들은 소리 없이 내 배후에 서서 나를 지지하고 격려하며 나에게 여러 가지를 요구한다. 나는 펜을 들고 글을 쓸 때 그들의 소리 없는 명령에 따르지 않을 도리가 없다. 나는 그들을 위해 글을 쓴다."[14]

망각을 거절하다

그러나 바로 눈앞의 중국에서 '고난을 정신 자원으로 전환시키기 위해' 생존자로서의 글쓰기를 하는 것은 매우 어려운 일이었다.

우선 '전환'의 전제로서 '고난'이 존재했는가의 여부조차 문제가 된다. 즉 기존 역사 속에 서술되지 못한 부분이 있는 것이다. 이는 역사의 기억이 어떤 기득권 집단의 호오에 저촉되었기 때문이기도 하고, "모든 생존자가 희생자와 그들 가족의 지옥 속 통곡 소리를 들을 수도 없고 기억할 수도 없기 때문이기도 하다." 그들은 스스로 생각한 '천당'에서 이처럼 편안하게 살아가고 있다. 지금 또다시 우는 것은 그들의 편안한 마음을 파괴하고 새로운 죄를 짓는 것일 수도 있다고 느끼기 때문이다. 그리하여 '망각 강박증 환자'와 '건망증 환자'가 생겨나게 되었다. 나는 어떤 글에서 이렇게 쓴 적이 있다. "중국 역사는 역사 기록을 거듭거듭 수정한 것이다." 루쉰이 폭로한 바와 같이 이는 사실 고서古書에 대대적인 개칠을 하고 혹은 훼손시키고 혹은 마음에 드는 내용만 뽑아서 이루어진 것이다. 그 목적은 역사의 피비린내를 전부 없애기 위한 것이다. 현재 자행되고 있는 수법은 더욱 거리낌 없고 더욱 철저하다. 당사자들이 기억하지 못하게 하고, 후대 사람들이 토론하지 못하게 하고, 학술적인 연구도 하지 못하게 한다. 애초부터 기록도 하지 못하게 하고, 역사 기록으로 서술도 못 하게 한다. 여기서 한 걸음 더 나아가 아예 역사의 기억을 지워버리려 하고 있다. 그러나 이렇게 거의 망각되더라도 다시는 피의 진압이 생겨나지 않는다면, 역사에 진정으로 '한 줄기 서광'이 비칠 수도 있을 것이다. 이처럼 젊은 세대들이 역사 저술에서 마주치는 이러한 공백은 **관방의**(기존의) 역사 해석만 용인될 뿐 자신의 독립적 사고와 판단은 어떤 것이라도 용납되지 않는다는 사실을 폭로하고 있다. **민족 전체의 망각이**(이것이) 의미하는 바는 다음과 같다. 즉 반우파 투쟁과 문화대혁명이라는 역사적 과오로 초래된 문화관념과 체제상의 폐단이 진지한 반성과 청산으로 나아가지 못한 채, **실질적인 교정이나 변혁은** 입에 담을 수도 없이, 또 다른 역사 조건하에서 금인今人과 후대 사람들에게 계승·발전되었고, 심지어 이러한 역사의 죄악을 신령스러운 무엇으로 새롭게 떠받들며 또 다른 형식으로 재포장하여 20세기의 역사 비극을 되풀이하려는 것이다.

　중국의 동량이었던 역사 운동 속의 핏빛 인물들도 잊혀져갔다. 사상의 선구자들이 인위적으로 은폐·말살되면서 그들의 사상적 성과도 후세 사람들에게 알려지지 못했다. 따라서 중국의 사상 발전은 끊임없이 중단될 수밖에 없었고 이에 매 세대 사람들은 앞선 세대가 이룩해놓은 '사상적 높이'를 계승할 수 없어서, 매번 처음부터 다시 시작해야 했다. 이것이 바로 중국의 현대 사상이 저급한 수준에서 계속 반복될 수밖에 없었던 중요한 원인이다. 이와 같은 정신 전통의 강제 단절은 전체 민족정신사에 엄청난 손실을 초래했다. 굳건하고 탁월한 정신의 소유자들이 사멸한 뒤에는 필연적으로 타협하고 아첨하는 기풍이 성행했고, 목숨을 구차하게 연명하는 비굴한 철학이 창궐하게 되었다. 이것은 전체 민족정신의 타락이라고 할 만한 사건이었다.

그리하여 **망각을 거절하려는 호소와 노력이 생겨났고,** 역사의 기억을 복원하려는 노력이 생겨났다.

어떤 의미에서 이것은 전 세계적인 추세이기도 했다. 나는 어떤 글에서 이렇게 언급한 적이 있다.

> "세계의 각 민족이 20세기를 회고해보면 모두 떠올리기 싫은 기억들이 있을 것이다. 이것은 민족의 치욕일 뿐만 아니라 인간 정신의 고통이기도 하다. 이 같은 자기 민족의 정신적 상처를 과감히 폭로할 수 있느냐 없느냐, 또 그 피비린내 나는 선혈을 직시할 수 있느냐 없느냐, 그리고 통렬한 역사 교훈을 정확하게 총결할 수 있느냐 없느냐에 따라서 그 민족은 진정으로 고난을 통해 성숙할 수도 있고 그렇지 못할 수도 있다."

나의 이 말은 내가 존경해 마지않는 일본 학자 마루야마 노부루丸山昇 선생의 공감을 얻었다. 그는 어떤 강연에서 특별히 다음과 같이 지적했다.

> "나는 이 말이 현재 일본인들에게 특별한 의미를 갖는다고 생각한다. 이뿐만이 아니라 이것은 '모든 민족'의 문제로 파악될 수 있고, 인류 공통의 약점에서 기인한 문제로 생각할 수도 있다."[15]

나의 작업: 고난을 정신 자원으로 전환하다

그러나 진정으로 역사의 기억을 복원하려는 작업은 대단히 어려운 일이다. 나는 일찍이 어떤 편지에서 문화대혁명에 관한 기억을 복원하는 데서 부딪히는 난점들을 타이완 학자와 토론한 적이 있다. 여기에서 그중 몇 가지만 간략히 언급하고자 한다. 우리가 겪은 문화대혁명과 반우파 투쟁 등 일련의 정치 운동은 모두 일종의 군중 중심의 독재였다. **이것이 바로 '중국 특색'의 운동이었으며, 우리는 이에 대해 아래에서 상세하게 토론하고자 한다.** 거의 모든 중국인은 독재의 대상인 동시에 독재의 참여자였다. 그 마음의 상처와 왜곡은 모두 매우 심각한 수준에 이르렀다고 할 수 있다. 문화대혁명의 가공할 만한 점은 바로 비정상적인 상황에서 인간(모든 사람) 인성의 악한 부분을 끄집어내 그것을 악랄하게 발전시켰다는 점이다. 사람들은 이제 정상 상태를 회복하여 그 시기의 역사를 돌이켜볼 수 있게 되었지만, 어떤 면에서는 감히 머리를 돌리고 싶지 않은 마음도 갖고 있다. 나는 심지어 모든 중국인에게 강제로 그 시기의 역사를 돌아보고 각자의 책임을 검토해보라고 하는 것은 너무나 잔혹한 일이라고 생각한다. 특히 몇몇 보통 사람은 악몽과도 같은 그때의 일을 자신의 기억 속에서 깡그리 잊어버리고 싶어할 것이다. 그것은 이해할 만한 일이다.

이처럼 우리는 두 가지 어려운 선택에 직면해 있다. 첫째, 인간의 기억은 언제나 '무거운 것은 회피하고 가벼운 것만 취하려고 하는' 경향이 있다. 따라서 사람들은 부지불식간에 회고하고 싶지 않은 추악한 고통과 그것에 의해 압박받는 침중한 기억을 회피하고, 자신을 도취시키는 가볍고 아름다운 일들만 특별하고 강하게 기억하려고 한다. 이것은 인지상정일 뿐만 아니라 인성의 약점이라고도 할 수 있으므로 사람들의 이해와 동정을 받을 만하다. 둘째, 앞에서도 언급한 바와 같이, 만약 전체 민족이 가장 견디기 어려웠던 자신의 역사를 회피하려고만 한다면 극도로 심각한 민족적 질병을 야기하게 될 것이다. 나는 이러한 모순을 해결하기 위해 책임감 있는 지식인들이 상당 부분에서 나서야 한다고 생각한다. 적어도 '나부터 시작한다'는 마음가짐으로 그 시기의 역사에 대해 털끝만큼도 회피하지 않는 반성과 진지한 청산 작업을 해야 한다. 이러한 기초가 있어야만 상대적으로 진실한 기억을 복원할 수 있으며 또 상대적으로 객관적이고 전면적인 연구를 할 수 있을 것이다. 하지만 이런 작업은 자신의 기억에 남아 있는 상처를 다시 건드리는 고통스러운 일이다. 이것은 해내기 어려운 작업이며, 이런 고통은 직접 겪은 사람이 아니면 이해하기도 어렵다. 문혁을 직접 겪지 않은 사람들은 그 상처가 얼마나 심각하고 잔혹한지 알지 못한다.[16]

게다가 이것이 또 기억에만 그쳐서는 안 된다. 개개인의 생명과 기왕의 고난에 대해서도 회한을 하는 것에 더하여 각성이 뒤따라야 할 것이다. 더욱이 한 사람의 문학가의 입장에서는 어떤 사회적 배역을 맡아야 하기 때문에 그의 사고는 더욱 깊고 넓어야 한다. 즉 개인적인 고난 체험과 기억에서 출발하는 것에 그쳐서는 안 되며, 사상의 비약과 승화를 거쳐야만 더욱 보편적인 인식에 도달할 수 있다. 이것이 바로 '고난(고통)'은 풍부한 정신 자원으로 직접 제공될 수 없는 '지혜'의 동반자이며, 심지어 지혜를 이끌어내는 씨앗을 품고 있지만 지혜 자체는 아니라고 말하는 이유이다. 따라서 기억은 '발굴'과 '전환'을 필요로 할 뿐만 아니라 우리가 말하는 '반성'을 필요로 한다. 그것이 도달할 수 있는 풍부함의 정도에 따라 '반성'의 정신과 내면의 요청이 있는지의 여부가 결정되며, 또한 충분한 사상과 상상의 힘을 갖추고 있는지의 여부가 결정된다. 그리고 특히

중요한 것은 강력한 비판정신과 비판 역량을 갖추고 있느냐의 여부이다.[17]

이것이 바로 역사를 반성하고 경험과 교훈을 결산하면서 고난을 정신 자원으로 전환시키고자 하는 나의 글쓰기 작업이다.

나의 연구 1:
배후의 원인과 교훈을 추궁하다

구체적으로 말해서 나는 주로 두 부문의 연구를 진행하고 있다. 우선 나는 직시를 바탕으로 배후의 원인과 역사적 교훈을 추궁하고 있다.

인간의 운명을 결정하는 체제 문제

직장 소속제에 관한 사고

이 주제에 관해 나의 사고를 일깨워준 것은 여전히 루쉰의 사상이었다. "돈—우아하게 말하자면 바로 경제가 가장 중요한 것입니다. 자유는 물론 돈으로 살 수 있는 것이 아니지만 돈 때문에 팔릴 수도 있습니다."[8] 사람들은 역사를 회고할 때 누구나 다음과 같은 문제를 제기하곤 한다. "왜 신중국 성립 이후 여러 차례 벌어진 운동 과정에서 지식인들의 행동이 그처럼 나약했던가? 왜 누구를 비판하면, 거의 아무런 예외 없이 그 누구는 곧바로 자신에 대한 반성을 수행했던가?" 사실상 이 배후에는 바로 루쉰이 말한 경제 문제가 감추어져 있다. 즉 자유는 돈 때문에 팔릴 수도 있기 때문이다. 중화인민공화국 성립 초기에 정부는 지식인들에게 '직장 보장' 정책을 실시했다. 모든 지식인은 어떤 하나의 직장에 배치되어 자신의 업무를 갖게 되었다. 이 정책은 당시 지식인들로부터 열렬한 환영을 받았다. 왜냐하면 국민당 통치 하에서는 수많은 지식인이 굶주림과 추위에 시달리며 생활고를 겪어야 했기 때문이다. 그런데 이제 국가가 보장하는 직장인이 되고 나서는 의식주나 자녀 교육 문제를 모두 보장받을 수 있었다. 그러나 이러한 정책 배후에 감추어진 더욱 심원한 의미를 아무도 주의하지 않고 있었다. 그것은 바로 '직장 소속제'가 **인간에게 가하는 강제적 속박이었다**.(인간에게 미치는 결정적인 영향이었다.)[9] "**지식인은 본래 자유 직업인이고 현대 지식인의 최대 특징은 바로 전문 직업인**"이라는 사실이다. 그러나 1949년 이후 자유 직업인은 합리적 방식으로 소멸되었고, 동시에 자유주의 지식인의 경제 기초도 소멸되었다. "직장의 상급자가 당신을 반혁명분자로 인정하고 비판하면 당신은 자신을 재점검할 수 있을 뿐이고, 거기에 반대하면 곧바로 제명된다. 제명되고 나면 당신은 자기 몸조차 건사할 수 없는 빈털터리가 된다. 물론 강경한 성품의 소유자는 아무것도 두려워할 게 없다고 말할 수 있다. 그러나 그 자신은 백이·숙제가 될 수 있지만, 불쌍한 처자식은 어떻게 되는가? 이 때문에 지식인들은 다른 선택을 할 수가 없었다. 이러한 직장 소속제는 매우 엄중하면서도 전혀 벗어날 길이 없는 노역 시스템(관리 시스템)으로 정착되었다."[10]

이러한 직장 소속제가 인간을 통제하는 시스템으로 정착된 데에는 일련의 발전 과정이 있었다는 점 또한 언급해야 한다. 그중에서 중요한 고리는 1957년 반우파 투쟁이었다. 반우파 투쟁 이후 당의 영도가 반드시 한 직장의 구체적인 영도에까지 실현되어야 한다는 원칙이 확정되었다. 따라서 직장 당위원회의 영도를 반대하는 것은 중앙당의 영도를 반대하는 것으로 간주되었다. 동시에 군중 속에서는 자기 가정의 출신 성분과 정치 운동 과정의 언행에 따라 '좌

생존자 네 정신의 자서전

파' '중간파' '우파'로 분류되었다. 우파를 분류하는 기준에는 각급 영도 기관과 영도자를 공격하는 사람, 노동자 농민의 간부와 혁명적 지식인들을 멸시하는 사람들도 명확하게 포함되어 있었다. 그리하여 직장 내부에는 일종의 등급 의존 구조가 만들어졌다. 모든 기층 조직 가운데서 직장의 영도자, 특히 최고위 상사는 누구의 비판도 받지 않는 절대 권력을 누렸다. 제한할 수도 없고 감독도 받지 않는 권력으로 직장의 모든 구성원을 마음대로 통제했다. 개인과 영도자 간에는 필연적으로 일정 정도 의존관계가 형성될 수밖에 없었다. 절대자의 영도 하에 '좌파'에 속한 사람들은 이중의 지위를 누렸다. "한편으로 그들의 좌파 지위는 지도자가 부여한 것이므로 수시로 회수해갈 수도 있는 것이었다. 따라서 그들은 영도자에게 태생적으로 의존할 수밖에 없는 부속물에 불과했다. 다른 한편으로 그들은 영도자 이외의 다른 어떤 사람의 감독이나 비판도 받지 않을 특권을 누렸고, 영도자의 뜻에 따라 마음대로 우파를 감독하고 박해할 수 있는 특권도 누렸다. 그리하여 사회 최하층으로 살아가던 우파분자들은 영도자와 좌파 극렬분자의 이중 감시에 시달려야 했다. 그러나 전체 사회구조에서 보면 직장 영도자의 권력도 절대적인 것이 아니었다. 모든 계층의 영도자는 바로 윗단계 영도자의 지시와 처분을 따라야 했다." 이것은 또한 "등급 권력제와 일치한다. 각급 영도자의 권력은 상급 조직 영도자의 임명으로 얻어지는 것이다." 따라서 하급 영도자와 상급 영도자 간에는 일정 정도 인신 종속관계가 이루어진다. 게다가 다음과 같은 관계官界의 관례도 생겨나게 되었다. "상급 영도자의 신임만 얻으면 직장에서 모든 일을 하고 싶은 대로 할 수 있다." 동시에 각 상하급 직장이 상호 의존하고, 각 상하급 관리가 서로서로 보호해주는 관료 체제의 관계망이 아주 쉽게 형성되었다.

뿐만 아니라 이와 같은 직장 소속제의 등급 의존 구조는 법률 제도로부터 엄밀한 지지와 보증을 받았다. 이것이 바로 옛날에 존재했던 제도, 즉 반우파 투쟁 이후 극도로 강화되었던 '직장 보증單位證明' '공문서 증명檔案' 제도였다. "인간의 모든 행동, 다시 말해 외출 시 차를 타고, 표를 사고, 여관에 투숙하는 것에서 신문 잡지에 글을 발표하는 것에 이르기까지 모두 직장의 보증이 필요했다. 당신의 신분을 보증하는 것은 정치적 신임 정도에 달려 있었다."[11] 개인의 언행, 가정생활 그리고 사회와의 관계는 모두 공문서에 기록되었다. '불량한 기록'이 있으면 모두 별책別冊에 기록되어 통제의 수단으로 사용되었다. 이른바 '내부 관리內控'가 그것이다. 반우파 투쟁 이후에는 또 『노동 교양 조례勞動敎養條例』가 제정되었다. 규정에 의하면 만약 직장의 분배·배치와 이동 조치에 복종하지 않고, 이른바 "무리하게 소란을 일으키거나, 공무를 방해하거나, 여러 차례의 교육에도 행동을 고치지 않으면" 직장에서 제명시켜 노동 교양을 지시하거나 심지어 노동 개조 처분을 내리는 등 전제적인 조치도 시행할 수 있었다. 이처럼 "중국인이라면 오직 하나의 선택만 할 수 있었다. 직장의 통제에 순응하며, 조직이 자신에게 부여한 업무를 성실하게 수행하고, 조직이 내린 어떤 이동 조치나 배분 조치에도 무조건적으로 복종해야 기본적인 생활과 발전의 조건을 보장받을 수 있었다. 그러나 일단 직장에서 제명되면 노동 교양이나 심지어 노동 개조에 처해지는 것이 유일한 출로였다. 설령 그곳에서 도망친다 해도 직장의 증명이 없으면 그 방대한 중국 땅에서도 발붙일 곳을 찾을 수 없었다."

반우파 투쟁 과정에서 우파를 분류하는 기준에는 '각급 영도 기관과 영도자를 공격하는 사람, 노동자 농민의 간부와 혁명적 지식인들을 멸시하는 사람들도 분명히 포함되어 있었다. 그리하여 사회의 최하층으로 살아가던 우파분자들은 영도자와 좌파 극렬분자들의 이중 감시에 시달려야 했다.

당시 제도적으로 자행된 차별에 관한 추궁과 사고

나는「한 사람의 운명 및 그 배후 사회체제의 전체 운동—個人的命運及其背後的社會體制的整體運動」이란 문건에서 1955년 중국공산당 중앙위원회 숙청운동 10인 소조中共中央肅反運動十人小組가 하달한 한 문건을 거론한 적이 있다. 그 규정에 의하면(극좌 시기의 규정에 의하면) 해외의 사람들과 관계를 가지고 있는 자나 직계 친족이 반혁명분자로 피살된 사람은 일률적으로 주요 부서에서 근무할 수 없었다. 아울러 다음과 같이 분석했다. "마오쩌둥 당시의 내부 규정에 의하면 역사적으로나 현실적으로 반혁명 문제와 연관되어 있는 사람은 체포까지 되지는 않더라도 직장에서 상급자나 부서 직원들의 감독을 받아야 했다. 이와 같이 통제와 감독을 해외에 관계망을 가지고 있는 사람과 반혁명 직계 친족 피살자에게로까지 확대하였고, 그들을 통제 대상에 준하는 지위로 격하시켰다. 이러한 조치의 배후에는 사회관계와 혈연관계가 모종의 원죄로 작용할 수 있다는 생각이 깔려 있다. 어찌됐든 그들이 주요 부서에서 근무할 권리를 박탈한 것은 제도적인 차별임이 분명하다. 이것은 하나의 시작에 불과했다. 그 후 혈통론은 갈수록 더욱 격렬해져서 점차 임용제도의 계급 노선으로 정착되었다. 혈연관계와 사회관계의 기초 위에 세워진 새로운 등급제도도 성장하기 시작했다. 이후 문화대혁명 기간 중에 '출신 성분' 문제를 둘러싸고 전개된 격렬한 논쟁도 실제로는 이 같은 제도적 차별을 옹호할 것인가 아니면 타파할 것인가에 관한 노선 투쟁이었던 셈이다. 이것은 문화대혁명이 폭발하게 된 사회 기초와 내부 원인이 충돌을 일으킨 것이라고 설명할 수 있다.―이 때문에 이것은 앞으로 깊이 있게 토론해야 할 중대한 문제이다. 여기서는 사고의 단초만 제시하는 데 그치고자 한다.

위의 글에는 또 1957년 12월 13일과 18일에 중공 중앙과 국무원에서 하달한 두 가지 문건, 즉 「각 직장에서 농촌 출신 임시공을 초청 고용할 때 지켜야 할 임시 규정關于各單位從農村招用臨時工的暫行規定」과 「농촌 인구의 맹목적 외부 유출 방지에 관한 지시關于制止農村人口盲目外流的指示」를 언급했다. 이 두 문건에는 다음과 같은 사항이 명확하게 규정되어 있다. "각 직장에서는 일률적으로 사사롭게 농촌으로 가서 임시공을 모집할 수 없고 또 맹목적으로 도시로 유입되어온 농민을 사사롭게 임용할 수 없다." 이 규정에 대해 나는 이렇게 분석했다. "그리하여 실제로 '농촌과 도시를 분리하는' 이원 대립의 사회 구조가 형성되어 이후 '비농업호구와 농업호구'라는 신분제가 만들어졌다. 농민을 강제로 농촌에 거주하게 하여 한편으로 국가 산업화의 부정적인 대가를 짊어지게 하였고, 다른 한편으로는 도시 주민들이 누리는 다양한 권리를 향유하지 못하게 하면서, 그들을 이등 국민의 위치에 머물게 했다. 이것도 출신 성분에 따라 농민과 비농민으로 신분을 나누는 제도적 차별이다. 이는 우리가 앞의 글에서 토론한 바 있지만, 가정의 출신 성분에 따라 반동 가정과 혁명 가정으로 신분을 나누는 제도적 차별과 같은 성격이라고 할 수 있다. 이 두 가지 제도는 등급제 사회구조를 지탱하는 양대 기둥이다. 이 제도가 1957년 이후 강화되면서 이후 최종적으로 완성된 것은 아마 우연이라고 할 수 없을 것이다.

사상 문화와 문학 체제에 관한 사고

『컬러 삽화본 중국문학사彩色揷圖本中國文學史』에서 나는 처음으로 '계획화된 통제'라는 개념으로 1949~1976년까지의 현대 중국 문학 체제를 개괄하면서 다음과 같은 분석을 했다.

"1945년 6월 2일 옌안延安『해방일보解放日報』에 당시 문예계 공산당 영도자였던 저우양周揚의 「정책과 문예에 관하여關于政策與文藝」라는 글이 발표되었다. 이 글은 '새로운 사회제도 아래에서 현실 운동이 더 이상 맹목적이거나 통제 불능이거나 결말을 알 수 없는 것이 아니라, 의식적이고 목적이 있고 계획적인 업무가 되었다는 것'을 강조했다. 여기에는 물론 문예 운동도 포함되어 있다. (…) 점차 '계급투쟁'을 강령으로 하는 국가 정책이 시행되자 문학예술은 '계급투쟁의 기상도'로 간주되었고, 한 걸음 더 나아가 문학예술은 당의 절대적인 영도와 감독 아래 놓여 있어야 한다고 요구되었다. 이에 문학예술 창작 문제는 중앙정치국에서 각급 당 조직의 의사일정 속으로 옮겨졌으며 또한 국가가 계획하는 중요한 업무의 하나가 되어 '계획화'의 궤도로 접어들게 되었다. 전면적인 문예 방침과 문예 정책에서부터 구체적인 창작 제재의 비중 및 작가의 창작 방식과 창작 방법에 이르기까지 (…) 모두 당에서 규정한 명확한 지침이 있었다. 이것은 점차 창작 모델로 굳어지면서 작가에게 유형 무형으로 큰 영향을 미쳤고 동시에 작가의 창작을 제약했다. 문학작품의 출판과 발행 및 모든 전파 매체도 예외 없이 국가의 계획 노선으로 편입되었다. 이렇게 하여 문예작품은 생산[작가의 창작]에서 소비[독자의 수용]에 이르기까지 모두 국가의 계획 아래로 복속되어 전면적인 '계획화 통제' 시스템이 실현되었다."[12]

이후에 나는 또 딩링丁玲의 소설『태양은 쌍간허에 비치고太陽照在桑乾河上』를 개별적으로 연구하면서 이러한 계획화된 문학 체제를 더욱 구체적이고 심도 있게 분석한 바 있다.

"비록 '문학작품'이 아직 어떤 상품의 외피[여전히 문학작품을 사고 파는 행위가 지속되었으므로]를 쓰고는 있었지만 '문학시장'의 수요는 더 이상 문학 생산[창작]·문학 유통[판매]의 추진력이 될 수 없었고, '정치적' 수요가 그 자리를 대신했다. '문학시장'의 쇠퇴는 문학예술 생산과 전파 시스템의 근본적인 변화를 의미했다. 이로부터 문학예술은 당이 영도하는 국가 계획 노선과 체제화된 질서 속으로 편입되었다. 문예는 정치의 도구와 당의 기계적 메가폰이 됨으로써 비로소 체제 속에서의 생존을 보장받을 수 있게 되었다."[113]

이 글에서 나는 특히 문학 간행물·매스컴·문학비평과 문학비판 운동의 특수한 기능을 언급했다. 이러한 기능들은 계획화된 통제 시스템을 보충해주었으며, 엄격한 심사제도 이외에도 의식 형태에까지 일정한 영향을 미쳤다. 그리하여 의식화의 요구에 부합하지 않은 저작이 발견되면(이러한 요구는 정치 상황의 변화에 따라 끊임없이 바뀐다), 바로 비판 운동을 통하여 시정을 요구했다. 그 목표와 임무는 매우 명확했다. 즉 '문예전선 상의 계획성·조직성·규율성'을 강화하여 '더욱 강력하게 사상적·조직적 측면의 집중과 통일'을 실현하고, '프티 부르주아지의 낙후되고 반동적인 사상과 더 나아가 지주계급과 부르주아지의 사상까지 모두 문예 전선 밖으로 축출하고자 하는 것이었다. 이는 실제로 독단적인 담론 권력이 좌우하는, 통제된 문학 질서를 건립하려는 선언에 다름 아니었다. 어떤 의미에서 이러한 현상은 거의 필연적인 결과라고 할 수 있을 정도였다. 즉 고도로 집중된 정치·경제 권력과 일체화된 문학은—이것이 바로 사회주의 리얼리즘 문학의 가장 기본적인 특징이다—반드시 문학 담론 권력에도 고도의 집중과 통일을 요구하기 마련인 것이다.[114]

군중 독재에 관한 사고

이 주제는 아마도 가장 '중국적 특색'을 지 녔다고 할 수 있다. 「한 사람의 운명 및 그 배후 사회체제의 전체 운 동」이란 글에서 나는 다음과 같은 진술과 분석을 한 바 있다.

"군중 운동의 방식으로 계급투쟁을 진행하면서, 참가자들은 천 명, 만 명, 수십만 명, 수백만 명이 운집한 군중 투쟁대회를 중국 구석 구석까지 개최했다. 그것은 진정으로 드넓은 하늘 아래 투쟁의 장 소가 아닌 곳이 하나도 없다고 할 수 있을 지경이었다."

이와 같이 전 인민이 참가하는 투쟁대회가 개최됨에 따라 **전체 인민은 서로 물고 뜯는 흡혈동물이 되도록 훈련되었다.** 이는 일종 의 정치동물인 셈인데, 이에 그 혁명의 경계성은 더욱 높아져서 불 가사의한 지경에까지 이르렀다. 모든 적의 일거수일투족은 모두 반 혁명의 음모를 숨긴 것으로 간주되었다. 거기에서 한 걸음 더 나아 가 모든 사람은 적이 될 가능성이 있었고, 어떤 작은 일도 '계급투 쟁의 새로운 동향'을 반영하는 것으로 간주될 수 있었다. 그럼에도 불구하고 이와 같은 심리와 분위기의 배후에는 보편적인 공포심과 불안감이 감추어져 있었다. 내가 다른 사람을 반혁명분자로 의심할 수 있으므로 당연히 다른 사람이 나를 의심하는 것도 피할 수 없 다. 이처럼 모든 사람이 위기감을 느끼며 각자가 더욱 '혁명적' 인간 이 되어 다른 사람을 고발함으로써 충성을 표시하고 스스로의 생 활을 보장받았다. 이와 같은 신고·폭로·고발이 중국 군중 독재의 가장 현저한 특징이 되었다.

그리고 이와 같은 신고와 폭로는 친밀한 사람 사이에서도 항상 행해졌는데, 여기에 '군중 독재' 창조자의 치밀한 의도가 담겨 있다.

군중 독재가 독재 대상의 가정·친척·친구 내부로 깊이 파고들어 정착되어야 진정으로 대상에게 치명상을 가할 수 있는 것이다. 이 때문에 체제의 강력한 힘을 동원하여 '적과 나의 경계를 분명히 하고 대의멸친大義滅親의 사상'을 주입하기도 하였고, 또 '친한 사람을 배신하고 창끝을 거꾸로 돌려 속죄의 공을 세울 수 있도록' 유혹하기도 했다. 또 인간의 사사로운 욕망이나 친구 사이 또는 가정 내부의 모순을 이용하기도 하였고, '자백하면 관용을 베풀고 반항하면 엄하게 다스린다'는 강온 양면 정책을 시행하기도 했다. (…) 이로부터 친한 사람들끼리도 서로 직접 함정을 파놓기도 하였으니, 이른바 '적'들은 고립무원, 탈출 불가의 지경에 빠져들게 되었다. 이에 마침내 풍랑 밖으로 도피한 사람들의 정신적 퇴로가 완전히 막혔다. 여러 차례 정치 운동을 거치면서 많은 사람이 바로 이와 같은 절망 속에서 막다른 골목으로 쫓기게 되었다.

이러한 체제는 강권통치의 '그물망'이 되었다. "이 그물망은 모든 것을 가두었다. 전체 중국, 모든 사람, 모든 가정, 모든 지역이 그 통제 아래 놓여 아무도 그물망을 빠져나갈 수 없었다. 이 그물망은 지극히 엄밀했고 심지어 정교할 정도로 빈틈이 없었다. 그리하여 고도로 집중된 권력으로 모든 정치·경제·문화·교육·법률·규정·정책·도덕·관념·여론 등등의 역량을 동원하여 모든 사회 구성원의 물질생활과 정신생활 및 가장 은밀한 사생활까지 물샐 틈 없는 통제 하에 두었다. 게다가 엄격한 통제와 징벌 시스템도 갖추고 있었다. 독재적인 감옥·노동교화소·수용소·독재에 준하는 국가기관이 설치되었을 뿐만 아니라 군중 독재라는 치밀한 시스템도 완비되어 있었다. 따라서 '그물망을 찢으려는' 어떠한 노력도 맹아 상태에서 궤멸되었고, 그럼에도 그물망을 찢으려는 자가 있으면 가차 없이 가혹한 징벌을 가했다. 이것은 정말 '천라지망天羅地網'이라고 할 수 있을 정도였다. 모든 투쟁과 항거는 아무 쓸모가 없었고 전혀 효과를 발휘하지 못했으며, 다만 절대적인 복종만 요구되었다."―물론 시간이 지나면서 그물망의 권위도 한계를 드러냈고, 그렇게 엄밀하던 그물망에도 작은 틈이 생기기 시작하여, 그물망을 찢으려는 투쟁과 항거가 일어났다. 따라서 현실과 역사는 매우 풍부하고 복잡하지만, 모든 개괄과 분석은 역사에 대한 단순화를 그 대가로 요구한다. 나도 수시로 이 점을 경계하고 있다.

이처럼 총동원 체제를 갖춘 전제주의는 필연적으로 국민정신에 막대한 상해를 가하고 또 그것을 왜곡하여 병리적인 국민성을 조장한다. 그리고 이와 같은 국민성의 약점은 역으로 강권통치의 사회사상적 토대가 된다. 한 막 한 막 역사의 희비극을 돌이켜볼 때마다 가장 공포스러운 것은 바로 이 같은 국민(우리 자신도 포함)정신의 상처를 목도하는 일이다. 이것은 모든 생존자도 직시해야 할 점이다. 이로써 역사적 경험과 교훈에 관한 나의 결론도 다음과 같은 두 번째 부문의 내용을 갖게 되었다.

전제 체제 아래의 국민성의 병리

이 주제는 사실 5·4 시기 루쉰이 제기한 '국민성 개조'라는 명제를 이어받은 것이다. 이 때문에 중국 국민성에 대한 루쉰의 비판은 나의 추궁과 탐색의 바탕과 출발점이 되었다. 어떤 측면에서는 루쉰의 명제를 계속 이어나가면서 루쉰과 나 자신에 대한 이중의 새로운 발견을 했다고 할 수 있다.

'식인' 이야기

이것은 중국 국민성에 대한 루쉰의 기본적인 판단이다. 그는 1918년 쉬서우창許壽裳에게 쓴 편지에서 「광인일기狂人日記」를 거론하며 다음과 같이 진술하고 있다.

"우연히 『통감通鑒』을 읽다가 중국인이 식인 민족이라는 사실을 깨달고 이 「광인일기」를 썼다. 이 발견은 매우 중요한 문제인데도 아는 사람이 거의 없었다."[115]

기록에 따르면 본래 인류는 생존을 추구하는 과정에서 원시 시대에 가뭄이나 전쟁이 심해지면 식인을 했다고 한다. 그러나 그것의 중국적 특색이라면 첫째, 식인의 수량이 많고 지속 시간도 길었다는 점이며, 둘째, 대부분 학습성 식인이었다는 점이다. 즉 윤리 도덕의 미명 하에서 그리고 도덕 이상주의의 깃발 아래에서 식인을 했다. 중국에서 식인은 충효忠孝와 같은 중국 전통 주류 문화인 유가의 기본 개념과 밀접하게 연관되어 있다.[116] 뿐만 아니라 이러한 식인 습관이 현대에까지 지속되고 있고, 또한 새로운 혁명 윤리를 형성하기도 했다. 즉 첫째, 혁명을 위해 개인의 희생을 요구한다. "전체적 사유를 고취하며, 전체의 이익을 위해 인간의 생명을 포함한 개인의 이익은 희생되어야 한다고 주장한다. 이러한 이념의 배후에 '개인의 생명은 가치가 없다'는 관념이 감추어져 있다." 이 때문에 루쉰은 이렇게 탄식하고 있다. 조물주는 "실제로 생명을 너무 함부로 창조하고 너무 함부로 파괴한다." 아울러 이렇게 충고하고 있다. "혁명은 결코 사람을 죽이는 것이 아니라 사람을 살리는 것이다." 둘째, '반혁명가를 죽인다.' "결국 다른 사람들이 '반혁명가'라는 것을 선포하고, 혁명이 도래하면 모든 반혁명가는 죽어야 한다고 한다."

또 여기에서 더 나아가 '혁명에 참여하지 않은 사람도 죽어야 한다'고 하면서 "자신과 다른 모든 사람은 죽어야 한다고 주장한다." 이에 루쉰은 이렇게 말하고 있다.

> "혁명가는 반혁명가에게 피살되고, 반혁명가는 혁명가에게 피살된다. 혁명에 참가하지 않은 사람은 혁명가로 간주되어 반혁명가에게 피살되기도 하고, 반혁명가로 간주되어 혁명가에게 피살되기도 하며, 무엇으로도 간주되지 못하고 혁명가나 반혁명가에게 피살되기도 한다. 혁명을 하고, 혁명을 혁명하고, 혁명을 혁명한 것을 혁명하고, 혁명 혁명……"[117]

"이처럼 중국 근 100년의 현대사는 끊임없이 살인하고 반복해서 사람을 죽이는 역사가 되고 말았다." 결국 살인을 즐기는 민족성이 형성돼 인간의 개체 생명을 극도로 경시하는 습속이 만연해졌다.[118]

'꿈' 이야기

나는 앞에서 정치적 낭만주의와 경제적 낭만주의를 검토하면서 '꿈'에 대해 이미 몇 가지 토론을 한 적이 있다. 여기에서는 국민성이란 시각으로 이에 대해 간략한 보충을 하고자 한다. 즉 이와 같은 전체 인민의 꿈꾸기 현상도 국민성의 바탕 위에서 가능했다는 것이다. **저우쩌런이 당시 말한 '독재의 광신狂信'도 이 같은 국민성의 약점을 지적한 것이다.** 나는 전에 '혁명의 카니발'을 다음과 같이 묘사한 적이 있다.

> "이러한 현상은 먼저 언어의 미신과 언어의 광란에서 시작되었다. 전체 인민이 시를 쓰고 전체 인민이 광란에 젖어 호방하고 웅장한

언어를 외쳤다. 이러한 열광적인 언어를 우리는 군중의 '고음 논리'라 일컬을 수 있고, 이는 사람들에게 최면 효과를 일으키는 것을 가능하게 했다. 여기에 '군중심리'가 포함되어 있다. 군중 속에서 사람들은 언어 마력의 호소 아래 대담하고 용감하게 변하여 극도의 환상을 품고 꺼리는 것이 없게 된다. '군중심리'에는 개인을 보호해주는 효과도 있어 무슨 짓을 하든 책임을 질 필요가 없다. 이것은 실제로 정신과 언어의 마력으로 인간의 본성을 미혹시키는 일이다."[19]

소위 '대비판, 대변론'은 서로 다른 의견을 가진 사람들에 대한 언어 독재였던 셈이다. **이것은 현실 속에서 실제적인 문제 해결을 위해 길을 여는 역할도 한다.**

"그러나 아무도 이 점에 대해 반성할 수 없었다. 왜냐하면 당시 모든 사람은 극도로 흥분된 광란 속에서 말로 형언할 수 없는 신성한 감정을 느끼고 있었기 때문이다. 그것은 마치 자신이 역사를 창조하고 있고, '진리'를 위해 싸우고 있다는 느낌과 유사했다."[20]

나는 이에 대해 다음과 같이 분석했다.

"과거 중국의 일반인들은 중국인들이 중용을 강구하는 민족이기 때문에 쉽게 열광하지 않으며, 중국인은 또 온수병처럼 심성이 온화한 민족이라고 생각했다. 그러나 20세기에 이 민족은 거듭 거듭 열광의 물결 속으로 빠져들었다. 중국 전통 속에서는 이러한 열광적 분위기를 찾아보기 힘들다. 따라서 나는 이것이 새로운 국민성의 일종이라고 생각한다. 이렇게 된 원인은 바로 20세기 중국이 시

생존자
내 정신의 자서전

종일관 서구 선진국을 따라잡거나 추월하려는 갈망 속에서 살아왔기 때문이다. 따라서 어떤 사람들은 중국 민족이 시종일관 선진국에 포위되어 있었으며 또 그 포위를 돌파하려는 심리를 갖게 되었다고 말하기도 한다. 소위 고속 성장과 업적 위주의 흐름은 모두 이러한 민족주의 정서에 의해 형성된 경향이라는 것이다.[21] **바로 전제주의와 결합된 낭만주의의 바탕에 이러한 군중 민족주의 정서가 깔려 있기 때문에 우리는 반드시 경계심을 가져야 한다. 이 같은 역사는 반복될 수도 있다.**

'연기演戱' 이야기

이것은 중국 국민성에 대한 루쉰의 또 다른 중요한 개괄로, 중국이 '문자 유희국'[122]이라는 사실을 인정한 것이다. 이것은 중국의 언어가 생각과 행동 밖으로 떨어져 나와 자유롭게 유동하는 특징을 가지고 있다는 말을 지적한 것이다. 이것은 루쉰이 다음처럼 말한 바와 같다. 즉 중국에서는 "하겠다고 분명하게 말하는 것은 사실 하지 않겠다는 것이다. 하지 않겠다고 분명하게 말하는 것은 사실 하겠다는 것이다. 이렇게 하겠다고 분명하게 말하는 것은 사실 저렇게 하겠다는 것이다. 자신이 이렇게 하겠다고 하는 것은 오히려 다른 사람이 이렇게 하겠다는 것이다. 한마디 소리 소문이 없다 해도 사실은 벌써 일을 다 처리해놓은 경우도 많다. 그러나 어떤 때는 이렇게 말을 하고 마침내 이렇게 일을 처리하기도 한다."[123] 내가 추궁하고 싶은 것은 이와 같은 언어의 유희성과 통일된 권력 구조의 관계이다. 어떤 사람이 권력자의 위치에 있을 때(여기에서 권력자는 최고통치자를 가리킬 뿐만 아니라 매 단계에서의 실권자 모두를 가리킨다. 이들에게도 모두 권력자의 면모가 있다), 그의 언어 형태에는 권력과 언어가 합일되어 언어의 패권을 형성하는 선명한 특징이 있다. 그 극단적인 형태가 바로 '지록위마指鹿爲馬[사슴을 가리켜 말이라고 함]'이다. 이것은 권력 의지가 극단적인 형태의 언어유희로 발전된 경우이다. 노예가 평소 견지하고 있는 언어 형태는 완전한 침묵이거나 대부분의 침묵이다. 그러나 그들은 생존하기 위해서 전혀 말을 하지 않을 수는 없다. 따라서 생존을 위한 언어 기술과 생명을 보존하기 위한 방법을 추구하려고 한다. 이때의 언어 의의는 바로 어떻게 생명을 유지하고 보존하느냐에 달려 있다. 그 유일한 방법이 바로 영합迎合이다. 그러나 이것은 피동적인 영합이기 때문에 노예의 주체적인 영합과는 다르다. 바로 이 때문에 노예는 필연적으로 불신에 바탕하여 자아 보존과 자아 생존을 위해 영합을 위한 언어를 쓸 수밖에 없다. 이것은 결국 옛날부터 '우군정책愚君政策(어리석은 임금을 만드는 정책)'으로 귀결될 수밖에 없었고, **이 때문에 "강권통치 아래에서의 언어유희는 노예와 노예주 사이의 상호 기만으로 변질되어, 서로 말이 필요 없는 지경에까지 이르렀다.** 그 내면에는 일종의 '강제 언어'가 포함되어 있어서 '말할 권리도 없고 말하지 않을 권리도 없는' 결과를 초래했다. 따라서 '강제된 태도'에는 '연기演戲'가 동반되지 않을 수 없었고, 또 거짓말이 끼어들지 않을 수 없었다. 이것이 바로 어명을 받들어 모시는 '연기'인 것이다. 이런 과정을 거쳐 노예는 주체적이고 자각적으로 연기를 하는 허무주의자가 되고 만다. 노예의 언어예술은 루쉰이 말한 바와 같이 '어릿광대'의 예술이다. 이것은 일종의 이중 예술이다. 즉 현재의 주인에게 보여주기 위한 연기이면서 동시에 현재 주인의 반대파에게 보여주기 위한 예술이기도 하다. 왜냐하면 그들은 언제나 그의 새 주인이 될 가능성이 있기 때문이다. 현재의 주인에게 충성을 바쳐야 하는 동시에 현재의 주인과 일정한 거리도 유지해야 한다. 그 특수한 표현 기교가 바로 절충적 언어 방식이다. "찬성하는 듯 반대해야

생존자
의 정신 이 지서 전

하고, 좌우 눈치를 잘 살펴야 한다. 이는 탄력이 풍부한 언어 특징을 갖고 있을 뿐만 아니라 연기 언어로서의 특징도 매우 강하게 갖고 있다."[124]─여기에서 **토론한 강권통치 아래에서의 언어 표현 방식은 국민정신의 담지체 문제와 관련된 것이므로 그 중요성은 다시 말할 필요도 없다.** 지금의 토론은 하나의 시작에 불과하다. 나는 또 "'마오 언어毛言語'가 중국인과 중국 국민성에 끼친 영향에 대해 문제를 제기했다." 이것은 아마도 더욱 의미 있는 연구 과제가 될 것이다. 내가 언급한 '마오 언어'는 마오쩌둥 시대에 형성된 일종의 사유 방식·정감 방식·심리 방식 및 언어 방식을 포함한다.

　루쉰은 또 다음과 같이 중요한 논단을 했다.

　　"군중은─특히 중국의 군중은─영원히 연극의 관객이다."[125]

　소위 '관객'에는 두 가지 신분이 다 포함된다. 즉 다른 사람을 구경하는 사람이면서 다른 사람에게 구경거리로 제공되는 사람, 그리고 연극을 구경하는 사람이면서 스스로 연기를 하는 사람이 그것이다. 이것은 중국인의 기본적인 생존 방식일 뿐만 아니라 인간과 인간 사이의 기본 관계이기도 하다. 구경하는 과정에서 다른 사람의 진실한 고통을 자신의 오락거리로 삼아 쾌감을 얻거나 자신의 고통에 대한 대리만족을 얻기도 한다. 동시에 선구자[계몽자]를 어릿광대로 여기고 그들의 장엄하고 신성한 죽음을 연극화·오락화하여 그들의 진실한 노력과 분투의 의의를 모두 무화시켜버린다. 이러한 과정을 통해 중국 국민성의 잔혹성과 마비성이 적나라하게 드러난다.[126]

'주인과 노예'에 대한 분석

이 명제도 중국 국민성에 대한 루쉰의 중요한 발견이다. 사람들은 흔히 중국인들에게 노예근성이 있다고 이야기 한다. 그러나 루쉰은 중국인의 '노예근성'이 단독으로 존재하는 것이 아니라, '주인 의식'과 동시에 존재한다는 사실을 발견했다. 즉 권력을 가졌을 때는 무소불위의 힘을 과시하지만 권력을 잃었을 때는 대단히 비굴한 노예근성을 발휘한다는 것이다. 이러한 현상은 물론 중국의 사회구조와 밀접하게 연관되어 있다. 루쉰은 일찍이 『좌전左傳』의 말을 인용하여 중국의 대일통大一統 정치의 최대 특징은 바로 피라미드식 등급제도라고 언급했다. 모든 사람이 그의 상급자에게 노예이며 하급자에게는 주인이 되는 것이다. 모든 사람은 이와 같이 이중적인 지위를 갖고 있고 이로부터 중국 국민성의 '노예근성'과 '주인 의식'이 함께 생겨나 상호 전환하는 모습을 보이고 있다. 따라서 중국 역사 속에서의 농민 반란은 자신들의 노예 지위를 바꾸려는 것이 아니라, 누가 '주인'이 될 것인지 자리다툼을 한 것에 불과했다.

중국 대일통의 권력 구조가 고착됨에 따라 권력이 정치·경제·사상·문화·사회 등 모든 부문에서 결정적인 역할을 수행하게 되었다. 이러한 상황에서 주인과 노예의 자리바꿈은 전적으로 권력에 의해 결정되었다. 즉 권력이 있으면 누구나 주인이 되고, 권력이 없으면 누구나 노예가 되었다. 따라서 중국에서는 아주 쉽게 '권력 숭배 관념'과 '권력 지상주의'가 나타났다. 문화대혁명은 사상적 측면에서 중국인들에게 심각한 해악을 끼쳤고, 지금까지도 두 가지 측면에서 사람들의 사상과 행동에 아주 나쁜 영향을 미치고 있다. 그 하나는 '권력만 있으면 모든 것을 가질 수 있다'는 관점이고, 또 다른 하나는 '목적이 숭고하면 무슨 짓이든 할 수 있다'는 관점이다. 이에 수

생존자
내 정신의 자서전

단과 방법을 가리지 않고 온갖 못된 짓을 하게 된 것이다. 이러한 경향은 이미 중국 국민의 '집단적 무의식'으로 고착되어버렸다.[127] 이 때문에 지금의 중국에서도 소수가 자기 수중의 특권을 이용하여 아무 거리낌 없이 국가의 자산을 사유 재산으로 전환하여 새로운 관료 자본을 형성하고 있다. 뿐만 아니라, 거의 모든 사람이 사회적 분업으로 획득한 자신의 권력을 최대한 이용하여 물질적 이익을 취한 뒤 그것을 다른 사람에게 과시하면서 정신적 만족을 추구하고 있다. 다른 한편 사람들은 또 형형색색의 정신적 폭정 앞에서 정신이 마비된 노예의 모습을 곳곳마다 드러내고 있다. 아Q처럼 다른 사람들에겐 아무 거리낌 없이 보복을 가하여 정신적 보상을 얻으며 자위하고 있다. 이 때문에 사악한 국민성이 순환 반복되고 있는 것이다.[128] 따라서 중국에서는 모든 것이 전 국민적 특성을 지니고 있다. 전 국민적 부패, 전 국민적 폭정, 전 국민적 노예성, 이것이 바로 중국식 대일통 체제의 가공할 만한 점이다.

'울분'에 대한 분석

이것도 루쉰이 제기한 주요 명제이다. 루쉰은 이렇게 말했다.

> "나는 중국인들이 품고 있는 울분이 이미 차고 넘친다고 생각한다. 그것은 물론 강자들의 유린으로 초래된 울분이다. 그러나 중국인들은 오히려 강자들에게는 잘 반항하지 않고, 약자들에게 화풀이를 한다. (…) 이는 이들의 비겁함을 증명해주는 사실이다. 비겁한 사람이 화가 불같이 치밀더라도 여린 풀 이외에 또 무엇을 태울 수 있겠는가?"[129]

그러나 이와 같은 울분은 중국에서 갈수록 더욱 격렬해져서 일종의 원한으로 발전했다. 이에 대해 루쉰은 또 다음과 같이 검토하고 있다.

"'원한'이 벌써 중국 국민의 혈액 속에 스며들었다는 것은 명확한 사실이다. 몇십 년 동안 끊임없이 '혁명을 하고, 혁명을 혁명하고, 또 혁명의 혁명을 혁명하고, 혁명의 혁명의 혁명의 (…) 혁명을 혁명했다.'"

그리하여 모든 중국인은 성공과 실패, 숙청과 피숙청의 (…) 과정을 맴돌면서 타인과 사회에 대한 극단적인 원한을 품게 되었고, 이에 따라 전체 민족의 심령도 악독해지고 말았다.—우리는 인간 심령에 영향을 끼친 강권 제도를 반성할 때, '노예화'라는 측면도 주의해야 하지만 이 '악독화'도 소홀히 다루어서는 안 된다. 실은 이 '악독화'가 더욱 심각한 측면일 수도 있다. 우리 민족은 이미 사랑을 이해하지 못하고 인간의 생명이나 대자연의 생명을 경외할 줄도 모른 채, 아무 두려움도 없이, 또 아무 거리낌도 없이 가치 있는 모든 것을 원망하고, 유린하고, 파괴하고, 훼손시킨다. 문제는 권력을 잡은 자들이나 승리한 자들뿐만 아니라, 압제를 당했거나 실패한 자들도 이와 같다는 점이다. 이것은 전체 민족에게서 드러나고 있는 원한·파괴·부패·전제의 측면으로 매우 가공할 만한 특성이다. 또한 이것은 중국식 강권주의가 초래한 최악의 결과물이다. 중국 민족의 심령에서 골수에까지 스며든 이러한 원한과 맹독을 진정으로 해소하기 위해서는 여러 세대 동안 끊임없는 노력을 기울여야 할지도 모른다.[30]

119

나의 연구 2:
지하에 숨어 있는 '중국의 동량'을 보다

민족의 '자기 기만성'은 반드시 제거해야 하지만 이것이 민족의 '자신감' 상실로 이어지면서 민족 허무주의를 초래해서는 안 된다. 이 문제도 루쉰이 이미 「중국인은 자신감을 잃었는가中國人失掉自信力了嗎」라는 문건에서 다음과 같이 지적한 바 있다.

"우리 역사에도 자고이래로 자기가 맡은 일에 몰두한 사람, 목숨 걸고 분투한 사람, 백성을 위해 생명을 바친 사람, 사생취의로 올바른 법도를 구한 사람들이 이어져왔다. (…) 제왕帝王이나 장상將相의 족보인 소위 '정사正史를 기록해온 역사가들도 이따금씩 그들의 찬란한 행적을 감출 수 없었다. 그들이 바로 중국의 동량이다. 오늘날이라고 해서 그런 사람들이 어찌 줄어들었겠는가? 그들은 스스로 확신에 차 있고, 스스로를 기만하지 않는다. 그들은 앞서거니 뒤서거니 부단히 싸움을 계속해왔지만, 늘 암흑 속에서 꺾이고 말살되고 소멸되어왔기 때문에 사람들에게 알려지지 않았을 뿐이다."131

루쉰은 마지막 부분에서 우리에게 이렇게 경고하고 있다.

"중국인에 대해서 토론하려면 자기기만과 타인 기만의 언어로 덧칠된 글에 속아서는 안 되고 그 본래의 힘줄과 뼈대를 찬찬히 살펴보아야 한다. 자신감의 유무나 장원급제 벼슬아치의 문장도 논리의 근거로 삼아서는 안 되고, 스스로 그 지하에 숨어 있는 진실을 보아야 한다."[132]

사실 이 점도 내가 1990년대와 새로운 세기 초에 봉착했던 문제이다. 앞에서도 진술한 바와 같이 망각과 말살을 강요당한 것들에는 낭자한 선혈뿐만 아니라 중국의 동량이라고 할 수 있는 혈성血性 인물들도 포함되어 있다. 이처럼 '강요된 망각'에 항거하려면 루쉰이 말한 것처럼 어용 역사교과서를(여기에는 당시 재상들의 글만 들어 있다) 근거로 삼아서는 안 되고, 반드시 "스스로 역사의 지하를 들여다보아야 한다." 이것도 나와 같은 생존자가 계속 수행해야 할 과제이다. 이는 "고난을 정신 자원으로 전환한다"는 주제의 두 번째 주요 내용이다. 이에 대한 나의 발견과 연구는 주로 다음과 같은 측면에 집중되어 있다.

1957년 민간 '사회주의 민주 운동'

이 단락은 우선 현재 전해지고 있는 '정사正史'에 대한 질의이다. 1998년 베이징대학 100주년 기념행사 과정에서 나는 당시 수많은 사람이 쓴 휘황찬란한 경축 도서를 열람한 적이 있다. 그들의 글에서 나는 뜻밖에도 1957년 부분이 베이징대학 역사에서 공백 상태가 되어 있음을 발견했다. 마치 아무 일도 일어나지 않은 것처럼 일언반구의 언급도 없었다! 겨우 그 당시를 언급한 한 권의 책에서도 그 시기를 '우파' 학생들이 함부로 날뛰며 학교를 공격한 (…) 역사로 간단하게 기술하고 있었다. 바로 이와 같은 역사 기록을 고의로 누락시키고 지속적으로 왜곡한 상황이 나의 역사 기억을 환기시켜주었다. 1957년에 나는 베이징대학 중문과 신문학 전공 2학년 학생이었다. 나는 그 역사의 현장을 직접 겪은 사람이 며 또 그 현장에서 운 좋게 살아남은 사람이다. 이로 인해 나의 연 구 격정이 촉발되어, 당시 우파 대자보의 원시 자료를 새로 발굴한 『들판의 풀―기억 속의 반우파 투쟁原上草―記憶中的反右派鬪爭』이란 책과 이에 관한 초보적 연구 성과 「말살할 수 없는 사상 유산―베이징대 학 및 교내외 '우파' 언론을 다시 읽다不容抹煞的思想遺産―重讀北大及外校'右 派'言論」를 집필했다. 이 글에서 나는 1957년 베이징대학을 중심으로 중국 각 대학 캠퍼스에서 벌어진 운동이 사실 민간 사회주의 민주 운동이란 점을 많은 사료를 통해 증명했다. 학생들은 사회주의 민 주와 법제의 기치를 높이 들고 '사회주의'의 깃발을 내건 전제주의 를 맹렬하게 비판했다. 동시에 학생들은 '사회주의 공유제'의 깃발을 높이 들고 근본에서 사회주의의 기초를 뒤흔드는 특권 체제를 반 대했다. 학생들은 이와 동시에 '사회주의 시대의 5·4 신문화운동'을 호소하면서, '모든 가치를 새롭게 따져보자'는 사상 깃발을 높이 들 고, 고도로 권력이 집중된 사회주의 국가에서 사상의 자유와 정신 의 해방을 쟁취하고 새로운 '국민성 개조' 운동을 전개하자고 했다. 그리고 당시 사회에 만연된 각종 폐습을 맹렬하게 비판했다. 이에 따라 '5·4' 정신에도 새로운 시대적 내용이 담기면서, 이른바 '우파' 정신 전통이 형성되었다. 이것이 바로 진리와 정의를 부지런히 탐색 하고 용감하게 보위하면서 시종일관 사상의 독립과 자유, 그리고 비 판정신과 창조정신을 견지하려는 신념이다. 또 이것은 현상에 만족 하지 못하고 진리를 말하면서 영원히 비판자로 살아가려는 굳건한 정신이다. 이 연구를 통해서 내가 얻은 결론은 이렇다. "1957년 '광 장'에서 진행된 사고思考와 외침은 바로 1980년대 중국 사상해방 운동의 선성先聲이었다." 전 세계인들이 주목하는 중국 개혁의 사상 기초는 바로 이와 같은 중국 민간의 젊은 선구자들이 이단의 형식으로 자신의 생명과 선혈을 바쳐서 이룩한 것이다. "더욱 중요한 점은 그들이 당시에 제기한 문제와 임무가 오늘날 중국의 개혁자들에게도 여전히 해결을 필요로 하고 완성을 기다리는 문제와 임무라는 점이다. 그들이 견지하고 있었던 당시의 사고는 오늘날에도 여전히 신선한 생명력을 지니고 있다. 그들이 획득한 사고의 성과 및 사고 과정에서 범했던 미비점과 오류는 모두 후세 사람들에게 지극히 고귀한 계시를 던져주고 있다. **망각·불인정·무시·거절 등 이처럼 선혈이 짙게 스며든 사상 유산은 역사 속에서 바보스러움에 그치지 않고 유죄로 단정된 단어들이었다.**

이 때문에 1957년 '우파' 유산의 발굴 과정에서 나는 내심 강렬한 자책감을 느껴야 했다. 나는 침통하게 다음과 같이 썼다.

> "우리 역사학자(나 자신을 포함하여)들이 직무 유기를 했고 책임을 회피했다! (…) 이것은 그 시대를 겪은 양식 있는 사람들과 학자들의 치욕이다!"[133]

이후에 나는 또 스스로와 중국 학계에 다음과 같은 새로운 임무를 제기했다.

> "'1957년학'을 새롭게 창조하여 현대정치사, 사상문화사, 지식인 심령사 등의 분야의 중요 항목이 되게 하고, 지금 진행되고 있는 '중국인과 중국 사회의 개조' 분야에도 사상 자원으로 제공하고자 한다."[134]

이로부터 이 임무는 우리 지식인의 정신적 빚이 되었고 지금까지도 그 빚을 갚기 위해 노력하고 있다.

문화대혁명 과정에 나타난 민간 사상가

이 주제는 『독서讀書』 잡지에 발표된 주쉐친朱學勤 선생의 「사상사의 '실종자'思想史上的'失踪者'」란 글에서 최초로 제기되었다. 이 글은 나와 내 구이저우貴州 친구들의 기억을 환기시켜 주었다. 문혁 후기에 우리도 주쉐친이 말한 것처럼 '민간 사상 촌락'이라는 사상 군체群體를 형성하고 있었다. 이와 같은 기억과 현실적 사고에 근거하여 나는 「민간 사상의 견지民間思想的堅守」라는 글을 완성했다. 이 글에서 나는 '민간 사상 촌락'이 출현한 배경 및 민간 사상이 의식하고 있던 역사적 사명에 대해 논술했다. 주요 내용은 이렇다. "문혁 후기, 특히 린뱌오林彪 사건 이후 사람들은 또다시 냉혹한 현실과 마주하지 않을 수 없었다. '이상理想'이라는 면사포가 벗겨지고 추악한 몰골이 드러났을 때, 사람들은 현실을 회의하며 그 회의감을 점차 강화하기 시작했다. 그리하여 체제 밖의 민간에서 소수의 선구자들에 의해 독립적인 사고가 상당한 범위로 확장·발전해나가게 되었다." 그리고 이러한 분위기에 발맞추어 민간 사상 촌락도 하나둘씩 생겨났다. 또한 이들의 결집에는 "자각적인 역사의식이 작용하고 있었고, 그들의 민간적 사고에도 명확한 방향성이 포함되어 있었다. 즉 그것은 앞으로 필연(필수)적으로 도래할 중국 사상과 중국 사회의 역사적 대변동에 대처하기 위해 사상적인 준비 작업을 하면서 새로운 이론과 사상 무기를 마련하고자 하는 것이었다." "사실상 그것은 역사적 격변기 전야에 선진적인 지식인들이 응당 떠맡아야 할 역사적 사명이었다. 그러나 당시 중국 지식인들은 바야흐로 '전면적인 압제정치'의 대상으로 전락하여 전방위로 타격을 받고 있었다. 그리고 잔혹한 압제, 특히 장기적인 '사상 개조'의 결과로 지식인들 스스로도 총체적인 위축 상태에 빠져 있었다. 따라서 주관적인 부문과 객관적인 부문에서 모두 이미 무르익은 이 같은 역사적 사명을 자각적으로 떠맡을 수가 없었다." 이때 민간 사상 촌락의 청년 지식인들, 즉 최고 학력이라봐야 겨우 고등학교 졸업생에 불과하고 아직도 어린이 티를 벗지 못한 그들이 "기성 지식인들이 모두 사라져버린 상황에서 흔연히 이러한 역사적 중임을 떠맡고자 했다. 그리하여 체제 밖의 민간에서 독립적인 사고가 발생하여 이후 사상해방 운동의 물길을 열게 되었다. 어찌됐든 이러한 움직임에는 사상사적 의의가 포함되어 있다. 그러나 당시에 제기된 이론상의 임무는 그것을 담당할 사람의 실제적인 이론 능력과 아주 큰 차이가 있었다. 이와 동시에 이러한 조건은 문혁 후기 '민간 사상 촌락'에 나타난 사고의 성격을 결정지어, 결국 그것이 '달도 다 채우지 못한 정신적 미숙아', 그리고 '목적지에 도달하지 못한 정신적 표류자'였을 뿐이라는 사실을 드러내고 말았다. '그들 사고의 정신적 의의는 현실 가치로서의 의의를 훨씬 뛰어넘는 것'이었지만" 결국 이후에 등장할 개혁개방 운동에 "선천적으로 '이론적인 준비 부족'이라는 결함을 떠안길 수밖에 없었던 셈이다."

그러나 나의 입장에서는 문혁 후기에 나 스스로 참여한 사상 촌락에 관한 자료를 새롭게 발굴하면서 자성과 자책감에 젖어들 수밖에 없었다. 왜냐하면 이와 같은 민간 촌락에서는 나와 같은 1950년대 대학생이 지도 교사의 지위에 있었기 때문이다. 그러나 당시에 나는 문혁 과정에서 얻은 쓰라린 교훈을 통해 일련의 문제를 사고하기 시작했음에도 불구하고, 몇십 년 동안 사상 개조를 통해 형성된 사고의 틀에서 근본적으로 해방될 수 없었다. 따라서 나 자신의 사상적 한계가 주위의 젊은 친구들에게 커다란 악영향을 끼쳤으며 또 전체적으로 사상 촌락에서 진행된 사고의 깊이를 크게 제한하고 말았다. 이에 대해 나는 줄곧 양심의 가책과 미안함을 느끼고 있다.[135]

당연한 이야기지만 문혁 후기에 있었던 민간 사상 촌락에 관한 자료를 새롭게 발굴함으로써 문혁에 대한 인식이 새로운 돌파구를 얻었고 또 적어도 이 부문에 관한 주의를 환기시키는 역할도 수행해왔다. 문혁과 관련된 유산은 결코 폐허가 아니다. 문혁 과정에서 일어난 민간 사고는 지금까지 엄폐되고 망각되어왔던 사상 자원이며 정신 자원이었다. 나는 일찍이 어떤 글에서 이렇게 썼다. "이러한 민간 사상이 일련의 중요한 이론 성과를 이끌어내었다. 예컨대 강권통치에 대한 정치적 비판(리이저李一哲, 「사회주의 민주와 법제에 관하여關于社會主義民主與法制」), 철학적 비판(구준顧準, 「모든 판단은 귀납에서 시작해야 하고, 귀납에서 얻은 결론은 상대적이다一切判斷都得自歸納, 歸納所得的結論都是相對的, 「변증법과 신학辯證法與神學」), 정치경제학적 비판(천얼진陳爾晉, 「프롤레타리아 민주 혁명을 논함論無産階級民主革命」) 등이 그것이다. 이러한 글들이 도달한 사상의 깊이는 어떤 면에서 오늘날의 학자들도 넘어설 수가 없다." "이들은 진정한 정신계의 전사이다. 이들은 '지식유죄, 사상유죄'의 시대에도 독립적인 사고를 견지했다. 기아·감금·죽음 등등의 재난이 전방에서 자신을 기다리고 있다는 것을 잘 알고 있었지만, 여전히 굳건한 마음으로 진리를 말하고자 했다. 이러한 사상을 견지한 거의 모든 작가가 비판·구금·도피의 나날을 보내야 했고, 그중 몇 사람은(왕선유王申酉·린자오林昭·루슈란陸秀蘭) 심지어 자신의 목숨을 진리의 제단에 바쳤다. 물론 문혁의 복잡성 때문에 이와 같은 자원의 발굴과 연구가 더욱 어려웠던 것이 사실이다. 그러나 이로 인해 더욱 매력적인 연구 과제로 떠오르고 있다. 나는 앞으로 이 분야의 연구에 주력할 생각이다.

'정신계의 전사' 계보를 자각적으로 계승하다

동시에 나의 생각은 지난날에 그치지 않고 오늘날 민간 사상가의 존재 의의 및 나와 그들의 관계를 들여다보는 데로 이어졌다. 나는 민간 사상가를 미화할 생각은 전혀 없지만, "민간 사상가가 존재한다는 자체만으로도 중국의 현재와 미래 사상 그리고 중국의 학술 발전에 소홀히 취급할 수 없는 가치를 지니고 있다"고 강조하고 싶다. 그러나 문제는 지금까지도 여전히 그들이 공인되지 않은 군체群體로 남아 있다는 사실이다. 사실 일반적인 견해에 입각해 보더라도 어떤 민족의 사상과 학술의 발전 여부는 대학의 전문 연구자를 주축으로 하고, 동시에 민간의 아마추어 연구자를 그 기반과 배경으로 삼을 수 있느냐에 달려 있다. 그리고 이 두 분야의 경계는 절대적인 것이 아니며 서로 간에 학문적 교류와 입장 전환을 할 수 있고 또 해야만 한다고 생각한다. 나는 이것의 필요성을 거듭 거듭 강조했다.

> "나의 학문 연구는 아직도 민간에 흩어져서 활동하고 있는 나의 정신적 형제들과 떼려야 뗄 수 없는 관계를 맺고 있다. 나에게 있어서 그들의 의미는 나에 대한 그들의 정신적 지지와 감독에 그치지 않는다. 그들은 나의 창작 대상일 뿐만 아니라 정신적 대화의 주요 대상이다. 게다가 그들은 나의 사상과 영감의 원천이다. 우리들 사이에는 확실히 (…) '심령의 감응'이 존재한다."136

나는 이들 민간 사상가와의 정신적 연계를 매우 고귀하게 생각할 뿐만 아니라 그들과의 관계 유지에 전심전력을 다할 것이다.[137]

나는 나 자신이 행한 이상의 연구 작업을 루쉰이 창조한 '정신계의 전사 계보의 자각적인 계승'이라고 부른다. 아울러 이에 대해 다음과 같이 설명했다. 20세기 초에 루쉰은 20세기 중국의 변혁을 위해 새로운 이상과 가치를 제공한 바 있다. 이에 그는 "먼저 참인간을 세워야 하고, 참인간이 바로 서야 만사가 이루어진다. 또 이와 더불어 학술은 참인간의 개성을 따라 올바른 정신이 발양된다"(「문화편향론文化偏至論」)라는 이상을 제기했다. 따라서 이때부터 현대 중국 역사에 '개체의 정신 자유'라는 기치가 휘날리게 되었다. 루쉰의 인식에 의하면 '참인간 세우기立人'의 이상을 실현하기 위해서는 '정신계의 전사'가 대거 출현해야 한다는 것이다.[138] 아래에서 나는 세기가 전환되는 시점에 다시 '루쉰'이란 연구 과제로 되돌아온 심정에 대해서 언급하고자 한다. '정신계의 전사'에 대해서 다음과 같은 해설을 한 적이 있다.

"정신계의 전사는 우선 '마라摩羅', 즉 '악마'의 특징을 갖춰야 한다. 루쉰은 '악마'란 진리를 말하는 자라고 개괄했다. 그들이 바로 루쉰이 기대한바 가장 먼저 '떨쳐 일어난 사람'이며, 가장 먼저 각성한 지식인이다. 그들은 신념을 갖고 자각적으로 개체 정신의 자유를 추구하고 자유 창조정신과 상상력을 발휘하면서 더욱 강력한 주체 독립의 의지를 갖고 있다. '오직 자신이 믿는 바를 향해 매진하면서, 온 세상이 칭찬하여도 그것에 고무되지 않고, 온 세상이 헐뜯어도 멈추지 않는다.' 동시에 '협객을 존중하고 의인을 숭상하며, 약자를 돕고 불평등을 바로잡는다.' (…) 그들의 현저한 특징은 첫째 '반항'이다. 그들은 비판적·전투적 특성을 지닌 지식인이다.

또한 (…) 그들의 비판은 광범위하고 철저하여 '적을 쳐부수지 못하면 싸움을 멈추지 않는다.' 둘째 행동에 중점을 두고 있다. 루쉰이 말한 것처럼 '그들의 지향은 행동으로 귀결된다.' 그들은 실천정신을 강력하게 갖춘 지식인이다."[139]

그러나 정신계의 전사에 대한 루쉰의 부름에 20세기 초 중국에서 호응하는 사람은 거의 없었다. 그리하여 루쉰은 하늘을 우러러 긴 탄식을 내뱉었다. "지금 중국을 뒤져보면 정신계의 전사는 어디에 있는가?" "그러나 황야에서도 마침내 첫 번째 정신계의 전사들이 나타났고, 초조한 기다림 속에 계속해서 그 후계자들이 발걸음을 이어 5·4 시기에서 항일전쟁에 이르는 기간 동안 온갖 고통스러운 단련 끝에 루쉰을 선구자로 하는 '정신계의 전사' 계보를 형성하게 되었다. 그러나 이어서 출현한 것은 정신계의 전사에 대한 처벌과 개조였으며, 심지어 그들의 정신과 육체가 죽음에 이르는 엄청난 비극이 초래되었다."[140] 1957년의 우파 학생이든 아니면 문혁 과정의 민간 사상가이든 정신계의 전사가 구비해야 할 정신과 품격을 갖지 않은 사람이 없었다. 이것이 바로 루쉰이 말한 '용암은 땅속에서 운행하다가 갑자기 분출한다'[141]고 한 상황인데, 정신의 불씨는 영원히 꺼지지 않는다고 할 수 있다. 루쉰이 창조한 정신계의 전사 계보는 1950년대와 1960년대 두 세대 청년들의 간고艱苦하고도 탁월한 분투와 희생을 거치면서 중국 민간에서 끊임없이 계승되고 있다. **이것은 정말 중국 역사에서 가장 비장한 한 페이지이다.**

그러나 내가 더욱 깊은 관심을 기울이는 것은 이와 같은 정신 계보가 지금 중국 현실의 젊은 세대에 계속 이어지고 있느냐는 점이다. 솔직하게 말해서 나는 이 점에 대해 매우 심각한 우려와 실망감을 느끼고 있다. 나의 느낌은 다음과 같은 근거를 갖고 있다. 그 한 차례의 대풍파를 겪은(1990년대) 이래 대학생들은 한동안 침묵에 잠겨 있었고, 뒤이어 바로 상품경제의 격랑이 밀려들어와 그들은 정신적으로 곤경에 처했다. 기억하건대 1990년대 초 대학생들에게 루쉰을 강의할 때 격렬한 논쟁이 일어난 적이 있다. 그것은 표면적으로 '루쉰을 박물관으로 보내야 하느냐 아니면 우리 생활 속에 계속 살게 해야 하느냐?'는 논쟁이었지만, 그 배후에는 '생명의 무거움을 선택할 것이냐 생명의 가벼움을 선택할 것이냐'[142] 하는 각 개인의 인생 선택에 관한 논쟁이 잠복해 있었다. 그러나 1997년 나는 "저우 씨 형제 이야기話說周氏兄弟"라는 선택 과목을 강의하는 동안 의외로 수강생들의 강렬한 반응과 공감을 얻었다. 그 상황은 마치 1980년대 초와 비슷했다.

이와 같은 분위기 속에서 나는 베이징대학 학생 서클 시사사時事社가 작성한 「진정한 베이징대학의 목소리를 찾아서尋找眞北大的聲音」라는 선언서를 읽게 되었다.

"여전히 이상理想으로 충만한 학우들, 여전히 천하를 근심하는 학우들, 뜨거운 피와 책임감이 가득한 청년 학우들이 한데 모였다. (…) 이들은 자신의 행동으로 베이징대학의 정신이 죽지 않았다는 사실을 외치고자 한다. (…) 비판적으로 반역적으로 영원히 투쟁하면서 적극적으로 건설적으로 끊임없이 개척에 나선다. 이것이야말로 베이징대학의 진정한 정신이다. 시사사時事社에서는 바로 여태껏 중국에서 찾아보기 어려웠던 이러한 정신 품격을 우리 서클의 영혼으로 삼는다. 아울러 이러한 정신을 두루 퍼뜨리기 위해 노력할 것이다."[143]

이것은 분명 루쉰이 창조한 '정신계의 전사' 계보를 자각적으로 계승한 것이다. 또한 나는 이 단계에서 베이징대학 학생과 다른 대학 학생 및 청년 작가들을 만날 수 있었고, 이들의 정신 역정에 대해서도 더욱 절실히 이해할 수 있게 되었다. 나는 이들에 대해 다음과 같은 판단과 분석을 했다.

> "그 젊은이들은 1980년대에서 1990년대 말까지 정신적인 격변을 겪었다. 그들은 외부 권위의 암시가 아닌 자기 내면의 절망적인 체험을 통해, 이 세기와 자아의 진실한(허상이 아닌) 생존 환경을 마주하면서, '스스로를 구제하고 스스로를 속죄하는' 길을 찾기 시작했다. (…) 우리 세대나 우리를 포함한 여러 세대 사람들 중 일부는 문화대혁명의 절망적인 체험을 통해 비로소 루쉰을 진정으로 이해하고 루쉰을 미래의 대안으로 선택했다. 우리는 1980년대 사상해방 운동 과정에서 루쉰으로부터 다양한 생각거리를 가져올 수 있었다. 그리고 현재 젊은 세대 중 일부도 세기말의 절망적인 체험을 통해 루쉰을 발견했다. 그러나 이들의 인식은 루쉰에 머물지 않고 있다.(이 점이 우리 세대와 다르다.) 루쉰이 창조한 정신계의 전사 전통이 바야흐로 더욱 독립적인 사고를 갖춘 새 세대에서 끊어질 듯 이어지고 있다."[144]

나는 마치 사막에서 오아시스를 발견한 것처럼 마음속 기쁨을 감출 수 없었다. 이것이 지금의 젊은 세대를 다소간 이상화하는 진술이고, 또 이러한 이상화 경향이 우리 세대, 특히 나와 같은 사람의 약점이기는 하다. 그러나 지금 젊은 세대가 현실의 미망을 탈출하여 자신들의 길을 찾아갈 때, 그들을 위해 응원의 함성을 질러주고 그들을 격려하고 지지해주는 것이야말로 사양할 수 없는 나의 책무임도 부정할 수 없다. 우리는 루쉰이 말한 '역사적 중간물' 의식을 응

생존자
내 정신의 자서전

당 느껴야 하는 것이다. 그리하여 나는 이때를 전후하여 「내가 본 1990년대 베이징대학 학생—위제의 『불과 얼음』 서문我看九十年代北大學生—余杰『火與氷』序」 「'정신계의 전사' 계보의 자각적인 계승—모뤄의 『치욕자 수기』 서문精神界戰士譜系的自覺承續—摩羅『恥辱者手記』序」 「『신청년 문총』을 기쁘게 읽다喜讀『新靑年文叢』」 등을 썼다. 이 몇 편의 글은 당시 청소년들 사이에서 매우 큰 반향을 불러일으켰지만 당국으로부터 많은 비판을 받기도 했다. 하지만 나는 지금까지도 후회하지 않고 있다.

제4장

학자, 교사, 정신계의 전사

선택의
곤혹

　　　　　　초등학교 5학년 때 선생님이 '장래 희망'
을 적어내라고 했을 때, 나의 대답은 '선생님'이었다. 선생님은 내 어
린 시절의 꿈이었다. 중학교에 진학해서는 작가가 되고 싶었고, 그
중에서도 아동문학가가 되고 싶었다. 어떤 의미에서 이 꿈은 선생
님이 되고 싶은 꿈의 연장이라고 볼 수 있다.[1] 바로 이와 같은 몽상
을 품고 베이징대학 중문과 신문新聞 전공 대학생이 되었다. 그러나
나는 금방 나 자신에게 문학 창작 재능이 없음을 깨닫고 학자가 될
생각을 했다. 1957년 백가쟁명百家爭鳴·백화제방百花齊放 기간 동안 나
는 페이샤오퉁費孝通 교수의 관점에 동의한다고 공개적으로 선언하
고 아울러 나의 장래 희망이 '방 한 칸, 붓 한 자루, 책 한 권'을 갖
춘 서재생활이라고 선포했다. 이로 인해 나는 "쓸데없이 전문가의
길을 추구한다"는 누명을 쓰게 되었다. 당시 '우파'로 단죄되지 않
은 것이 천만다행일 뿐이었다. 대학 졸업 후 대학원에 진학하려 했
지만 인준을 받지 못했다. 그 이유는 "내가 이미 책을 너무 많이 읽
어서 사고가 멍청해지고 있기 때문에 실제 생활로 들어가서 사상을
단련하고 개조해야 한다"는 것이었다. 그리하여 나는 음으로 양으
로 내가 가고 싶은 길과는 어긋난 채 교사가 되었다. 이후 구이저
우 안순 위생학교安順衛生學校와 사범학교에서 18년 동안 어문語文교사
생활을 했다.

1978년에야 왕야오王瑤 선생과 옌자옌嚴家炎 선생 지도 아래 대학원생이 되어, 나는 마침내 학자의 길을 걷게 되었다. 그러나 학자의 길이 내 앞에 펼쳐졌을 때도 나는 한참이나 머뭇거렸다. 왜냐하면 내 뼛속에 스며든 돈키호테 기질이 실제 행동에 미련을 갖게 하였고, 한동안 '전사'가 되고 싶다는 내면의 충동으로 갈등을 겪어야 했기 때문이다. 당시 중국은 바로 역사적 대전환기를 맞고 있었고 모든 사람이 새로운 선택에 직면해 있었다. 대학원생이 된 첫해 나는 '학자'와 '전사'(당시 바야흐로 싹을 틔우고 있던 사회 민주운동의 활동가)의 길에서 줄곧 배회하고 모순을 겪고 투쟁하고 고민했다. 그러나 결국은 학자의 길을 선택하였고 갈수록 이 길의 매력에 흠뻑 빠져들게 되었다.

학술과 정치의 관계,
학원파의 가치와 위기

그러나 내가 겪은 모순은 전혀 해결되지 않았을 뿐만 아니라 '학술'과 '정치'의 관계 문제로 관심의 방향이 전환되었다. 이 문제는 1980년대 이래 학계에서 논쟁이 그치지 않은 뜨거운 이슈였다. 이러한 논쟁에는 다음과 같은 관점이 존재하고 있었다. '정치'는 바로 '관방이 중심이 된' 권력정치이다. **'혁명'이란 것도 이미 '왕정王政'과 같은 1인 독재로 나아가고 있다.** 정치에 종사한다든가 정치와 현실에 관심을 가진다는 것은 대부분 '일시적인 역할자로서의 행위 규범'을 보여주는 것이지, '궁극적이고 보편적인 가치 규범'을 보여주는 것은 아니다. 오직 학술만이 궁극적인 가치를 지니고 있으며 "학술이야말로 천하의 공기公器이고 현실 정치에 비해 훨씬 더 장기적이고 독립적인 가치를 지니고 있다." 오직 학술을 위한 학술을 하는 순수한 학자만이 '개인 위주'의 보편적 가치를 진정으로 실현할 수 있고, '학문을 근본으로 삼아야' 정치의 올바른 가치를 진정으로 후세에 전할 수 있다.[12] 이러한 관점은 사실상 가치관의 전도(뒤집어짐)라고 할 수 있다. 즉 '은둔을 위한 은둔, 학술을 위한 학술'을 본래의 가치로 삼고, 경세치용이나 정치적 관심 또는 현실적 관심은 무가치한 것으로 폄하하고 있기 때문이다. 이와 같은 뒤집어진 가치관('학술지상')과 뒤집으려고 하는 가치관('정치지상')은 그 내면의 사상 구조가 놀랄 만큼 똑같다는 사실에 주목해야 한다. 말하자면 이 두 가지 가치관은 모두 '정치'와 '학술'을 단호히 대립시키고 있을 뿐만 아니라 어떤 하나의 가치관을 절대화시키고 있는 것이다.

이와 같은 학원파의 절대화 경향에 나는 물론 동의할 수 없었지만, 다소간 그들의 생각을 이해하고 동정하는 마음은 갖고 있었다. 왜냐하면 중국에서 학원파의 추구는 실제로 성실한 실천으로 이어진 적이 결코 없었기 때문이다. 설령 학계에서 '학술 본위 사상'이 한때를 풍미했다고 인정하는 1990년대라 하더라도 '순수 학술'은 급속한 상업화의 물결에 휩쓸려서 심지어 일종의 겉포장으로 전락하고 말았다. 이와 같은 전시용 '가짜 학자'가 한 시기를 횡행하던 시대, 즉 '독서는 뒷전으로 미루던' 바로 그 시대에 진정한 학자가 '학술 본위'를 고수하면서, 정치와 상업의 유혹에 흔들리지 않고 학술의 독립성을 유지한 채, 담박하게 자신의 올바른 뜻을 밝히고 상아탑 속에서 자신이 흥미를 느끼는 전문 연구에 몰두한다는 것은 용기를 필요로 하는 일이었을 뿐만 아니라 모두의 존경을 받을 만한 가치가 있는 일이었다. 따라서 1990년대 말에서 21세기 초에 이르기까지 학원파가 갈수록 비난을 받고 심지어 부정되던 시대에 나는 오히려 진정한 학원파를 위해 변호의 글을 쓰고자 했다.

나도 물론 당시에 다른 사람들과 마찬가지로 학원파의 위기를 목도했다. 내가 볼 때도 당시 외부의 학술 환경이 실제로 학원파의 발전에 불리했다는 점을 제외하고도, 그들의 위기는 학원파가 자신들의 한계성을 명확하게 인식할 수 없었다는 점에서 기인했다고 할 수 있다. 말하자면 출현 가능한 함정을 간파할 수 있는 경각성이 부족했던 셈이다. 나는 일찍이 어떤 문장에서 다음과 같은 '우려'를 표시한 적이 있다.

"일부 지식인들이 대학으로 되돌아간 것은 역사와 현실 문제에 대한 희석화와 창조적인 사고의 퇴화를 의미한다. 또 그것은 학술 연구를 순수한 학문 기술의 조작 문제로 변화시켜 서양에서 유행하는 어떤 이론의 유효성을 증명하는 지적 유희가 되게 했다. 이에 따라 대학으로의 후퇴는 학문 내적으로 생명의 활력을 잃어버리는 결과를 초래했다."13

나는 또 다른 글에서 다음과 같이 이야기했던바, 어떤 의미에서 이 같은 경향은 바로 '현대 학술' 자체의 위기이기도 하다. "현대 학술 연구는 갈수록 직업화(이 점은 불가피한 추세이다)되고 있고, 또 연구 업무가 점점 더 규범화되어, 조작 가능한 전문 영역이 되고 있다. 이러한 경향은 연구의 정밀화·과학화를 촉진하기는 했지만, 동시에 학문 연구를 순수한 '학술 훈련'에 의해 획득할 수 있는 결과물이 되게 했다.(물론 이것은 필연적인 과정은 아니다.) (…) 이처럼 '혼이 결여된 연구'는 수단이 목적으로 뒤바뀐 고통의 결과물이라고 할 수 있다." "현대 학술 연구와 현대 문화시장은 갈수록 더욱 밀접한 관계가 되어가고 있다.(이 점도 불가피한 추세이다.) 연구 업무는 점점 상업성을 갖춘 저작 행위로 바뀌고 있다. 이러한 추세는 연구 성과의 전파와 사회적 수용 그리고 사회적 실천을 향한 전환이라는 측면에서 광활한 가능성을 제공하였고, 아울러 학술 연구에 새로운 추진력을 보태주기도 했다. 그러나 이와 동시에 학술 연구가 완전히 상품화의 위험에 빠져들게 하여 결국 위의 언급과 마찬가지로 수단을 목적으로 변모시켜 (…) '거품 학술'을 조성하고 '허위적이고 열등한 학술 상품'을 생산해내기에 이르렀다."14 학원파의 학술이 불가피하게 맞닥뜨려야 하는 문제로는 또 현실 체제와의 관계가 있다. 학술 연구가 갈수록 제도화되는 상황에서 대학의 학자들은 새로운

'과거제도'의 통제 하에서, 다시 말하면 매우 엄밀하게 계량화된 등급식 평가 기준과 번잡한 조작 시스템의 통제 하에서 그들의 학문적 독립성과 자주성을 잃어가고 있다. 그러나 소수의 학원파 학자들은 이와 같은 새로운 권력관계를 맺는 과정에서 이른바 '학계의 패왕學霸'으로 군림하기도 한다. 나는 대학 교육에 관한 또 다른 글에서 이렇게 언급했다. "일부 학자들은 자기 학문 분야에서는 훌륭한 성과를 내고 있지만, 자신의 학문적 견해에 구애된 나머지 자신과 다른 새로운 학문 경향에 대해서는 판단력을 잃고 종종 그들의 부분적인 실수와 결함에 기대어, 아주 간단하게 새로운 학문을 부정하는 모습을 보인다. 그러나 어떤 새로운 창조를 막론하고 그 초창기에는 늘 다소 거칠고 미성숙한 경향을 드러내기 마련이다." 어떤 면에서 이러한 학자들은 아직 '학문적 패왕'의 수준에는 도달하지 못했다고 할 수도 있지만, 자신의 연구 관념, 연구 방법론을 절대화하고 있다는 측면에서는 벌써 의식적이든 무의식적이든 학문의 창조성을 억압하고 있다고 할 수 있다.[15]

어떤 측면에서 이것은 나의 문제이기도 한데, 학문의 길을 걸으면서 내 스스로 직면한 문제라고 할 수 있다. 어떻게 정치지상, 즉 학문이 정치의 부속품(정치를 위해 봉사하는)이 되지 않고 또 역사와 현실 문제에 대한 희석화를 피하면서 학문 활력의 약화 위기에서 벗어날 수 있을까? 또 어떻게 학문과 현실 그리고 정치 사이에 필요한 자장을 유지할 수 있을까? 20년간의 사고와 실천을 통해 얻은 경험을 나는 세기말의 학술좌담회에서 다음과 같이 밝혔다.

"나는 나의 학술 연구와 현실 생활에서 양자 간에 호흡을 함께하는 관계를 맺고자 끊임없이 노력했다. 나는 이것을 몇 가지 층위로 나누어 이해하고 있다. 첫째, 중국 본토의 경험을 충분하게 중시한다. 둘째, 학술 연구의 문제의식을 반드시 당대 중국과 세계 현실 속에서 찾으면서도 이와 관련된 사고와 연구는 일정한 거리를 유지한다. 그리고 학술 이론의 측면에서 더욱 근본적이면서도 초월적인 면을 동시에 갖게 하면서 현실에 대한 관심과 그 초월적 부분에 대한 관심을 유기적으로 결합시킨다. 셋째, 당대성當代性과 역사성의 관계를 잘 처리하도록 한다. 당사자들이 어떤 역사적 환경과 언어적 환경에서 그런 선택을 할 수밖에 없었는지에 대해 이해심과 동정심을 가져야 할 뿐만 아니라, 그런 선택이 야기한 결과에 대해서도 남김없이 밝히고 직시해야 한다. 그 결과는 역사의 당사자들이 예견할 수 없었던 것이지만 지금의 연구자가 직면하고 있는 현실이기도 하다."

말하자면 위의 언급은 내가 걸어온 학술 연구 경험의 총결산인 셈이다.

또 이상은 내가 대학원생이 되어 처음 학계에 발을 들여놓았을 때 느꼈던 곤혹과 그 곤혹에 의해 유발된 토론의 결과들이다. 이제 다시 역사 속의 '그 시절'로 돌아가보고자 한다.

학자의
생활 모습과 매력

1981년 나는 대학원을 졸업하고 학교에 남아 왕야오 선생님의 조교가 되었다. 나의 첫 번째 업무는 바로 왕 선생님의 『'새로 쓴 옛날이야기' 산론故事新編散論』이란 저술 작업을 돕는 일이었다. 이 책은 왕 선생님 만년의 가장 중요한 학술 논저였고 또 루쉰 탄생 100주년을 기념하기 위해 20여 년이나 준비한 저술 작업이었다. 그리하여 나는 학자로서의 왕야오를 아주 근거리에서 느끼며 지켜볼 기회를 얻었고, 나는 또 이 기회를 통해 참된 학자의 생활 모습과 매력을 깊이 깨닫게 되었다. "작업이 시작되자 선생님께서는 크고 작은 메모 쪽지들을 한 무더기 꺼내놓고 나더러 그 자료의 내용을 숙지하게끔 하셨다. 내가 죽 훑어보니 신문 스크랩, 정식 메모 카드, 담뱃갑, 옛날 일력日曆 등등이 마구 뒤섞여 있었다. 그 종이 위에는 원시 자료들이 빽빽하게 메모되어 있었다. 우연히 떠오른 단상 한두 마디를 비뚤비뚤 갈겨쓴 것도 있었고, 관련 있는 자료의 출처만을 메모해둔 것도 있었다. 자세하게 열람해보고 나서 나는 이 쪽지들이 거의 몇십 년 동안 쉬지 않고 작성된 것임을 알게 되었다. 지금까지 생각나는 것 중에는 다음과 같은 것들이 있다. 1956년 9월 5일자 『인민일보人民日報』에 게재된 쉬간徐淦의 「루쉰 선생과 사오싱 전통극魯迅先生和紹興戱」 스크랩, 1962년 4월 25일자 『인민일보』에 실린 쭤린佐臨의 「'연극관'에 관한 만담漫談'戱劇觀'」 스크랩,

1963년 3월 14일자『광명일보光名日報』에 게재된 저우치허周企何의「쓰촨 전통극 중 처우丑 각색 예술川劇丑角藝術」스크랩, 1980년『희극학보戱劇學報』2기에 발표된 딩양중丁揚忠의「브레히트와 중국 고전극布來希特與中國古典戱劇」에 관한 단상을 몇 자 적은 쪽지······. 또 몇 장의 쪽지에는 선생님께서 평소에 샤오창화蕭長華와 장먀오샹姜妙香 등이 합연合演한 TV 경극 창「롄성뎬連升店」이나 상샤오윈尙小雲과 쉰후이성荀慧生이 합연한 TV 경극 창「판장관樊江關」등을 시청하면서 손가는 대로 메모한 내용이 들어 있었다. 아마 이 쪽지들은 모두 1950~1960년대의 메모인 것 같았다. 또 한 장의 쪽지에는 문화대혁명 전에 선생님께서 영화로 촬영된 후난湖南 화고희花鼓戱(북으로 반주하는 연극)「부궈補鍋」를 관람하고 나서 메모한 대사 몇 마디도 남아 있었다. 벌써 누렇게 색이 바랜 이 쪽지들을 바라보면서 나는 선생님께서『새로 쓴 옛날이야기』중의 '골계油滑' 문제(루쉰 연구 중의 난제)를 해결하기 위해 장장 25년 동안이나 계속 이 문제를 사고하고 또 그 사고를 숙성시켜왔다는 것을 알게 되었다. 그리고 선생님께서 팔십 평생을 하루같이 학술 연구의 범위를 벗어나지 않았다는 사실, 즉 평소에 신문을 보고, 경극 창을 듣고, 영화를 볼 때도 수시로 학문적인 영감을 얻었다는 사실에 생각이 미치자 나는 갑자기 학술 연구의 지난함과 즐거움, 그리고 학자적 생애에 대한 특별한 매력을 강렬하게 느끼게 되었다. 아울러 '학자'로서의 선생님의 삶에 대해서도 더욱 깊이 이해할 수 있게 되었다. 당시는 바로 선생님에게 있어서 몇십 년 동안 지속된 연구의 깨달음을 정식적인 학술 논문으로 써내는 수확의 계절이었던 셈이다. 그러나 선생님께서는 여전히 지극히 신중하고 심지어 아주 조심스러운 태도로 최후의 글쓰기 작업에 매진하셨다. 내가 지금까지도 분명하게 기억하고 있는 바에 의하면, 글의 작은 제목까지도 꼼꼼하게 퇴고하면서 매우 엄격하게 작업을 하셨다. 즉 작은 제목이라 하더라도 글의 내용을 개괄할 수 있고 간명하게 의미를 나타낼 수 있을 뿐만 아니라 전후 제목의 글자 수까지 통일하여 형식적인 균형미까지 강구하고자 하셨다. 「하늘을 땜질한 이야기'를 다시 말하다再說補天」라는 표제도 선생님과 내가 산보를 하면서 거의 한 시간 동안이나 토론한 끝에 확정한 제목이다. 정성을 다해 제목을 선택하고 세심하게 언어와 문자를 다듬는 과정을 선생님께서 즐기시고 있다는 사실을 나는 알게 되었다. 그분은 그렇게 흥미진진하면서 심지어 기쁨에 겨운 모습으로 학문의 맛을 음미하고 읊조리며 거기에 도취되어 있었다. 모습도 그토록 깨끗하고 조용하셨다. (…) 꼬박 반달의 집필 기간 동안 선생님께서는 외부의 모든 짐을 내려놓으시고 진정한 학자로서의 단순하고 명징한 생활에 침잠하셨다. 곁에서 지켜보던 나로서는 정말 깊은 감동을 금할 수 없었다."[17] 나는 문득 이러한 삶이 바로 내게 필요한 것이고, 이처럼 '단순하고 명징한 생활'이야말로 몇십 년 동안 내가 오매불망 바라던 학술 경지이며 인생 경지라는 사실을 분명하게 깨달았다. 내가 선생님과 함께 한 10여 년 동안 경험할 수 있었던 이와 같은 상황은 당시 딱 한 번뿐이었다. 그러나 그 순간의 인상이 바로 내 이후의 학문과 인생을 계속해서 비춰주고 있다. 그리하여 어떤 외재적·내재적 곤경에 처하더라도 학문의 그윽한 숲으로 들어가기만 하면 바로 마음이 안정되고 편안해져서 생명의 침잠 상태에 잠길 수 있게 되었다. 예컨대 나는 『루쉰과의 만남』의 「후기」에서 이렇게 썼다.

"이것은 현실의 고통에 대한 회피가 아니라 그 고통을 더욱 각골명심하자는 것이다. 아울러 한 개인의 고통을 초월하여 국가와 민족과 인류의 거대한 문제를 사고하면서 인생의 커다란 슬픔과 기쁨을 느낄 수 있다면 생명은 이로 인해 승화와 속죄를 얻을 수 있을 것이다."[18]

이와 같은 고도의 생명 체험 과정에서 나의 심령은 단순함과 명징함을 얻게 되었다.

학술 연구는 나에게 있어서
천부적인 흡인력을 갖고 있다

나는 나의 본성이 아마도 학문 연구 분야와 더욱 친연성을 갖고 있다는 사실을 알고 있다. 즉 학술 연구는 나에게 있어서 천부적인 흡인력을 갖고 있다. 이것은 우선 역사의 유혹에 의해 촉발된 것이다. 나는 일찍이 "매번 낡은 신문 잡지 더미에 머리를 파묻고 있으면 마치 당시의 사건 속으로 걸어 들어가는 것 같아서 늘 흥분에 휩싸이곤 한다"[9]고 언급한 적이 있다. 나의 이해에 따르면 이른바 '당시의 사건 속으로 들어간다'는 것은 바로 연구 대상이 된 '고인'과 시공을 초월한 심령의 대화와 교류를 한다는 것이다. 나는 『저우쭤런전周作人傳』에서 "비바람 속 고인이 오다風雨故人來"라는 한 절節을 쓴 적이 있다. 그것은 내가 쓴 가장 감상적인 글이다. 천쓰허陳思和 군이 『저우쭤런전』에 대한 평론을 쓰면서 특별히 그 부분을 언급했다. 어쩌면 나는 그가 나의 글을 진정으로 이해하고 있다고 느꼈다.[10] 이 글에서 언급한 저우쭤런의 독서와 저작의 경지에는 사실상 학술 연구에 대한 나 자신의 이해와 추구가 포함되어 있다. "그 옛날 도연명陶淵明이 '천 년의 고서를 두루 읽다가 때때로 선열들을 만나기도 하네歷覽千載書, 時時見遺烈'라고 읊은 것처럼, '선열'과의 만남과 대화 속에서 나 자신의 적막한 마음은 위로를 받았고, 또 나의 정신은 깨끗하게 승화되었다. 독서 과정은 바로 '물아物我'가 서로 호응하고 교류하는 과정이었다. 한편으로는 나 자신의 흉금과 안목으로 고인을 발견하기도 했고, 다른 한편으로는 이러한 발견을 통해 나 자신을 한층 더 긍정하고 확대하고 풍부하게 하면서 자아를 지탱해주는 정신적인 주춧돌을 놓을 수도 있었다." 바로 "이러한 노력을 통해 자아와 역사를 연계시키면서 역사 속에서 자아의 존재 이유와 존재 근거를 찾게 되었다."[111] 나는 나중에 또 『저우쮜런을 읽다讀周作人』라는 저서에서 저우쮜런의 『풍우담』 일러두기『風雨談』小引를 인용하여, 고인과의 만남을 통한 독서와 저술의 심리 과정 및 그로 인해 도달한 경지를 다음과 같이 묘사했다. "비바람 속에서 고인이 오다"와 같은 대목은 "처음에는 '차가운 비 속에서 쓸쓸하게 닭도 울지 않는 것'처럼 무료하기 짝이 없다. 그러나 그것은 고인이 오기를 오매불망 고대하는 순간이다. 이윽고 폭우가 쏟아지고 수많은 닭이 어지럽게 울지만" 아직도 고인은 보이지 않고 '근심은 쌓여 병이 된다.' '비는 더욱 세차게 내리고 사방은 어둑한데, 닭 울음소리 길게 이어지고 고적함은 더욱 깊어진다.' 바로 이와 같은 절망적인 순간에 고대하던 고인이 나타난다. '그 기쁨 무엇에 비하랴?' 이처럼 담담한 우울 속에서 만나는 담담한 기쁨은 이른바 '적막 속의 비적막非寂寞'이라고 할 수 있다. 이는 독서나 학문의 경지일 뿐만 아니라 일종의 고상한 인생 경지이기도 하다.[112] 나는 늘 '시끄러움 속에서 적막을 느낄 때' 독서와 연구를 통해 '적막 속에서 충실과 기쁨'을 찾는다고 말해왔다. 이 말은 바로 학문 활동을 하는 나의 진정한 심정을 표현한 것이다. 고인과 인연을 맺는 이와 같은 연구는 내 스스로 엄격하게 선택한 것이어서 소위 '인연 있음'과 '인연 없음'의 구분이 있다. 지금 생각해보면 나와 진정한 인연을 맺은 고인은 그다지 많지 않다. 내가 항상 방문하는 고인은 주로 저우씨周氏兄弟(루쉰과 저우쮜런) 형제이다. 이밖에 차오위曹禺·아이칭艾靑·무단穆旦·샤오훙蕭紅·루링路翎 등 대여섯 명에 불과하다. 외국 친구로는 셰익스피어·세르반테스·하이네·투르게네프 등이 있고 이들은 모두 내가 어릴 때부터 매우 흠모한 작가들이다.

이들의 작품에서 나를 끌어당긴 요소는 언어 문자의 아름다움이다. 나의 문학 연구의 진정한 동력은 사실상 언어에 대한 심취에서 온 것이다. 나는 여러 번 이렇게 얘기한 적이 있다.

> "문학작품은 근본적으로 일종의 언어예술이다. (…) 진정한 문학의 대가가 창조한 언어에는 생명의 영성靈性이 담겨 있다. 그런 언어에는 소리·색채·맛이 있고 정감이 있고 깊이가 있고 힘과 질감까지 있다. 우리는 응당 그것을 세심하게 체험하고 깊이 음미하고 꼼꼼하게 다루어야 하며 그 속에서 언어의 참맛을 느껴야 한다."[13]

이것은 사람들이 잘 모르는 점이다. 내 연구는 항상 작품 낭독에서 시작된다. 마치 작품에 빠져들 듯 천천히 읊조리며 작가의 언어세계와 내면세계로 진입해 들어간다. 나는 일찍이 이에 대한 경험을 다음과 같이 언급한 적이 있다.

> "루쉰의 작품은 묵독에만 그치지 말고 낭독을 해야 한다. 그의 작품에 담겨 있는 운율미와 강렬하고도 끝없이 감도는 정감, 그리고 마음으로 느낄 수 있지만 말로는 표현할 수 없는 그 무엇들은 모두 낭독을 통하여 우리의 심령과 접촉할 수밖에 없다. 이것은 이미 내 스스로 느낀 경험이다. 루쉰 작품은 직접 읽는 것이 가장 중요하다. 낭독에 의지하여 감정의 경지로 진입하고, 낭독에 의지하여 작품의 감각을 포착하면 작품에 대한 깨달음이 생겨난다. 이것이 바로 루쉰의 내면세계와 그의 예술세계로 접근하는 관문이다."[14]

이것은 루쉰에 대한 강독과 해석일 뿐만 아니라 루쉰에 대한 연구이기도 하다. 나는 또 좀처럼 잊기 어려운 집체 연구의 경험을 이렇게 묘사한 적이 있다. "여명이 깃드는 어스름 새벽에 바로 일어나 구이린桂林의 산과 물이 비춰주는 곳에서 큰 소리로 작품을 읽으며 언어 문자의 소리와 광채가 어울리는 경지에 오래도록 빠져든다. (…) 그중에서 가장 잊기 어려운 한 가지 일은 어떤 친구가 『귀웬성기果園城記』를[115] 낭독하다가 까닭도 없이 감동한 나머지 눈물을 펑펑 쏟았던 사건이다. 나는 한마디 말도 할 수 없었지만 그 순간 문학이 무엇인지 문학 연구가 무엇인지 이해할 수 있었다."[116]

나는 이처럼 언어에 대한 느낌을 통해 어떤 작가의 작품 연구로 진입할 뿐만 아니라 시종일관 작품의 형식, 즉 이른바 '유의미한 형식'에 대해서 매우 짙은 흥미를 느끼고는 있지만, 내 지식 구조의 한계 때문에 나 스스로의 연구 논저에는 예술 자체의 문제나 문학 형식과 문학 언어 문제에 대한 토론이 매우 드물다. 이것은 하나의 모순 현상이다. "나는 때때로 한밤중에 루쉰에 관한 나 자신의 연구 저작이나 관련 문장을 읽곤 한다. 그 과정에서 나는 흡족한 위로를 느끼는 동시에 이름할 수 없는 은근한 불안감과 심지어는 자괴감을 느끼기도 한다." 그리하여 나는 다음과 같은 반성을 한다.

"나는 나 자신의 내면 깊은 곳에서 문학 형식, 특히 문학 언어에 대한 미련을 떨쳐버릴 수 없다. 좀더 확실하게 말하자면 그것들은 나에게 있어서 신비에 가까운 유혹으로 작용하고 있다. 나는 나 자신의 정신 기질이 문학예술과 본능적으로 친연성을 지닌다는 사실을 알고 있다. 그러나 내가 받은 교육과 왜곡된 시대에 의해 형성된 악습은 나와 문학 사이의 심미적 거리에 모종의 장애가 생기게 했다. 나중에 내가 독립적으로 삶을 설계할 수 있게 되었을 때 촉박한 시간 때문에 나는 부득불 내게 익숙한 길을 선택하여 급격한 변동을 피하지 않으면 안 되었다. 이와 같은 착오 때문에 나는 결국 문학 형식 및 문학 언어와 어긋난 길을 갈 수밖에 없었다. 이것은 나의 생명 역정에서 영원한 유감으로 남아 있다."[117]

물론 전문적인 논술을 한 적은 없지만 문학 언어에 대한 관심은 나의 전체 연구를 꿰뚫고 있다. 자세히 관찰해보면 이와 같은 연구 속에 내재된 근본적인 사유와 그 사유의 실마리를 어렵지 않게 발견할 수 있을 것이다. 동시에 나는 또 이와 관련된 친구들(특히 젊은 친구들)의 연구에 아주 열정적으로 관심을 기울이고 그들을 지지해왔다. 아울러 일련의 조직적인 작업, 예컨대 '20세기 중국 현대문학 경전작품'에 대한 정밀한 본문 분석 작업을 진행하면서, '유의미한 형식'이라는 중심 고리를 틀어잡고 현대 작가의 예술 창작 경험을 총괄하기도 했다. 또 이를 통해 이론적인 승화 작업도 진행하면서 점차 '중국 현대 시학'에 대한 구상도 완성하여[118] 『시화 소설 연구 서계詩化小說研究書系』 등의 책을 엮었다. 나는 또 대학 중문과 학부생과 대학원생 과정에서 '문학 본체의 교육이 상실된 것'에 대해 여러 차례 불만을 표시했다. "한도 끝도 없는 거시적 '허풍'과 이른바 번잡한 과학 분석에만 익숙해져 문학 텍스트의 자세히 읽기나, 특히 문학 언어에 대한 음미를 중시하지 않은 나머지 최소한의 예술적 깨달음·감수성·직감을 상실하고 있다." 그리고 '현대문학 연구의 과학적 발전'에 대한 우려도 다음과 같이 지적했다. "나 자신을 포함한 많은 사람이 문학 연구에서 문학과 문학 외부의 관계에 집중해왔다. 우리는 흔히 사상사·학술사·문화사의 관점에서 연구로 진입했고, 이 부문에서 이룬 연구 성과를 크게 비난할 수만은 없다." 그러나 "문학의 형식과 심미에 대한 연구가 소홀히 취급되어 문학 자체가 상실될 위험이 초래되고 있다." 바로 이러한 우려에 근거하여 나는 1990년대 말부터 문학 교육에 엄청난 정력을 쏟아 부었다. 즉 이 시기를 전후하여 베이징대학에 이과理科 '대일 어문大一語文'을, 같은 대학 중문과 학부 과목 '현대문학 경전 텍스트 자세히 읽기'를, 대학원생 과목에 '『들풀野草』 꼼꼼히 읽기'를 개설했다. 또 몇몇 친구와 『20세기 중국소설 독본二十世紀中國小說讀本』, 『현당대문학 명저 도독現當代文學名著導讀』, 『대학 문학大學文學』 등과 같은 문학독본과 교재를 편찬했다. 또 중고등학생과 초등학생 어문 교육에 대한 내 관심의 초점도 진정한 문학 텍스트 읽기에 맞춰져 있다. 나는 대학생·중고등학생·초등학생의 문학 교육은 실제적인 의미에서 국민의 기본 소양을 길러주는 교육이 되어야 한다고 생각한다. 나 자신의 경우를 보더라도 이런 교육을 받지 못하여 정신적인 결함을 갖게 되었다. '단지 문화사적·사상사적 배경 하에서만 이루어지는 문학사 연구는 일련의 폐단을 양산할 수밖에 없으므로' 반드시 이에 대한 시정과 보완이 필요하게 된 것이다.[119]

나는 또 학술 연구의 매력이 그 창조성과 상상력에서 나온다고 생각한다. 아마도 이런 생각은 우쭈샹吳組緗 선생님과 린겅林庚 선생님의 계시를 많이 받은 것 같다. 이 두 분과 왕야오 선생님은 베이징대학 중문과 문학 전공 부문에서 1980년대의 세 거두로 불리셨고, 우리 대학원생들에게 커다란 영향을 끼치셨다. 나는 일찍이 우쭈샹 선생님의 소설을 선집한 책 서문에서 선생님의 인간됨과 창작 경향의 특징을 다음과 같이 언급한 적이 있다.

"선생님께서는 진부한 언어를 배제하는 데 힘을 기울이시며 절대로 다른 사람의 언어를 반복하지 않으셨다. 어떤 경우든 다른 사람이 말할 수 없는, 또 다른 사람이 쓸 수 없는 자신만의 특징을 고수하셨다. 따라서 선생님께서는 어떤 하나의 작품을 창작할 때마다 반드시 생활·인생·인성에 대해 새로운 발굴을 시도하면서 그것을 예술 형식과 결합하는 측면에서 새로운 탐색과 새로운 창조를 추구하셨다. (…) 아울러 이러한 독립적인 창조정신이 5·4의 전통이며 또한 현대문학 정신의 한 중요한 측면이라고 할 수 있다."[120]

나의 기억에 의하면 왕야오 선생님도 우리가 하는 연구에 고도의 기준을 요구하셨다. 즉 연구 논문 한 편을 쓸 때마다, 반드시 연구 과제에 새로운 추진력을 요구하시며 어떤 때는 새로운 자료를 제공해주시기도 하고, 또 어떤 때는 새로운 관점과 생각이 있어야 한다면서 자신의 독창적인 발견을 이룰 수 있도록 노력해야 한다고 말씀하셨다. 그리고 집필이 끝난 중요 논저는 그 연구 분야에서 소홀히 취급할 수 없는 존재가 되어야 하며, 다른 사람의 연구가 그 논저를 언젠가는 뛰어넘을 수밖에 없겠지만, 그 논저를 에돌아갈 수 없게 해야 한다고도 하셨다. 이러한 선생님들의 가르침 덕분에 나는 자신이 노력해야 할 방향을 자각하게 되었다. 『심령의 탐색』, 『저우쭤런 전』에서 『크고 작은 무대 사이에서—차오위 연극 신론大小舞臺之間—曹禺戲劇新論』, 『풍부한 고통—'돈키호테'와 '햄릿'의 동천豊富的痛苦—'堂吉訶德'與'哈姆雷特'的東移』, 『1948: 천지현황』, 『루쉰과의 만남』에 이르는 나의 대표적인 저서는 모두 해당 연구 영역에서 새로운 개척을 시도했을 뿐만 아니라, 연구 방법·구성 방식·서술 방식 등에 있어서도 저마다 새로운 탐색이 있었다. 이 때문에 나는 '문학사 서술학'이라는 개념을 제기하였고, 이런 의미에서 본다면 내 저서들은 각기 다른 학술 문체를 시도한 실험작이라고 할 수 있다. 이와 같은 학문 실험이 나에게 가져다준 흥분과 희열은 말로 형언하기 어려울 정도이다. 그리고 이러한 실험 욕구는 그 자체만으로도 내 연구의 내재 동력으

학자, 교사, 정신계의 전사 ｜ 첸리췬 자서전

로 작용하고 있다. 나는 『1948: 천지현황』이란 저서를 마무리지으면
서 다음과 같이 썼다.

"문학사가는 문학사를 집필할 때마다 서술 내용을 신중하게 고려해
야 할 뿐만 아니라 그 내용에 적합한 형식, 즉 문학사 구조와 서술
방식(서술 시각과 서술 어투 등도 포함됨)을 탐색하는 데도 많은 노
력을 기울여야 한다. 이 점에서 문학사가의 저술은 작가들의 창작
과 실질적 의미에서 아무 구별이 없다. (…) 나의 이번 창작 충동은
바로 문학사의 저술 형식 구조와 서술 방식에 대한 실험 욕구에서
발생한 것이다. 사람들이 왕왕 문학사 창작 형식을 소홀히 취급하
는 이 시절에 나온 나의 이 책이 다소간의 의미가 없지는 않을 것
이다."[21]

형식에 대한 실험에서 촉발된 이와 같은 연구는 어떤 의미에서
'학문을 위한 학문, 연구를 위한 연구' 경향의 연장이라고 말할 수
있다.[22] 그러나 최근에 나를 이끌어준 흡인력은 이러한 실험에 기
반하고 있었고, 거기에는 진정으로 창조적인 역량이 담겨 있었다.

그리고 다음과 같은 연구 경향이 나를 더욱 심취하게 했다. "즉
개성이 강하고, 어떤 '경향'이나 '조류'의 제한도 받지 않는 연구가
그것이다. 상상력이 풍부한 이와 같은 연구 속에서 사람들이 상상
하지 못했던 과제·사유·시각·방법이 드러날 수 있으며, 그것을 하
나로 규범화시킬 수도 없고 한곳으로 귀납시킬 수도 없다. 처음에
는 사람들이 그 연구 단서의 '재야적 경향' 및 그로 인해 불가피하
게 나타나는 여러 가지 누락·결함 요소 때문에 이러한 연구 태도를
수용하지 못할 것이다. 그러나 이러한 연구는 흔히 학술 발전에 새
로운 가능성을 가져오기도 하고 새로운 활력을 보태주곤 한다. 물

론 이러한 연구가 어떤 부문에서는 너무 중복되어서는 안 되겠지만, 그런 부문에서도 여전히 창조적인 생명의 매력을 뽐내고 있을 뿐만 아니라, 학술 연구의 개성적 본질을 진정으로 구현하고 있다고 할 수 있다. 이와 같은 경지에 도달할 수 없다 하더라도 마음은 끊임없이 그곳을 향해 치달려가야 한다."[123] 이것이 바로 내가 추구하는 연구 방향이다. 즉 그 하나는 학술 연구의 개성화이고, 다른 하나는 학술 연구의 '비규범성'이다. 이와 같은 연구는 언제나 신필神筆의 오묘함을 불러올 수 있어서 그 스스로 자신의 연구를 중복시킬 수 없다. 자아의 창조력이 이처럼 자유분방하게 발휘될 수 있으면 우리가 어떤 대가를 치르더라도 학자로서의 존재 가치가 있는 것이다. 나는 내 연구에서 이와 같은 창조적 쾌감을 마주할 때마다 아주 소중한 느낌에 젖어들곤 한다.

또 나의 학자로서의 길에는 늘 린경 선생님의 말씀이 소중한 빛이 되고 있다. 그 말씀도 나의 학문 생애에서 영원한 기억으로 남아 있다. 린경 선생님은 생애 마지막 공개 강의에서 일생 동안의 시작詩作·학문·인생의 경험과 생명의 추구를 다음과 같은 한마디 말로 응축하셨다.

> "시의 본질은 바로 발견입니다. 시인은 언제나 어린아이처럼 호기심 가득한 눈망울을 크게 뜨고 주위 세계를 바라보며 거기에서 생겨나는 새로운 미美를 발견해야 합니다."[124]

지금도 매일 아침 깨어날 때 나의 머릿속에서는 문득문득 집필에 관한 수많은 새로운 생각과 아직 규범화되지 않은 각양각색의 구상과 상상, 그리고 무궁무진한 새로운 계획과 설계들이 용솟음쳐 오른다. 거기에는 나 자신에 관한 것뿐만 아니라 전체 현대문학 학문 분과 발전에 관한 계획과 설계도 포함되어 있다. 나는 끝없는 흥분 속에서 조속히 집필을 하고 가능한 한 빨리 계획이 실행되도록 노력하려 한다.[125] 나는 항상 이와 같은 집착에 도취하여 미친 듯이 내 심신의 역량을 연구에 쏟아 붓고, 그 속에서 말로 형언할 수 없는 기쁨을 느낀다. 이것이야말로 학자의 진정한 기쁨이라고 할 수 있다. 나는 일찍이 나 자신을 이렇게 성찰한 적이 있다. "나는 불안한 영혼이다. 나의 마음속 깊은 곳에서는 수시로 끊임없는 파괴와 창조의 생명 욕구가 용솟음쳐 오른다. 나는 인내심이 충분하지 않다. 하나의 영역에서 깊이 있고 세밀한 탐구를 하고 나서, 언제나 저 먼 미지의 땅으로 가서 새로운 연구 분야를 개척하기를 갈망한다." "나는 진정으로 루쉰 붓 아래[筆下]의 과객過客처럼 언제나 저 앞에서 어떤 소리가 나를 부르는 걸 듣고 있으며(더 확실하게 말하자면 그것은 일종의 유혹이다), 동시에 내 뒤에서 무형의 '채찍'이 나를 후려치고 있음을 느낀다. 나는 이와 같은 암흑 속의 어떤 힘에 의해 내몰리며, 한시도 멈추지 않고 앞으로 내달리면서 탐색하고, 또 한숨도 쉬지 않고 새로운 실험을 계속하고 있다." 나는 주위 친구(제자)들에게서 끊임없이 다음과 같은 충고를 듣기도 한다.

> "이와 같이 하면 수많은 문제·결함·여한을 남길 수밖에 없고, 또 이것은 학문적 미성숙을 드러내는 일이며, 이러한 경향은 자신을 견딜 수 없는 낭패의 지경으로 밀어넣는 일이다."

나 스스로도 망설이며 여러 차례 본래의 자리로 되돌아가고자 하였지만 결국 나 자신이 그렇게 할 수도 없고 또 내 마음이 원하지도 않는다는 사실을 알게 되었다. 따라서 나는 다른 사람의 충고 및 다소간 나 자신의 요구와 기대에 맞추어 연구를 계속할 수가 없었다. 나는 흡사 운명처럼 이와 같이 결함이 많은 연구 방법을 선택해야만 나의 진실한 자아를 보존할 수 있을 것 같았다. 이를 위하여 더욱 큰 대가를 지불한다 해도 그것은 여전히 가치 있는 일이 될 것이다.[126]

교육의 유혹

　　　　　　　　　1980~1990년대에 나는 학문의 유혹만 받은 것이 아니라 교육의 유혹도 받았다. 나는 1990년대 초에 쓴 어떤 글에서 이렇게 언급했다. "내가 몇 권의 책을 저술했기 때문에 사람들은 흔히 나를 '학자'로 지칭한다. 그러나 나는 사람들이 나를 '선생님'으로 보아주기를 원한다." 말하자면 내가 나의 신분을 인식하는 사고 속에는 '선생님'이 가장 윗자리를 차지하고 있다. "선생님은 내가 가장 사랑하고 내 평생 추구하는 신분이며 나의 내재적 기질에 더욱 잘 맞는 직무이다."[127] 나의 첫 번째 수필집의 제목 『인간의 병폐人之患』에도 이러한 뜻이 숨어 있다.

> "'인간의 병폐는 남의 스승 노릇 하기를 좋아하는 데 있다人之患在好
> 爲人師'라고 한 맹자孟子의 옛말을 빌려온 것은 나에게 있어서 사실
> 이며 또 나 자신에 대한 조소이기도 하므로 아주 타당한 제목이라
> 고 할 수 있다."[128]

　　또 다음과 같이 서술했다. "어떤 친구가 내 강의를 듣고 말하기를 내 책을 읽을 때보다 더욱 깊은 인상을 받았다고 했다. 이것은 아마도 일리 있는 말인 것 같다. 나의 학술 저작은 사실 엄격한 학자의 연구 성과가 아니라, 교수의 강의 원고이기 때문이다. 나의 책 곳곳

에서 아주 강렬한 강의 욕구를 느껴볼 수 있을 것이다. 그 도도히 이어지는 언어의 기세 및 지나치게 분명한 표현과 특별히 강조된 어기 등등에서 독자들은 자신의 직업적 취미에 심취해 있는 교수의 그림자를 발견할 수 있다. 더욱 의미 있는 것은 나의 연구가 마침내 '교학상장教學相長(교사와 학생이 서로 배우다)'의 원칙을 따르고 있다는 점이다. 청소년 친구들(이중 많은 사람이 자칭 나의 제자라고 한다)은 내 저작의 수용자일 뿐만 아니라 공동 창작자이기도 하다. 더 정확하게 말하자면 그들은 나의 연구 전 과정에 참여하고 있다고 할 수 있다. 내 연구의 기점은 흔히 나 혼자만의 심사숙고에서 시작되는 것이 아니라, 나의 서재에서 이루어지는 고담준론에서 시작된다. 나는 항상 청소년 친구들과의 대화 속에서 영감을 얻고 최초의 사상적 맹아를 싹 틔우면서 가장 일차적인 저작 충동에 사로잡힌다. 그리고 일단 어떤 생각이 무르익으면 한시도 지체하지 못하고 찾아온 청소년 친구들(잘 알든 모르든 상관없이)에게 내 생각을 털어놓는다. 한 차례 한 차례씩 처음부터 끝까지 귀찮아하지 않고 반복해서 설명한다. 이처럼 반복 설명하는 과정에서 나의 생각은 점점 더 명확해지고, 동시에 대화 상대의 끊임없는 보충 속에서 그 내용은 풍부해지고 발전된다. 이 때문에 모든 집필 구상이 완료되어 펜으로 써낼 때는 이미 내가 써내려가는 모든 것이 단순한 개인적 창조물이 아닌 셈이다. 강의 도중에 직접 학생들의 반론에서 유익한 내용을 얻는 경우도 흔히 있는 일이다. 강의를 정리하여 책으로 출판할 때 나는 학생들의 과제물에서 얻은 관점을 인용하기를 좋아한다. 나의 이러한 태도는 학생들의 노동에 대한 존중과 감격의 마음에서 나온 것이다. 내가 늘 청년 학생들을 떠나서는 한 가지 일도 할 수 없다고 얘기하는 것도 지나친 말이 아니다."[129] 나는 늘 농담으로 나에게 벌을 주려면 나를 청년 학생들에게서 떼어놓는 것이 가장 좋다고 얘기하곤 한다. 비록 효과는 없었지만 나중에 어떤 정부 부서에서 정말 그렇게 한 적도 있다. 나는 지난날 **한평생** 머리 위에 늘 '다툼죄'라는 모자를 쓰고 있었으니 그건 아마도 나의 숙명인지도 모르겠다.

앞에서 말한 바 있지만 나는 어릴 때부터 선생님이 되고 싶다는 이상을 간직하고 있었다. 그러나 1980~1990년대에서 새로운 세기가 된 지금도 이처럼 교사라는 직업에 심취해 있는 것은 새로운 사상 문화가 그 배경에서 나의 자아를 움직이고 있기 때문이기는 하다. 하지만 더 중요한 원인은 '역사적 중간물'로서의 자아 정립이 이와 직접적으로 연관되어 있기 때문이다. '중간물'로서 구체화되는 과정은 바로 '나 자신이 루쉰과 지금의 청년들을 연결시키는 교량이 되고자' 하는 마음에서 나온 것이다. 그리고 이 같은 교량 역할을 가장 잘 발휘할 수 있는 곳이 바로 베이징대학이라는 교육 공간이었다. 간단하게 말하자면 '베이징대학 강단에서 나의 루쉰관魯迅觀을 강의하는 것'이 내 젊은 시절 하나의 꿈이었다. 따라서 이 꿈은 나의 후반기 삶에서 가장 중요하고 결정적인 선택을 하게 했다. 또 이 꿈은 20여 년 동안 전혀 흔들리지 않았고 중단된 적도 없었다. 1985년 상반기 중문과 문학 전공 81학번 학부생들에게 '나의 루쉰관我之魯迅觀'이란 강의를 개설한 때로부터 2001년 상반기 중문과와 타과 00학번 학부생들에게 '루쉰과의 만남與魯迅相遇'이란 강의를 개설하고, 또 같은 해 하반기에 대학원생들에게 '루쉰의 마지막 십 년最後十年的魯迅'이란 강의를 개설하기까지 17년간 루쉰에 대해 강의했다. 이 시기 동안 거의 21기에 이르는 베이징대학 중문과와 타과 학생들이 루쉰과 관련된 나의 강의를 들었다. 이것은 아마도 나의 후반기 생애 가운데서 가장 볼만한 성과라고 할 수 있을지도 모르겠다. 구이저우 중등전수학교中等專業學校에서 교편을 잡은 나의 전반기 생애 18년 동안에도 수업의 주요 내용은 루쉰을 가르치는 것이었다. 특히 문화대혁명 후기에 이르러서는 더욱 자각적으로 젊은 학생들에게 루쉰 사상을 전파하려고 했다. 그리고 정년퇴임 이후 2년 동안은 더욱 범위를 넓혀 특히 중고등학생들에게 다가가 루쉰을 강의했다. 이는 '루쉰 강의를 다음 세대로 이어나가고자 하는' 근 40년 동안의 내 교육 생애가 이루어지는 과정인 동시에, 매우 고귀한 나의 정신 역정이 이루어지는 과정이기도 했다.

회피할 수 없는
내면의 의심이 공포에 이르다

내가 대학에서 학문과 교육 생애의 편안함에 침잠해 있을 때, 나의 마음속 깊은 곳에서는 수시로 갖가지 불만과 불안, 자책감이 솟아오르고 있었다. 그 결과 마침내 1997년 『은원록―루쉰과 그의 논적 문선恩怨錄―魯迅和他的論敵文選』에서 나의 분노가 집중적으로 폭발하고 말았다.

"나는 내면의 고독감에서 벗어나기 위하여 수시로 다른 사람을 질책하던 루쉰의 언행을 떠올리면서 그 속에서 내 정신의 지원군을 얻고자 했다. 왕후이汪暉는 나의 『은원록』에 써준 서문에서 다음과 같은 루쉰의 말을 반복해서 인용하고 있다. '이와 같은 지경에서는 아무도 전투의 함성을 듣지 못한다. 태평이다.' 이 구절이 나도 늘 기억 속에서 떠올랐다. 왜냐하면 왕후이가 말한 것처럼 '때는 이른바 평화와 중정中正의 시대였으며, 물러나서 편안함을 누릴 수 있는 학자의 시대였고, 각양각색의 담장이 모든 것을 가로막고 있는 격절의 시대였기' 때문이다. 그리고 나는 바야흐로 캠퍼스 담장 안에서 생활하며 사회로부터 인정을 받고 '편안한 학자'로서의 배역을 충실하게 연기하고 있었다. 이것이 혹시 현대 문명의 지향점이며 현대 학문을 발전시키기 위한 필요성과 필연성 때문에 야기된 현상은 아닐까? 또한 이와 같은 배역이 나에게 아무런 유혹으로 작용하지 않았다고 말할 수는 없다. 이것은 어떤 면에서 내가 오랫동안 분투해서 얻은 결과이며 귀의처라고도 할 수 있다. 그러나 나는 마음속의 의심·근심·공포·비애로부터 도망칠 방법이 없었다. 나는 세상과 격절된 편안함과 온갖 학술 규범이 내 생명의 활력 및 학문적 창의성과 상상력을 질식시키고, 결국 나 자신의 생명과 학문이 평범해지고 위축될까봐 무척 걱정되었다. 나는 또 안정된 생활의 타성이 나의 사상과 학문의 예리함을 무디게 만들어 결국에는 지식인의 생명 같은 비판력을 상실하게 할까봐 근심에 젖었다. 나는 또 더더욱 학자의 지위와 권위에 기대어 나 자신이 알게 모르게 권력의 그물망 속으로 빠져들어 지식과 정치를 억압하는 권력자의 참모나 부속품이 될까봐 경계심과 두려움을 느꼈다. 동시에 나는 학계의 '유명인'이 되기 위하여 매스컴에 포위되어 일반 국민이나 젊은이들과의 교류 과정에 수많은 장애물을 조성했다는 생각이 들어 비애에 젖기도 했다. 그리하여 나의 내면 깊은 곳에서는 수시로 생명의 호소음이 울리기 시작했다. 루쉰처럼 이 편안한 담장에서 뛰쳐나와 '사막에 서서 날아오르는 모래를 바라보며 즐거우면 크게 웃고, 슬프면 크게 울부짖고, 화가 나면 크게 욕을 하면서 설령 모래와 자갈에 온몸을 얻어맞아 머리가 깨져 피가 흐르더라도' 애석해할 필요가 없다고 생각했다." 그것은 진정 나의 마음을 유혹하는 고도의 정신적 경지였다. "독립적이고 자유로운 의지의 고양, 비판적 정신의 충분한 발휘, 크나큰 사랑과 크나큰 미움의 결합 등등은 바로 우리 눈앞의 중국 사회, 오늘날 중국 지식인 및 나 자신에게 있어서 가장 부족한 요소가 아니던가?[30]

이 같은 감정의 폭발은 물론 우연이 아니다. 여기에는 나 자신의 정감, 심리 발전의 내재적 논리, 또 심도 있는 중국 사회사상과 문화 발전이라는 배경이 작용하고 있다.

161

나 자신의 학문적 만남이
유발한 심령의 폭풍

여기에서는 먼저 나 자신의 학문적 운명 및 이로부터 유발된 심령의 폭풍에 대해서 서술하고자 한다. 나는 여태껏 말을 꺼리지 않았다. 나의 학술 연구 정신은 '재야권'에 속해 있어서 항상 각종 금기 사항을 침범해야 했다. 이 때문에 글쓰기든 출판이든 언제나 불안한 상황에 직면하곤 했다. 우선 그 정도는 다르지만 삭제와 개정을 거치지 않은 저서는 거의 한 권도 없다. 그것은 주편자主編者나 편집진에 강요되기도 했고 나 스스로 자기 검열 과정에서 곳곳에 수술을 단행하여 저서를 독자들 앞에 내놓았을 때는 이미 만신창이가 되어 목불인견의 몰골을 드러내곤 했다. 나는 이러한 내용들을 일일이 기록하여 『보존 문서立此存照 18편』이란 저작을 썼다. 그리고 나 스스로 집필했거나 편집한 책이 출판될 때마다 언제나 거센 파도가 휘몰아치곤 했다. 어떤 사람은 깜짝 놀라고 어떤 사람은 비방하면서 아주 극단적인 논리를 폈는데 애증이 매우 분명했다. 물론 그중에는 논리 타당한 비평, 그리고 나와 의견은 다르지만 엄밀하고 공평한 학술 토의 및 저서의 제목에 기대어 논리를 확장시키는 학술 토론도 섞여 있다. 이러한 학계의 정상적·비정상적인 반응도 나는 기록으로 남겨서 「생명의 확장―나의 학술 연구에 관하여生命延伸―關于我的學術研究」라는 글을 썼다. 이 글은 『60 평생 재난의 언어六十劫語』에 수록되어 있다. 어떤 면에서는 나의 이러한 시도가 내 학문 추구의 일환이라고도 할 수 있다. 이와 관련하여 나는 다음과 같은 믿음을 갖고 있다.

> "문학 연구는 문학 창작과 마찬가지로 늘 개방적이어야 한다. 즉 그 학술 생명이 평론가를 포함한 독자의 힐난·비평·해석·해명……속으로 확장되어, 독자들의 '재창조' 과정에서 진정한 가치가 실현될 수 있어야 한다.[31]

따라서 나는 바로 이러한 토론식 반응을 기대한 것이다. 다른 한편으로 나는 또 '시인은 인심을 사로잡는 사람이다'[32]라는 루쉰의 문학관을 신봉한다. 내 입장에서는 학문 연구도 바로 이와 같이 사람의 영혼을 뒤흔드는 것이어야 한다고 생각한다. 혹은 심령의 전율을 이끌어내어 밤에 잠을 잘 수 없게 하기도 하고, 혹은 모종의 사람들의 신경을 거슬러 분노를 촉발시켜 욕설을 쏟아내게 하기도 한다. 이로부터 유발된 입장(분명한 비방과 찬양)은 그것이 다소 감정적인 평가와 논쟁이라 하더라도 매우 정상적인 일이라고 할 수 있다. 문제는 중국적 상황에서는 언제나 수중의 정치권력이나 학문권력을 이용하여 자신에게 찬동하지 않거나 자신에게 익숙하지 못한 이론을 이단으로 몰며 징벌을 가해왔다는 점이다. 특히 자기 수중에 권력이 없는 어떤 사람들은 밀고식·폭로식 비판을 주도하면서 권력자의 시선을 끌어와 징벌을 가하려 하기도 했다. 루쉰이 언급한 적 있는 이와 같은 '지친 주구走狗식 꼼수'가 의외로 종종 승리를 거두곤 했다. 이러한 행위들은 필연적으로 내게서 분노를 불러일으켰지만, 권세도 없고 힘도 없는 나의 반항은 점점 깊은 고통 속으로 빠져들 뿐이었다.

이 지점에서 나는 학원파가 나에게 가한 모종의 비평과 힐난에 대해서 토론하고자 한다. 나를 비판하는 의견 중에는 '신중하지 못하다', '주관성이 지나치게 강하여 아전인수의 경향이 있다', '과도적인 해석에 불과하다' 등등의 언급이 있다. 이러한 비난은 줄곧 나의 학술 연구를 따라다녔으며 지금까지도 그치지 않고 있다. 이에 대해 나도 구체적인 분석을 한 적이 있고 각각의 비난에 대해 다른 태도를 보였다. 그것은 대체로 다음과 같은 세 가지 측면으로 정리해 볼 수 있다. 첫째, 그것은 나 자신의 연구 속에 확실히 존재해온 문제라는 걸 인식하게 해주었고, 또 스스로의 반성을 촉진시켰다. 어떤 면에서 그것은 내가 가진 선천적인 결함이라고 할 수 있다. 앞에서도 언급한 바와 같이, 나의 지식 구조에는 심각한 결함이 존재하고 있고, 이 때문에 내 저작에는 때로 상식적 측면에서의 오류가 들어 있기도 하다. 기억하건대 내가 『저우쭤런전』을 탈고한 후 수우舒蕪 선생님에게 원고 교열을 부탁한 적이 있다. 선생님께서는 수십 군데의 착오를 찾아냈고, 나는 당시 말로 형언할 수 없는 부끄러움에 휩싸인 적이 있다. 그 뒤 수우 선생님께 서평을 부탁하자 선생님께서는 그러한 문제를 서평에 써도 되겠느냐고 물어왔다. 나는 당연히 써도 된다고 말씀드렸지만 최종 서평에는 그런 문제[착오가 있었던 점]를 언급하지 않으시고, 그 저작에 대해서 총체적으로 매우 높은 평가를 내려주셨다. 나는 물론 선생님의 이러한 배려가 나에 대한 사랑과 격려임을 알고 있다. 나는 그때의 감격을 말로 다 표현할 수 없다. 이와 유사한 비평과 지적이 최근 나의 저작 『루쉰과의 만남』을 둘러싸고 벌어졌다. 어떤 독자가 『문회 독서 주보文匯讀書週報』에 내 글에 대한 비평을 공개적으로 제기하였고, 나는 그 관점들을 흔쾌히 받아들였다. 나는 물론 감사의 마음도 느꼈지만, 불안하고 부끄러운 마음도 함께 느낄 수밖에 없었다. 이 같은 오류가 생기는 이유는 앞에서도 언급한 바 있지만, 바로 지나치게 강렬한 나의 창작 욕망 때문이다. 그것은 바로 조급하게 치달려가는 집필 상황과 집필 방식에 직접적으로 연관되어 있다. 나의 글쓰기는 양이 너무 많고 속도가 너무 빨라 세부 항목에 신경 쓰기 어렵기 때문에 흔히 거칠고 엉성한 약점을 드러낼 수밖에 없고, 결국 쉽게 비난의 빌미를 제공하게 되는 것이다. 이러한 경향은 심지어 정신 기질 상에서 나의 약점을 폭로하는 원인이 되기도 했다. 나와 친한 동창생도 나의 주의를 환기시켜주었다.

> "지금부터 자네는 루쉰의 예민함·준엄함·격렬함을 배우는 동시에 그의 조용함·침착함·소탈함도 배워야 할 것이네."[133]

이건 확실히 핵심을 찌르는 말이지만 사람의 본성은 바꾸기가 어렵다는 사실을 알려주는 말이기도 하다. 이 때문에 나도 어쩔 수 없는 감정에 휩싸이곤 한다. 둘째, 이것은 분명 두 가지 서로 다른 학문관·연구 방법·연구 노선 간의 논쟁이다. 학파 간의 논쟁에 대한 나의 태도는 일관되게 두 가지 입장을 고수해왔다. 그 하나는 일반적으로 "자기 의견의 합리성을 견지하기 위하여 대부분의 학자는 논거에 입각한 논쟁에 힘을 쏟지만" 나는 오히려 '부쟁론不爭論'의 원칙을 받들고 있다는 점이다. 선의의 도전이든 악의의 도전이든 모든 도전에 대해 나는 통상적으로 무대응으로 일관하고 있다. 그리고 내가 견지하고 있는 평소의 원칙을 계속 실천하면서 연구 실적으로 내 연구의 합리성과 가치를 증명해오고 있다. 이러한 입장에는 사실상 일종의 학문적 자존심과 자신감 그리고 자기반성의 요소도 포함되어 있다. 나의 첫 번째 학술 저작인 『심령의 탐색』 「이끄는 말引言」에서 나는 다음과 같은 예측과 기대를 한 적이 있다.

"그것은 자신의 가치를 분명하게 알고 있는 자존심일 뿐만 아니라, 절대로 다른 연구 노선을 부정하거나 반대로 거기에 빌붙어서 자기 긍정에 도달하려 하지 않는 자기 중시적 태도이다. 그와 같은 '자기 긍정'은 사실상 자신에 대한 모욕이다. 하지만 이와 같은 나의 태도는 나 자신의 부족함을 공개적으로 선언하는 일이다. 이에 따라 나 자신은 더욱 개방적인 자세를 갖출 수 있게 된다. 사람들은 이와 같은 연구에서 어떤 계시를 받을 수 있을 뿐만 아니라 그 부족한 부분을 통해서는 새롭고도 더욱 창조적인 연구를 풍요롭게 개척할 수 있을 것이다. 그 연구의 생명력이 바로 여기에 있다."[134]

또 다른 하나는 '상대방의 의견을 존중해야 하고 나와 다른 상대방의 의견에서 어떤 합리적인 요소를 발견하는 데 민감해야 한다는 점이다. 자신을 반박하는 상대방의 의견에서 자신에게 존재하는 맹점이나 함정을 깨달을 수 있어야 한다.'[135] 예를 들어 '과도적인 해석'이라는 힐난에 대해서 나는 한편으로 여전히 나 자신의 주체적 연구 방식을 견지하면서도 다른 한편으로는 이러한 힐난을 경고로 삼아 그 속에 포함되어 있는 '원칙'을 완벽하게 이해하고자 했다. 상대방의 의견에서 어떻게 합리적인 요소를 발굴해낼 것인가 하는 태도는 실제로 다름 속에서 동일함을 찾고 '이것 아니면 저것'이라는 이원론적 대결의 함정에서 벗어나기 위한 입장이기도 하다. 나의 관점에서는, 1차 원시자료를 중시해야 하는 것은 연구 작업의 의의라는 측면에서도 나와 내 비판자들 사이에서 견해가 일치한다고 생각한다. 이러한 의미에서라면 나도 결국 학원파에 속한다는 사실을 인정하지 않을 수 없다. 나는 루쉰과 왕야오 선생께서 '사료를 독립적으로 준비해야 한다'고 말씀하신 학문 전통의 영향을 깊이 받았다. 나의 중요한 저작은 모두 새로운 학문적 시각으로 기존 사료를 새롭게 발굴한 것이라고 할 수 있다. 『풍부한 고통』과 같은 저작은 심지어 인용문이 지나치게 많아서 문장의 흐름이 방해받곤 했다. 물론 이것도 일종의 집필 전략이고 하나의 필수적인 타협임을 부인할 수는 없다. 즉 현행 학술 체제의 승인을 받기 위해 지불해야 하는 일종의 대가인 셈이다. 그러나 나는 더욱 심층적인 측면에서 사료를 바라보면서 여전히 다음과 같은 나 자신의 생명사관生命史觀을 견지하고 있다.

> "사료는 그 자체로 하나하나의 살아 있는 생명이 역사에 남긴 흔적이다. 이 때문에 이른바 '잃어버린 자료 찾기'는 바로 잃어버린 생명(문장의 생명 및 문장의 창조자인 사람의 생명)을 찾아내고 부활시켜서 지금 사람들과의 만남을 주선하고 대화를 하게 하는 작업이다. 그것은 문헌학이 처리해야 할 판본·목록·교감 등과 같은 정리 작업의 대상으로만 인식되기도 하지만, 실제로는 역사상의 인물들이 수행한 집필활동과 생명의 존재 방식 및 한 시대의 문화[문학]가 생산하고 유통시킨 체제와 그 작동 방식에 대한 탐구이기도 하다."[136]

167

따라서 나의 관점에서 '사료의 독립적인 준비'를 강조하는 것은 학술 연구의 과학성을 강조하는 것일 뿐만 아니라, "동시에 이러한 생각 속에는 새로운 연구 관념이 포함되어 있다. 즉 중국 현대문학의 텍스트를 집필·발표·전파·결집·출판·소장·정리라는 끊임없는 문학 유통 과정으로 환원시켜서 문학 생산과 그 유통의 역사성 및 그것이 그 시대의 정치·사상·문화와 복합적으로 연관을 맺고 있는 의미를 파악하고자 하는 것이다."[137] 이것이 아마도 '상이함 속에서 동일함을 찾고' 또 '동일함 속에서 나의 특징을 고수하는' 입장일 것이다. 셋째, 내가 부인할 수 없는 또 하나의 동향이 있다. 즉 나의 연구 성과에 대해서 어떤 사람들이 비평이나 질책을 할 때, 그들의 연구 관점 중에서 몇 가지 합리성을 갖춘 이론을 과장하여 일종의 평가 기준으로 삼기도 한다. 그리하여 그들의 연구 관점에 부합하는 것은 '학풍이 근엄하고 과학성을 갖추고 있다'고 인정하면서도, 그들의 관점과 다른 것은 '학풍이 근엄하지 못하고 과학성이 부족하다'고 폄하하기도 한다. 본래 개인적인 입장에서 이 같은 평가와 평가 기준을 견지하고 있다면 기껏해야 일종의 편견으로 치부할 수도 있을 것이다. 이 때문에 순수하게 개인적인 입장에서 내린 비평은 비록 내가 동의할 수도, 수용할 수도 없다 해도 비평한 사람의 권리는 존중해줘야 할 것이다. 그러나 이 같은 편견이 일정한 학계의 권력이나 심지어 행정 권력과 결합하게 되면 학문상의 서로 다른 의견과 연구 노선에 대한 압력으로 작용할 수도 있다. 나는 이러한 권력의 압력에 대해서 특히 민감하게 반응해왔고, 또 정서적으로도 매우 강렬하게 반응했다. 나는 항상 이러한 압력을 받으며 심대한 상처를 입었다. 문제의 복잡성은 비평가들이 흔히 취하는 전략, 즉 '작은 부분 한 가지만 지적하면서 나머지 커다란 부분은 언급조차 하지 않는' 글쓰기 전략에 놓여 있다. 말하자면 비평가는 확실히 비평 대상의 작은 단점만을 꼬집으면서도 이를 빌려 비평 대상 전체를 부정할 수도 있는 것이다. 나도 이러한 비평에 직면한 적이 있다. 그들은 『저우쭤런전』 속에서 발견한 상식적인 오류(이런 오류는 이전에 벌써 지적한 사람이 있었다)를 꼬집으면서 마지막 결론에서는 '이 같은 사람이 박사과정 지도교수가 될 자격이 있단 말인가?'라고 했다. 나는 일생 동안 끊임없이 이 같은 질문에 시달려야 했다. 본래는 학술적인 문제인데도 불구하고 실제로는 정치적인 문제를 이야기하곤 했다. 소위 나 같은 '학자'는 눈앞의 생태환경에서는 생존할 수 없다는 사실을 설명해주려는 것 같았다. 뿐만 아니라 몇몇 비평가는 나에게 가공할 만한 죄명을 덧씌우려 했다. 그들의 말에 의하면 나와 같은 '지식인과 문화인'이 있으면 "우리의 전통 민족문화 유산이 아주 빠른 시일 내에 '변증법적으로' 소멸하고 만다는 것이다." 이와 같은 비평은 금세 권력 체제의 지지를 받았다. 이에 베이징대학 학술위원회에서는 나의 박사과정 지도교수 자격 심사를 위한 회의를 열었고, 이와 관련된 정부 부서에서는 일반 법규를 위반하면서까지 회의석상에서 내 문제의 글을 배포했다. 결과는 물론 나의 자격을 '통과시켜줄 수 없다'는 것이었다.[138] 이처럼 내가 직접 마주해야 했던 것은 실제로 학술 비평과 학술 논쟁 배후에 숨어 있는 학원파 학문 권력 체제였다. 나는 저항할 힘도 없었고 때로는 최소한의 물질적·학문적 생존 조건을 얻기 위하여 수많은 타협을 하지 않을 수 없었다. 이 모든 상황으로 인해 나는 막대한 정신적 고통을 겪어야 했다.

이와 같은 고통은 그래도 참을 만했다. 왜냐하면 나를 끝까지 압살시킬 수는 없었기 때문이다. 내가 진정으로 참을 수 없었던 일은 아직 미성숙한 젊은 청년들에 대한 억압이었다. 「대학원생 교육에 관한 사고關于研究生教育的思考」라는 글에서 나는 '특별한' 학생들을 어떻게 대할 것인지에 대한 문제를 전문적으로 토의했다.

> "이와 같은 학생들을 일반적인 시선으로만 바라보면 괴상하게 보이기 마련이다. 그들의 사유는 비상식적이어서 항상 지도교수를 깜짝 놀라게 한다. 분명하게도 이러한 학생들과 그들의 괴상한 생각은 쉽게 부인되거나 말살되곤 한다. 그러나 자세하게 연구해보면 그들의 '괴상한 생각 속'에 매우 창조적이고 심지어는 시대를 뛰어넘는 사고가 들어 있다는 사실을 발견할 수 있다. 그러나 이와 동시에 일부 혼란하고 심지어 잘못된 사고도 한데 섞여 있다는 사실을

부인할 수 없다. 이 같은 상황에서 지도교수는 이들 학생의 매우 고귀한 창조성을 보호해야 할 책임이 있다. 이와 동시에 미래를 지향하는 그 창조의 싹들은 문제점을 지적받고 올바르게 인도되어야 한다. 올바르게 인도하는 것도 그들을 보호하는 일이다. 이와 같이 하려면 지도교수의 자기회의 정신이 전제되어야 한다. 자신은 알 수 없기 때문에 이해하거나 수용할 수 없고, 자신과 생각이 다르므로 잘못된 것이라고 간단하게 부정하는 것은 아주 좋지 못한 태도이다."[139]

이것도 물론 나 스스로의 느낌을 서술한 것이다. 왜냐하면 자아에 대한 회의정신이 부족한 사람들은 자기 학문만을 표준으로 삼아 의식적 무의식적으로 학생들의 창조성을 억압하기 때문이다. 이 문제는 대학 내의 학문 연구와 교육 과정에서 항상 발생하는 일이다. 나도 그 속에 소속되어 있지만, 강렬한 '중간물 의식'을 갖고 있기 때문에 이러한 경직된 대학 체제와 충돌을 빚곤 한다. 이와 동시에 나는 학생들의 '무기력'한 모습에도 강한 불만을 갖고 있다. 그런 까닭에 학생들의 논문에서 발견되는 분명한 착오에 대해서 보호하고 싶은 마음은 있어도 그렇게 할 수 없다. 이 때문에 나는 늘 난처한 입장에 빠져 말로 표현하기 어려운 고통을 겪곤 한다.

베이징대학과 학술정신의 실종이
유발한 위기감

1997년을 전후하여 내가 재직하고 있던 베이징대학이 개교 100주년이 되어가고 있었다. 그런 상황으로 인해 베이징대학을 비판적으로 관찰하려는 사람들이 생겨났다. 가장 먼저 베이징대학의 위기를 감지한 이들은 감수성이 예민한 젊은 학생들이었다. 앞에서 이미 언급한 바 있지만 『시사時事』 편집부가 나에게 요청한 글 「진정한 베이징대학의 목소리를 찾아서尋找眞北大的聲音」에서 나는 이렇게 언급했다.

"여름의 열기가 뜨거운 오늘날의 베이징대학 캠퍼스는 끊임없이 경치가 바뀌고 있다. (…) 모든 대형 토목공사가 베이징대학의 이 기쁜 영광을 나타내주고 있는 것 같다. 그러나 나는 조금도 신선한 기분을 느낄 수 없고 오로지 억압된 감각에 젖어 있을 뿐이다. 왜냐하면 베이징대학 삼각지에는 TOFEL 교육생 모집 광고만 걸려 있고, 또 민주의 잔디밭에는 서로 포옹하고 있는 캠퍼스 커플들만 앉아 있고, 도서관에는 영어 단어와 미적분에 마비된 얼굴들만 들락거리고 있기 때문이다. 이상과 책임감은 이미 우리의 머리에서 사라진 지 오래다. 나는 실제로 베이징대학의 숨결과 청춘의 활력을 찾기가 어렵다. 나는 끊임없이 내가 진정으로 베이징대학에 있는가라는 질문을 던진다. 나는 어찌하여 '5·4'의 함성을 들을 수 없는가? 나는 어찌하여 삼각지에서 정치의 잘잘못을 논하는 학우를 볼 수 없는가? 나는 어찌하여 이상주의의 목소리를 들을 수 없는가? 나는 어찌하여 뜨거운 피가 끓어오르는 청년을 볼 수 없는가? 나는 어찌하여 천하를 걱정하는 책임 있는 마음을 느낄 수 없는가? (…) 정신이 실종된 베이징대학은 척추가 제거된 거인과 같다. 그의 몸집은 끊임없이 커지지만 결국은 일어설 수 없는 것이다."140

나의 이러한 호소는 좀 단편적이기는 하지만 절대적인 진실을 담고 있다. 나중에 나는 시사사時事社와의 약속에 응하여 두 차례 강연을 한 적도 있는데, 그중 한 차례는 학교 밖에서 한 것으로 기억한다. **왜냐하면 학교 당국은 이미 그들이 이와 같은 강연회를 개최하는 걸 허락하지 않았기 때문이다.** 그 뒤 얼마 지나지 않아 시사사가 폐쇄되었다는 소문을 듣고 나는 깜짝 놀랐다. 그 사실을 알려주러 온 학생은 '화염처럼 이글거리는 눈빛으로 나의 마음을 불태웠다.' 그래서 나는 다음과 같은 글을 썼다. "나는 역사가의 필치로 이렇게 판단한다. 『시사時事』, 『미광微光』, 『대학大學』 등과 같은 학생들의 **민간 간행물은**(민간에서 발행한 이 학생들의 간행물은) 1990년대의 정신적 억압과 상품경제가 조성한 사상의 침체 상황을 타파하고, '사상정신 자유와 독립'의 기치를 다시금 높이 들고, 지극히 고귀한 비판·창조의 정신과 용기를 보여주었다고 생각한다. **그들이 베이징대학의 전통에 기록한 이 새로운 한 페이지는 장차 청사에 기록될 것이다.**" 그러나 나는 또 즉시 이렇게 자책했다. "나는 나 자신의 연약함과 무력함이 한스럽다. 이 시각에 내가 쓰는 이 모든 글이 소위 역사가의 판단이라 하더라도 이게 무슨 소용이란 말인가? 지금 남김없이 까발리더라도 이것은 결국 아Q식의 자위에 불과할 뿐이다. 학생들이 필요로 하는 것은 현실에서의 보호와 항쟁일 것이다!"
|41 이와 같은 자책과 자괴감이 바로 내가 나중에 베이징대학 개교
100주년 행사에서 발언을 한 가장 직접적인 원인이었다. 나는 여전
히 내가 진 빚을 갚아야 했다. 뿐만 아니라 나는 이들 **압살된** 젊은
이의 목소리를 확대하여 공개적으로 발언한 것에 불과하다는 사실
을 잘 알고 있다.

　이어서 또 한 가지 사건이 나를 경악시켰다. 그 일은 바로 내 신
변 가까이에서 일어났다. 베이징대학 중문과의 한 젊은 교수가 신
문에 글을 발표하여 베이징대학의 문제를 폭로하고, 베이징대학은
응당 지금 당면한 정신적 위기와 학문·교육의 위기를 직시해야 한
다고 호소한 것이다. 그는 결국 **고위급** 간부의 진노를 사고 말았다.
이에 교내외에서 이 글에 대한 비판과 포위공격이 전개되었다. 당시
나는 루쉰이 1933년에 언급한 한마디 말이 떠올랐다. "베이징대학
의 타락이 이 지경에 이르렀으니 정말 탄식할 만한 일이다. 만약 지
금 붙어 있는 표어에 각각 한 글자를 보탠다면 '5·4는 정신을 잃었
고五四失精神', '시대는 앞에 있도다時代在前面'라고 하는 것이 비교적 절
실할 것 같다."|42 설마 역사가 정말 반복된단 말인가? (…) 이로부터
나는 비판하고 행동하고 싶은 격정이 촉발되었지만, 앞에서 서술한
역사적 경험이 끊임없이 나로 하여금 이와 같은 격정에 의문을 제
기하게 하였고, 나의 행동을 유예하게 만들었다. 나는 1997년 10월
에 쓴 한 편의 글에서 이렇게 서술했다. "베이징대학 정신에 대한
실망감, 그리고 잃어버린 정신을 되찾으려는 초조함, 그리고 이러한
실망감과 초조함에 대한 회의懷疑와 이로 인해 야기된 자신에 대한
조롱…… 모든 것이 한 덩어리가 되어 나를 불안하게 했다. 그리고
개교 100주년 축하 기념식이 다가올수록 그 불안감은 더욱 강렬해
져서 식을 줄 몰랐다."|43 내친김에 한마디 부언하자면 이 글은 출판

을 준비 중이던 한 학생의 간행물에 싣기 위해 집필된 것이다. 그러나 그 간행물은 시의에 맞지 않는다는 이유로 요람 속에서 압살되고 말았다. 이런 측면에서 보더라도 당시 베이징대학 개교 100주년 기념행사 직전의 캠퍼스 분위기를 잘 알 수 있다.

그리고 이와 같은 '정신 실종' 현상은 결코 베이징대학의 문제만은 아니었다. 베이징대학의 문제는 1990년대 전체 중국의 사상·문화·학술 문제가 집중된 것일 뿐이었다. 그리고 내가 몸담고 있는 전공 즉 현대문학 연구, 그중에서도 특히 루쉰 연구는 '5·4' 신문학 운동과 밀접한 혈연관계에 있기 때문에 '5·4 정신 실종' 현상에 대한 반응은 대단히 민감하고 강렬했다. 아울러 이러한 반응에 따라 현대문학 학문 발전의 위기감이 조성되어 격렬한 논쟁이 벌어지기도 했다. 『중국 현대문학 연구中國現代文學研究』 1997년 제1기에 「중국 현대문학 연구 15인의 대화現代文學研究十五人談」란 글이 발표되었다. 이 글에서 학자들은 다음과 같이 날카롭게 지적하고 있다. "신시기(1990년대) 이래 중국 현대문학 연구는 백가쟁명의 찬란한 역사를 지니고 있다. 그러나 근년에는 적막의 구렁텅이로 빠져들어 헤어나올 줄 모른다. 특히 현재 당면하고 있는 중대한 문화 문제 그리고 문학사조 문제들에 대해서 자신의 발언권을 포기하고 있다." 이러한 발언을 한 학자가 보기에 현대문학 연구자와 현대 지식인은 응당 '5·4 문화비평 정신'을 계승·발양하여 '영원히 시대 및 사회와의 원심력을 유지하면서 문화비판자적 자세를 지니고' 현실의 절박성을 인식해야 한다는 것이다. 그리고 또 다른 학자는 여기에서 한 걸음 더 나아가, '학문적 기교'를 이용하여 사상의 빈곤과 중대한 문제에 대한 반응 결핍증을 엄폐해서는 안 된다고 지적했다. 또 그는 "어느 날 우리 현대문학 분과에서 '자족적인' 것처럼 보이는 학술 살롱을 만들 수도 있을 것이다. 왜냐하면 자문자답으로 희희낙락하며 외부

세계와는 교류를 단절한 채 자아를 소모시키는 경향이 만연해 있기 때문이다. 나는 이것이 두렵다"라고 지적했다. 그러나 몇몇 학자는 이와 상반된 의견을 제시하며 "마음의 상태와 사고의 맥락 그리고 연구 방법을 바꾸어 역사를 역사로 환원시키고 학문을 학문으로만 완성시켜, 일상적인 마음으로 우리 현대문학 분과를 바라보면서도, 더욱 엄격하게 '고전화'된 학문 표준과 연구 방법으로 우리의 연구 업무에 종사해야 한다"고 주장했다. 이 때문에 이들은 또 "역사학의 품격과 이성의 절제 그리고 객관적인 정신과 전통적인 학술 규범을 더 강화해야지, 한결같이 비판적인 격정과 현실에 대한 흥미 그리고 주체성의 발휘만을 추구해서는 안 된다"[144]고 호소했다. 어떤 면에서 이것은 '정신계의 전사 겸 학자' 전통과 '학문을 위한 학문' 전통 간의 논쟁이 지속된 것이라고 할 수 있다. 나는 물론 전자의 입장에 서 있지만 후자에 대해서도 일종의 동정심을 갖고 있다. 그리고 학문 연구의 개인성을 강조하는 내 입장에서는 다음과 같은 관점을 가지고 있다. 즉 한 학자가 어떤 학문 노선을 선택할 것인가는 자신의 정신적 기질과 직접 연관된 것이므로 억지로 강요할 수도 없고 강요할 필요도 없다. 이런 의미에서 본다면 앞의 논쟁은 그다지 큰 의의가 없다. 각자 자신의 의견을 진술하고 그것을 실천하면 그만인 것이다. 다만 나는 최종적으로 '정신계의 전사'의 길을 걸었고, 동시에 그것에 대해 끊임없이 의문을 제기했다. 이런 경향들은 모두 내재적인 나의 정신 기질과 생명 욕구에 의해 결정된 것이므로 일종의 숙명이라고 할 수 있다.

루쉰이 제기한
'정신계의 전사' 전통의 재발견

그러므로 앞의 토론 과정에서 제기된 문제 중에서 "현재 당면한 중대한 문화 문제 그리고 문학 사조"의 도전에 대한 대응 문제는 당연히 '과녁 없는 활쏘기'인 셈이다. 나는 일찍이 어떤 글에서 다음과 같이 개괄한 적이 있다.

"이것은 흥미진진한 사상 문화 현상이다. 1990년대 중국의 문단과 학계에는 각양각색의 '주의ism'를 고취하는 사람들이 번갈아 등장했다. 그리고 이들은 거의 한 사람도 예외 없이 '루쉰 비판'을 자신의 출발점으로 삼았다. (…) 한 시기를 풍미한 보수주의자들은 급진주의를 반성한다는 명분으로 5·4를 문화대혁명의 죄악을 초래한 원흉으로 간주하고, 루쉰의 계몽주의를 전제주의의 동의어로 변질시켰다. 또 '암암리에 흥기한 국학풍' 속에서 민족주의자들과 '신유학', '신국학'의 대가들은 새로운 중국 중심론을 고취하면서 자연스럽게 루쉰을 전통을 단절시킨 수괴로 몰아갔다. 모모 인사들의 관점으로 볼 때 루쉰은 심지어 '매국노'의 혐의에서조차 자유롭지 못한 판국이었다. '뛰어난 신예'로 불린 중국의 포스트모더니스트들은 이성을 죄악으로 간주하고 지식을 권력의 공모자로 여겼으며 세속적인 것으로 이상적인 것을 대체하면서 루쉰과의 고별을 종착점으로 삼았다. 또 포스트식민주의의 시선으로 5·4 세대 사람들을 바라보면, 그들의 국민성 개조 사상이나 루쉰의 아Q 비판 사상은 모두 식민지로 문화의 확장을 시도한 서구 문화 패권주의의 맹목적 추종물에 불과한 것이었다. 자유주의자들은 또 '관용'을 고취하고 '신사적 풍모'를 과시하였기 때문에 '관용이 부족하고' 소위 '속이 좁은' 루쉰은 그들의 입장에서 자연히 관용의 대상이 될 수 없었다. 루쉰은 끝내 '강권통치'의 공모자로 심판되고 말았다. 그리고 자칭 '신생대' 작가들도 잠시도 기다릴 수 없다는 듯이 루쉰이라는 '묵은 바윗덩이'를 뽑아내고 '문학의 신기원을 열려고' 했다."[45]

앞에서도 언급한 바와 같이 1990년대 초 이래로 나는 계몽주의와 급진주의 사조를 반성하면서, 특히 이들 사조에 의해 초래될 전제주의의 위험성과 그 역사적 교훈에 주의를 기울인 적이 있다. 그러나 현재 우리가 직면하고 있는 것은 오히려 계몽주의와 급진주의에 대한 전반적인 부정이다. 나는 이런 흐름을 받아들일 수 없을 뿐만 아니라 이에 대해 고도의 경계심을 갖고 있다. 그리고 현실 생활에서 심각한 국민정신 위기와 양극화 현상 및 사회적 불공정 현상이 빈발하는 상황이라면 계몽주의와 급진주의의 긍정적 가치가 오히려 더 돋보일 수 있는 것이다. 나는 전에 이렇게 말한 적이 있다.

"지금은 신성을 말살하고 순정과 격정을 말살하고 낭만적이고 이상적인 추구를 말살하고 마침내 인간의 정신까지 남김없이 말살하려는 시대이다."[46]

이 같은 시대적 분위기에서 내가 다시 이상·신성·격정과 계몽을 강조한 것은 그러한 일반적 상황에 대한 반발의 의미도 있다. 그러나 또한 일찍이 있었던 역사적 교훈을 완전히 무시하고 계몽주의와 급진주의의 이상화·절대화 함정에 아주 쉽게 빠져드는 경향도 생겨났다. 나는 동일한 의미에서 이러한 경향에 대해서도 동의할 수 없었을 뿐만 아니라 시종일관 고도의 경계심을 지녔다. 바로 이처럼 진퇴양난의 선택을 해야 하는 곤경 속에서 루쉰의 경험이 새롭게 발견되었고 또 그것이 우리의 참고 체계가 되어주었다. 나는 나중에 루쉰이 견지했던 5·4 시대의 입장을 이렇게 개괄했다. "계몽주의가 결국 큰 역할을 할 수 있다는 점에 대해서는 의심하였지만, 여전히 계몽적인 노력은 포기하지 않았다."[147] 나는 '계몽을 회의하면서도 계몽에 집착한' 그 '할 수 없는 것을 알면서도 할 수밖에 없었던' 루쉰의 계시에서[148] 나 자신의 입각점을 찾았다고 할 수 있다.

또한 1990년대 말 루쉰이 사상 문화 학계의 몇몇 인사에 의해 주요 비판 '표적'이 되었을 때, 나를 포함한 또 다른 일부 지식인들은 정신계의 전사로서 루쉰의 의미를 새롭게 발견했다고 할 수 있다. 예컨대 왕후이는 그의 저서 『죽은 불 다시 살아나死火重溫』에서 다음과 같이 언급했다.

"바로 이와 같은 지적知的 상황, 즉 '현실에 민감한 유기체적 지식인들'이 나날이 주변부화되어가는 문화 현상이 만연한 시대에 루쉰이 창조한 찬란한 업적은 우리가 다시 사고해볼 만한 가치가 있다. 나날이 하나의 분야로만 전문화되어가는 지적 상황에서, 그리고 매스컴조차 시장경제의 법칙과 소비주의 문화의 통제를 받는 상황에서, 사회적 불공정에 지극히 민감하고, 지식과 사회의 관계에 심도 있는 비판을 가하던, 또 문화와 대중의 관계에 오래도록 관심을 가지고 있던 루쉰의 태도 및 그의 기민한 문화적 실천은 모두 새로운 역사 조건 아래에서 지식인의 '유기적 민감성'을 재창조하려는 우리에게 다양한 가능성을 제공해준다. 이것은 중국 지식인의 위대한 전통이다."[149]

내 입장에서도 이러한 태도는 루쉰에 대한 전통적인 인식의 심화였을 뿐만 아니라 나 자신의 설 자리를 찾아가는 과정에서 얻은 중요한 결론이기도 했다. 앞에서도 진술한 바와 같이 문화대혁명이 끝나고 나서 다시 베이징대학 캠퍼스로 돌아왔을 때 나는 '전사가 될 것인가 아니면 학자가 될 것인가' 하는 문제로 고민에 빠져 있었다. 당시에 '전사' 개념은 주로 실제적인 사회운동에 종사하는 사람을 가리켰지만, 사실 나는 정치적 실천가의 기질을 전혀 지니고 있지 못했다. 이 점이 나의 내면적 모순의 중요한 부분이었다. 그런데도 나는 '정신계의 전사'가 되는 것이 나 자신에게 더욱 적합한 것이 아닐까 하고 생각했다. 나중에 나는 '정신계의 전사'에 대해 이러한 해석을 내렸다. 즉 일반적인 전사와는 달리 "그는 시종일관 정신 현상, 특히 인간의 정신 문제에 관심을 기울인다. 그는 주로 정신적 노역 현상에 반항하려고 한다."[150] 이처럼 나는 학자와 정신계의 전사 사이에서 내재적 통일을 이루게 되었다. 이 두 가지 캐릭터는 모두 '정신 현상, 특히 인간의 정신 문제'를 자신의 탐구 대상으로 삼는다. 학자는 학문적 이치를 탐구하는 데 종사하며, 정신계의 전사는 현실에 대한 사회 비판, 문화 비판과 사상적 계몽에 종사한다. 전자는 후자에게 비판의 이론과 역사의 자료를 제공하고, 후자는 전자의 사상적 성과를 현실에 대한 비판 능력으로 전환시켜서 더욱 광대한 독자들이 이해할 수 있게 해준다. 어떤 면에서 후자는 학문을 현실에 보급시키는 역할을 하고 있다고도 할 수 있다. 그러나 양자 사이에는 일정한 모순이 존재하기도 한다. 시간과 정력을 제외하고도 루쉰이 언급한 것처럼 "연구는 이지적이어야 하고 냉정해야 하지

179

만 창작은 정감을 가져야 하고 최소한 뜨거운 마음(문화비판도 이와 같다—첸리췬)을 가져야 한다." "이에 갑자기 냉정하다가도 갑자기 또 뜨거워져야 하므로 두뇌가 멍하니 혼돈 상태에 빠지기도 하는 것이다."[51] 이 때문에 구체적인 업무를 진행해나가는 과정에서 필연적으로 서로 다른 시기나 상황으로 인해 그 주안점이 달라질 수밖에 없고 지식인의 사회적 역할도 이에 따라 그 중심이 옮겨갈 수밖에 없게 된다. 나 개인적으로는 1981~1996년의 15~16년 동안 주로 학술 연구에 정력을 쏟았다면, 1996년부터는 앞에서 서술한 갖가지 내재적·외재적 요소로 인해 주로 사회적·문화적 비판과 계몽 공작, 즉 학술을 널리 퍼뜨리는 일에 정력을 쏟았다. 이런 과정은 '고난을 정신 자원으로 전환시킨다'는 나의 학문 실천 명제에 의미 있는 내용을 보태주었다.

사회적 역할의
무게중심이 옮겨가다

학자, 교사, 정신계의 전사
학자의 길 저서편

이와 같은 나의 무게중심 전환은 두 차례의 연설,[152] 한 과목의 강의,[153] 세 편의 글[154]을 표지로 삼아 교내외에서 강렬한 반향을 불러일으켰다. 그 뒤 이 글들과 이를 전후하여 집필한 일련의 글들도 『마음을 누르고 있는 무덤壓在心上的墳』, 『망각 거절: 첸리췬 문선拒絶遺忘: 錢理群文選』[국내에서는 『망각을 거부하라』로 번역 출간되었음]이란 두 권의 사상 수필집으로 편집되어 더욱 큰 영향력을 발휘했다. 이들 연설과 강의 그리고 문장과 문집은 분명 저우씨 형제와 지식인 정신사 연구를 학문 토대로 삼고 있다. 그리고 앞에서도 언급한 '역사적 중간물', '돈키호테와 햄릿', '생존자'를 사고의 결정으로 삼아 베이징대학 전통과 현실에 대한 반성을 수행한 것이다. 이에 역사와 현실 속의 체제 비판, 지식인에 대한 반성, 국민성의 약점에 대한 해부, 그 배후의 윤리관·역사관·철학관·담론 방식에 대한 추궁 및 정신계의 전사 찾기 등등의 내용이 '독립·자유·비판·창조' 정신의 한가운데를 꿰뚫으며 일관된 맥락을 이루고 있다. 나의 이러한 호소는 자연스럽게 젊은 세대 사이에서 강렬한 공감대를 이루었다. 나의 관점에서 보면 이것은 바로 베이징대학의 전통과 현대 지식인 전통의 핵심이다. 나는 실제로 1990년대의 중국에서 어떤 의미에서는 '5·4' 계몽 전통의 계승과 발양이라고 할 수 있는 새로운 사상계몽 운동을 다시 추진하려 했다. 나와 같은

'5·4' 신문학 연구자들에게 있어서 이것은 '5·4에 대한 강론'일 뿐만 아니라, 계속해서 '미래를 이야기하고 미래를 만들어가려는' 의식적인 시도라고 할 수 있다.

나의 연구와 집필은 이로 인해 캠퍼스와 학계의 범위를 벗어나게 되었을 뿐만 아니라 점차 비교적 고정적인 '나의 충실한 독자층'이 형성되기 시작했다. 나는 이에 대해 다음과 같은 분석을 한 적이 있다.

"우리는 사회적으로 대전환의 시대에 살고 있다. 한편에서는 현세주의·실리주의·소비주의가 성행하고 물욕이 횡행하면서 정신은 말살되어가고 있다. 또 다른 한편에서는 이와 상반된 선택과 노력을 하는 사람도 있다. 즉 일부 사람들은 여전히 독립적인 사고를 견지하다가 현실 생활 속에서 갖가지 모순에 직면하여 항상 정신적 고민에 휩싸여 있기 때문에, 강렬한 정신적 기갈 현상을 드러내곤 한다. 그들은 중국의 전체 인구 중에서 예외적인 소수에 속한다. 그러나 중국의 인구는 엄청나게 많기 때문에 절대적인 숫자만 따진다면 결코 적은 숫자라고 할 수 없다. 그 안에는 대학생과 고등학생들이 포함되어 있다. 그들은 본래 현·당대 문학의 주 독자층이기 때문에 우리 연구자들의 저작을 읽는 주 독자층이기도 하다. 내가 여기에서 특별히 강조하고 싶은 것은 중국의 대도시·중소도시와 시골 마을에 두루 분포되어 있는 '교양인'들, 즉 그들 중 어떤 사람은 지방의 문화교육 부서에 근무하고 있고 또 어떤 사람은 보통의 노동자나 공무원들인데, 그들이 바로 우리 학술 저작의 중요한 수용층이라는 점이다. 그들은 한편으로 충실한 독자로서 기갈이 들린 듯 우리 책을 탐독하는 동시에 더욱 광대한 사람들(친구나 학생들)에게 우리의 사상과 관념을 소개하고 선전한다. 이와 같은 사회적 기반이 있기 때문에 우리의 학문은 전문가의 영역을 벗어나 사회적 영향력을 더욱 크게 확대할 수 있는 것이다."[155]

이는 부메랑으로 되돌아와 나의 학문 연구와 저작에 큰 영향을 미쳤다. 그리하여 나는 '누구를 위해 글을 쓸 것인가?'라는 주제에 대해서 새로운 생각과 새로운 탐구를 하게 되었다.

즉 "나는 중국 독자를 위해 글을 쓴다. 나는 중국 사회·사상·문화에 대한 관심과 사고 속에서 문제의식을 발견하고, 이를 나의 학문 연구의 출발점과 귀의처로 삼고 있다. 아울러 나의 연구 성과에 대한 중국 독자들의 수용과 평가를 내 학문적 가치의 주요 의지처와 표현 대상으로 삼고 있다."

"나는 내 학술 저작이 더욱 광대한 대중 속으로 들어가기를 희망한다. 이 때문에 나는 더욱더 '중국의 보통 독자들을 위해 글을 쓴다.' 어떤 면에서 나는 나의 학술 저작에 대한 중국 보통 독자들의 수용과 평가를 더욱 중시한다. 따라서 나는 '전문성과 대중성의 통일을 내 학문의 기본적인 추구 방향'으로 삼게 되었다."

나는 "전문적인 연구에 적합하면서도 비전문가인 보통 독자들에게 받아들여질 수 있는 학술 용어와 학술 문체를 끊임없이 탐색하고 있다. 그리하여 가능한 한 지나치게 전문적인 용어는 쓰지 않으며 또 지나치게 서구화된 난삽한 표현 방식도 피하면서 분명하고 쉽게 이해되는 용어를 쓰는 데 힘을 기울이고 있다. 아울러 의식적으로 진솔하고 친절한 용어로 독자들과 교감하면서 다소 감성적이고 시적인 언어를 많이 사용하여 세부 항목을 서술하고 현장감을 강조하며, 이러한 서술 속에 학문적 분석이 스며들게 하고 있다." 또 "근래에는 자각적으로 '대화체·유람체·강의록' 등의 문체를 실험하고 있다. 이런 시도들은 모두 나 자신의 학문 저작이 중국의 보통 독자들에게 다가가 더욱 광활한 학문 공간을 얻어내고, 사상계몽 작용을 발휘하도록 하기 위한 것이다."[156]

이것은 여전히 학자와 정신계의 전사를 통일시키기 위한 나의 부단한 시도의 일환이다.

또다시
새로운 곤경에 빠져들다

　　　　　　　그러나 나 자신의 학술 연구 성과를 사회 비판과 문화 비판으로 바꾸어 어느 정도 사회적 역할 전환을 진행하는 과정에서, 나는 그처럼 엄청난 파문이 일어나 나 자신이 엄청난 곤경에 처하리라고는 전혀 예상하지 못했다.

　나는 베이징대학과 관련된 여러 차례의 강연과 글에서 '베이징대학은 일종의 위기감과 긴박감을 가져야 한다'고 반복해서 강조했다. 나는 "위기감이 없는 개인·학교·민족은 어느 것이나 미래가 없다"고 지적했다.[157] 만약 "반성할 줄 모르고, 부족함과 실수를 수치로 생각하지 않고 확실히 존재하는 심각한 문제를 엄폐한다면 결국 위기에 봉착할 것이다. 심지어 '그동안의 성과를 부정한다든가, 안정된 단결을 파괴한다'든가 하는 등의 명목으로 베이징대학에 대한 어떠한 반성도 억압한다면, 그 마음속 맹세가 얼마나 진실하든 간에 진정으로 베이징대학을 사랑하는 행위가 아니며 아마도 그 대부분은 자신을 속이고 다른 사람을 속이는 연기에 불과할 것이다." 베이징대학에 대한 나의 반성은 주로 '베이징대학 정신의 실종'이란 측면에 집중되었다. "교육의 정신적 가치 실종은 바로 목하 베이징대학에 존재하는 두드러진 문제이다.(아마도 현 중국 교육의 문제이기도 할 것이다.)" 나의 입장에서 볼 때 이것은 주로 두 가지 측면으로 드러나고 있다. 첫째, 차이위엔페이蔡元培가 제창하여 베이징대학의 생명선이 된 '사상 자유와 포용의 정신'이 실종되었다는 점이다. "오늘날 일부 교육자들은 교육 대상, 특히 독립적인 사고를 좋아하는 청년 학생들을 '불안 조성 요인'으로 간주하고 엄격하게 단속하면서 온갖 방법을 짜내어 강제로 그들을 기성질서 속으로 끌어들이고 있다. 그리하여 '독립적인 사상을 가진 학생'이 '문제 학생'으로 둔갑되니 어찌 심히 기괴한 일이 아니겠는가?" 둘째, 차이위엔페이가 극력 주장한 바 있는 '소위 대학'은 '공동 학문 연구 기관'이라는 교육 이념과 전통이 실종되어, 베이징대학이 차이위엔페이가 비판한 '자격증 발행소'가 되었다는 점이다. 다시 말하면 '배금주의의 성행'으로 인해 베이징대학의 교육은 '교육자와 피교육자가 시장경제의 실용주의에 예속되는 상업화 교육으로' 변질되고 말았다는 것이다. 그리하여 베이징대학 교육 및 전체 중국 교육을 반성하면서 교육의 출발점과 원점으로 되돌아가서 교육의 본질에 대한 추궁을 하지 않을 수 없었다. 즉 "무엇이 교육인가? 무엇이 대학인가? 대학 교육의 목적은 무엇인가? 우리는 베이징대학을 어떤 대학으로 만들어야 하는가?"라는 질문이 그것이다.[158] 나의 이 글들은 베이징대학 개교 100주년 기념 경축 기간에 발표되어 거의 폭발적인 반응을 불러일으켰다. 수많은 동창과 교수·학생 및 사회 일반인들이 베이징대학 개교 100주년 경축 행사의 정치화·상업화 경향에 대해 일찍부터 불만을 갖고 있던 중 내가 베이징대학의 반성정신이 실종되었다고 강조하자 이에 대해 뜨거운 공감을 표시했다. 이에 학생들은 서로 앞 다투어 내가 차이위엔페이 총장을 기념하기 위해 쓴 글「캠퍼스의 영원한 넋校園中的永恒」을 널리 대자보로 게시하고, 또 내가 참여하여 꾸려낸『차이위엔페이』연극을 상연하는 등 차이위엔페이가 개창開創한 베이징대학 전통에 대한 회고 열기를 최고조로 끌어올렸다. 학교 측에서는 이런 활동을 모두 그들에 대한 위협으로 여겼다.

권세가 막강한 공산당위원회 서기는 일찌감치 기세등등하게 이렇게 선포했다. "올해 개교 100주년 경축 행사에 누구라도 우리를 난처하게 만든다면, 우리도 그 자를 난처하게 만들 것이다." 나는 자연스럽게 그들을 '난처하게 만든' **첫 번째** 인물이 되었고, 이에 그들도 나를 '난처하게' 만들었다. 그들은 **무지막지하게도** 나처럼 교수직에 있는 사람들이 학교에서 공개적으로 학술강연 하는 것을 금지시켰다. 이것은 베이징대학 역사에서도 그 예가 드문 일이었다. 나는 총장도 이런 활동에 간섭할 권한이 없다고 항의 편지를 전달했다. **나에 대한 총장의 압력은**(이 일은) 학생들의 강렬한 반향을 불러일으켰고, 학생들은 학교 측에서 '최우수 10대 교수'를 선정한다고 하자 그 기회를 빌려 나를 1999년 '최우수 10대 교수' 1위로 선정하여 열렬한 지지를 표해주었다.

학생들의 이러한 반응이 있자 마침내 당내 극좌파가 이에 대해 대경실색하는 모습을 보였다. 그들은 이보다 앞서 개최된 한 좌담회에서 일찌감치 중국의 대학이 바야흐로 "프롤레타리아를 파헤치는 도굴꾼 양성소"가 되고 있다고 단정했다. 그리고 현재 나와 같은 '부르주아 교수'가 뜻밖에도 베이징대학에서 이렇게 막강한 영향력을 발휘하자, 그들은 경악을 금치 못한 나머지 나를 "대학 내에서 횡행하는 부르주아 대리인"으로 낙인찍었다. 그리고 그들은 마오쩌둥이 문화대혁명을 촉발시킨 논리와 입장을 견지하면서 이렇게 주장하고 있다. "대학은 하나의 진지이다. 프롤레타리아가 점령하지 못하면 부르주아가 점령할 것이다." 이렇게 하여 그들은 마침내 대대적인 비판의 과녁을 찾아냈다. 그리고 그들에게 덜미를 잡힌 『중류中流』잡지(모종의 잡지)를 가장 먼저 비난하면서, 그들이 장악하고 있고 영향을 미칠 수 있는 신문과 잡지에서 나에 대해 장장 반년에 이르는 **실명** 비판을 진행했다. 그 죄명은 세 가지이다. 즉 "가장 악랄한 적개심, 가장 광적인 원한, 가장 방자한 비방으로 중국공산당이 80년 동안 전국 각 민족 인민을 영도하여 단결 투쟁으로 건립해온 사상적 토대와 정치적 토대를 와해시키고자 했다."[159] 또 "부르주아의 의식 형태, 심지어 반애국주의·반집체주의·반사회주의의 의식 형태로 우리 사회주의 교육 방향을 뜯어고치려 하면서," "한 세대의 교육 진지를 탈취하려 했다."[160] 그리고 "이미 100년에 걸쳐 중국 대지에서 전복되어온 세력을 대표하여 자각적인 계급투쟁을 진행했다."[161] 이것들은 34년 전 문화대혁명이 시작될 때, 내가 '부르주아 반동 학술 권위자'로 단죄되어 '혁명적인 교수와 학생들'에게 끌려다닐 때 덮어쓴 3대 죄명이었다. 즉 '1. 반당 반사회주의, 2. 청년들을 두고 당과 다툰 죄, 3. 반동계급의 효자 현손'이란 당시의 죄명과 완전히 똑같다고 할 수 있다.

나는 다시 한번 문화대혁명이라는 재난을 겪는 것 같았다. 지식인들이 앞장서서 여론을 조성하는 것뿐만 아니라 전혀 변함없는 대대적인 비판 논리와 비판 수법, 즉 '단장취의斷章取義, 터무니없는 날조, 한도 끝도 없는 정치 비판, 지록위마指鹿爲馬 등'의 수법이 문화대혁명 시기와 완전히 동일했다. 그중에서도 가장 악랄한 것은 서로 관련 없는 사람들을 대거 연루시켰다는 점이다. 즉『중고등학교 어문교육 자세히 살펴보기審視中學語文教育』란 책과, 나와 왕래한 적이 있는 편집자 및 내가 전혀 모르는 저자를 한데 엮어서 '첸리췬 무리'라고 부르면서, 그 책 속에 드러나고 있는 젊은 필자들의 과격한 관점을 모두 내 머리에 뒤집어씌우고, 그 사람들을 전부 첸리췬을 괴수로 하는 집단으로 엮어서 이들이 "4개 항목의 기본 원칙을 심각하게 위반한 오류 이론을 유포하고 있다"고 선전했다. 동시에 나에게도 신문이나 잡지에 글을 발표하지 못하게 하였고, 라디오나 텔레비전에 내 이름이나 사진이 나오는 것을 엄금하였으며, 이미 출판된 『망각 거절: 첸리췬 문선』을 판매 금지하는 등 전면적인 봉쇄 조치를 했다. 또 한편으로는 편파적인 군중(주로 지식인, 노동자, 청년 그리고 소위 누명을 벗은 우파)의 '강렬한 요구'에 따라 마침내 권력자들이 등장했다. 베이징대학 공산당위원회 서기가 대대적인 비판을 주도한 것에서 시작하여, 중앙선전부는 이를 크게 부추겼고, 곧바로 당중앙 간부가 실명으로 나를 비판하는 상황으로까지 발전했다. 이일이 있기 전에 이미 내가 쓴 「'식인'을 논하다論'食人'」(앞에서 언급한 베이징대학 강연 원고 중 1장)와 「말살할 수 없는 사상 유산—베이징대학 및 교내외 '우파' 언론을 다시 읽다不容抹煞的思想遺産—重讀北大及外校'右派'言論」라는 두 가지 글이 최고 당국자의 주목을 받았다. 그중 실명 비판을 받은 글이 바로 「'식인'을 논하다」이다. 그리하여 '이 같은 사람이 박사과정 지도교수가 될 자격이 있는가?'라는 의문이 제기되었다. 이런 일은 실제로 문혁 중에 성행하였던 '조직에 의한 처리' '프롤레타리아 전면 독재'의 논리와 단지 한 걸음밖에 차이가 나지 않는다. 앞에서도 언급한 것처럼 문혁 및 그 내재 논리에 대한 비판 그리고 체제에 대한 반성이 바로 '생존자'로서 내가 추구하는 학술 연구의 중요한 부분이다. 현재 나는 그 모든 것을 역사로서 연구했지만 그것은 뜻밖에 또다시 현실이 되어 나의 몸을 얽어맸다. 이것은 정말 내가 예상하지 못했던 일이었다. 나는 이제 이러한 상황이 결코 내 개인의 운명에 그치지 않고 중국 전체 현실에 대한 경고라는 사실을 더욱 분명히 알게 되었다. 즉 중국에서 문혁은 결코 아직 진정으로 역사가 되지 않았다. 그것은 이미 부분적인 범위에서 재현되고 있을 뿐만 아니라 다시 새로운 형태로 더욱 넓은 범위에서 확장·재현될 위험성도 있다. 말하자면 '문혁 이후'의 시대가 경제적인 측면에서는 많은 발전을 이루었지만, 문혁의 기본 관념·사유 방식에서 담론 방식에 이르기까지 그 모든 사유는 여전히 중국의 정

189

학자, 교사, 정신계의 전사 | 첸리췬

치·사상·문화생활에 깊숙한 영향을 끼치며 지배력을 행사하고 있다. 이 때문에 문혁의 체제(특히 정치체제)는 기본적으로 변함이 없다고 할 수 있다. 이것이야말로 정말로 경악할 만한 일이다.

　내 개인적 입장에서는 이러한 과정이 길고 긴 정신적 고난이었다. 나는 어떤 글에서 다음과 같이 서술한 적이 있다.

> "터무니없는 봉쇄는 말할 것도 없고 억지 논리의 언어폭력, 근거 없는 모함 등등은 모두 네게 분노와 굴욕 그리고 어찌할 수 없는 절망감을 가져다줄 것이다. 더욱 참기 어려운 것은 총체적인 피동적 상황이다. 권력자들은 어느 때 어떤 수단으로도 너를 징치懲治할 수 있고, 잠시 징치할 생각이 없거나 징치하기에 불편하다고 느낄 때도 그들은 너를 한쪽 구석에 버려두고 말려죽일 수 있다. 너는 수시로 한 자루의 칼이 시종일관 네 머리 위에 걸려 있지만 줄곧 아래로 떨어지지 않고 있다고 느낀다. 이런 상황은 너를 초조 불안하게 하면서 수시로 그 칼이 습격해올지도 모른다는 공포심에 젖게 할 뿐만 아니라 앞으로 출현할 박해에 대해 미칠 것 같은 상상을 촉발시킨다. 감정이 예민한 지식인 그리고 문학연구자에게 이 같은 상상은 너무나 공포스러운 것이다."

> "권력자들의 박해는 너를 정치와 사상 폭풍의 소용돌이 속으로 휘몰아갈 것이다. 동시에 네가 할 수 있는 어떤 반항이나 반응의 가능성도 박탈할 것이다. 그리하여 자신을 보호할 힘조차 없는 이 대중적 인물은 가장 쉽게 상처를 받을 것이다. 어떤 무료한 문인(모두가 깡패로 변한 우리 시대가 이러한 문인을 끊임없이 키워내고 있다)이라도 모두 가장 더러운 폐수를 너의 몸에 뿌려댈 것이다. 또 대의는 망각하고 이익만 추구하는 상인과 준 상인들은 심지어 너의 박

해 속에서 이익을 발견하고 멋대로 그것을 이용할 것이다. 자칭 너의 친구이고 너의 제자라고 하는 사람들도 의식적·무의식적으로 너를 향해 총알을 쏘아댈 것이다. 그리고 너와는 상관없이 박해를 일종의 자산으로 생각하는 사람들은 너를 동지로 간주하겠지만 너는 심지어 이런 상황을 참을 수 없어서 자신이 박해받는 사람이란 사실을 부정하려고 할 것이다……. 도덕적 결벽증이 있는 서생에게 이 모든 정신적 상처는 말로 형언하기 어려운 것이다. 거기에서 발생하는 치욕감도 영원히 씻어낼 수 없다. 그것은 반항으로 얻은 박해의 숭고한 감정을 거의 희석시킬 뿐만 아니라 자신조차도 무료한 감정에 빠져 헤어나지 못하게 할 것이다."

"동정자와 지지자 사이에도 장벽이 존재하고 있고 또 여전히 이해되지 못하는 비애도 존재한다. 나보다 연배가 높은 분들이나 젊은 친구들이 나를 무슨 '대표자'로 여기면서 나에게 '두터운 기대'를 할 때, 나는 언제나 당혹스럽고 불안한 감정을 느꼈다. 권력자들은 이미 나를 '부르주아의 대표 인물'로 만들었고 이에 따라 반드시 나를 제명시킨 후 조속히 후속 조치를 취해야 한다고 했다. 그런데 또 다른 역량이 나를 '대표자'로 여기고 나를 '보위'해야 한다고 한다면 나 자신의 독립적인 개체 생명은 어디에다 그 자리를 마련해야 한단 말인가? 실은 그들의 기대는 내가 추구하는 개체의 정신 자유를 침범하는 행위라고 할 수 있다. 나는 진정으로 늘 이런 생각을 했다. 나는 바로 나이고 나는 나 자신을 위해 말을 한다. 내가 왜 어떤 사람들의 '대변인'이 되어 그 사람들이 희망하는 말만 해야 하는가? 나는 나 자신이 대중적 인물이 된 것에 대해 불안감과 초조함을 느꼈고 날이 갈수록 자아의 자유를 잃어가는 위험성도 짙게 느끼고 있다."[162]

여기에 소개해야 할 또 하나의 이야기가 있다. 어떤 젊은 독자가 나를 무슨 '대표자'로 인정하는 편지를 보내와서 아주 열정적인 말을 쏟아놓았다. 나는 그의 믿음에 감사하는 답장을 보내는 동시에 나는 그런 역할을 맡고 싶지 않다고 완곡하게 거절의 의사를 전달했다. 그러나 그는 다시 편지를 보내와서 여전히 흔들림 없이 내가 감당할 수 없는 기대를 드러냈다. 나는 갑자기 울화가 치밀어 그 기대를 단호하게 거절하는 편지를 보냈다. 상대방도 격노하여 다시 편지 한 통을 보내왔는데, 그것은 완전한 백지 편지였다. 그는 아마도 그런 방식으로 나를 경멸하려 한 것 같았다. 그러나 나는 오히려 홀가분한 느낌을 받았다. 나에 대한 실망과 절교는 바로 내가 기대했던 바였고, 우리는 모두 자신의 독립성을 유지해야 하기 때문이다.

또 베이징대 학생들을 포함한 일부 젊은이들은 나를 '정신적 스승'이라고 불렀다. 나는 이러한 호칭이 사실 말로만 그쳐야지 지나치게 진실한 것으로 여겨서는 안 된다는 사실을 잘 알고 있다. 사정이 이와 같은데도 불구하고 사람들이 나를 이렇게 부르는 상황에 직면할 때마다 나는 늘 당혹스럽고 불안한 감정에 휩싸여 그 면전에서 공개적인 거부 의사를 표시하곤 했다. 그 이유는 간단하다. '정신적 스승'은 다른 사람들에게 바른길을 안내해주어야 하지만 나는 아직도 길을 찾고 있는 사람이다. 이 때문에 나는 강의나 글쓰기 아니면 사적인 대화나 편지를 막론하고 항상 솔직하게 나 스스로의 모순과 곤혹을 독자나 학생들에게 알려준다. 그리고 나는 젊은이들과 함께 학문을 연마하고 진리의 친구를 탐색하기를 원하지, 절대로 나 자신이 진리를 모두 장악한 것처럼 전문적으로 다른 사람을 훈도하는 '스승'으로 생각한 적은 없다. 나는 이 같은 '스승'에게서 풍기는 농후한 도학자적 냄새를 통렬하게 증오하고 있다.

젊은이들과의 교류 과정에서 나는 또 항상 내가 그들에게 출구

를 제시해주지도 못했고 하릴없이 그들의 고통만 가중시키거나 심지어 그들에게 재난을 가져다주었다는 자괴감을 느껴야 했다. 이것이 바로 계몽주의자에게 있어서 최대의 곤혹이다. 이와 관련하여 내가 영원히 잊지 못하는 또 한 가지 사연이 있다. 이것은 산둥山東 출신의 한 남학생에 관한 이야기이다. 그는 나의 책과 다른 사람의 책을 읽고 사상적으로 계몽되어 현행 교육 체제에 반항하기 시작했다. 그는 먼저 고등학교를 자퇴하고 검정고시를 쳐서 유명 대학에 합격했다. 그러나 그는 또 금방 대학 교육의 갖가지 폐단을 발견하고는 수업을 빼먹고 자신이 읽고 싶은 책을 읽으면서 끊임없이 학과장과 학교 당국을 첨예하게 비평하는 편지를 보냈다. 학교 당국에서는 수업을 너무 많이 빼먹었다는 이유로 그를 제적 조치 했다. 학부모가 학교로 와서 사정을 좀 봐달라고 하자 학교 측에서는 그를 불러 반성할 것을 요구했다. 그러나 그는 자신의 잘못을 인정하기를 거부하였고 결국 제적 조치를 당했다. 절망 속에서 그는 나에게 전화를 걸어왔다. 나는 얼른 루쉰도 '웃통을 벗고 전선으로 달려가기보다 자신을 잘 보호해야 한다'는 말을 했다는 사례를 들어 당국과 필요한 타협을 하고 계속해서 공부할 수 있는 기회를 잡으라고 충고했다. 그는 마지막에 이렇게 한마디 말을 내뱉었다. "왜 좀 더 일찍 말씀해주지 않으셨어요? 이젠 무슨 말을 해도 돌이킬 수 없단 말이에요!" 이렇게 전화를 끊으면서 그는 이름조차 말하지 않았고 이후 그는 실종되었다. 그날 나는 온 밤을 꼬박 새우며 잠을 이룰 수 없었다. 나중에도 나는 이 일을 떠올릴 때마다 마음속에서 처절한 고통을 느껴야 했다. 각골명심해야 할 죄책감이 영원히 나를 따라다니고 있고 나는 그 죗값을 보상할 기회도 얻지 못하고 있다. 이로부터 나는 감정이 민감하고 극단화되기 쉬운 젊은이들을 마주하고 있고, 나 자신의 사상적 단편성과 저작의 소루함이 그들에게 재난을 가져다줄 수 있음을 깊이 깨닫게 되었다. 그 후 나는 글을 쓰거나 연설을 할 때마다 마치 얇은 얼음을 밟고 있다는 느낌을 지울 수 없었다.

또 나는 젊은이들과의 접촉 과정에서 나 자신의 이단적 신분에 그들이 연루될까봐 일종의 긴장감을 느껴야 했다. 당시 대대적인 비판을 받을 때 나는 베이징대학 홈페이지에서 학생들이 쓴 "어떤 대가를 치르더라도 첸 선생님을 학교에 계시게 해야 한다"라는 구호를 보면서 즉시 문혁 때 내가 겪었던 공포스러운 상황을 떠올렸다. 그때 한 여학생이 나에게 어느 정도의 동정심을 표하다가 반혁명분자로 몰렸고 결국 압박을 받다가 자살로 생을 마감하고 말았다. 나는 일찍이 그 일을 기념하는 글을 쓴 적이 있고 그 일이 '내 마음을 영원히 누르고 있는 무덤'이라고 했다. 이 같은 역사가 거듭되어서는 안 된다. 오늘 나는 여전히 당국의 눈에 '중범죄자'로 보이겠지만 그건 나 혼자 책임질 일이지 절대로 청년 학생들이 대가를 치러서는 안 된다. 내 입장에서는 이것이 나의 마지노선이다. 그렇지 않다면 나는 영원히 다른 사람의 스승이 되는 것이 부끄러울 것이다.

동시에 나는 또 젊은이들과 나 자신의 독자와 청중을 연설 도중 이상화해서는 안 된다는 경각심을 갖게 되었다. '청년 숭배'와 '언어 환상'은 바로 계몽주의의 두 가지 함정이다. 베이징대 학생들을 대상으로 한 어떤 공개 강연에서 나는 이렇게 말한 적이 있다. "내가 이곳에서 강연을 하는 것은 겉으로 보기엔 내가 여러분에게 강연을 하고 여러분은 내 말에 영향을 받는 것 같습니다. 그러나 실제로는 내가 여러분에 의해 코가 꿰어져 끌려다니는 꼴입니다. 내가 어떤 부분을 강연하면 여러분은 박수를 치고 나도 흥분합니다. 나는 즉각 여러분이 내 강연에서 기대하는 것이 무엇인지 알아차립니다. 그래서 나는 여러분의 기대에 맞추어 강연을 계속해나갑니다. 강연이 계속될수록 나는 기대에 맞추어 더욱 힘을 내지만, 그럴수록 나의 강연은 본래의 주제에서 더욱더 멀어집니다. 강연이 끝난 후 다시 생각해보면 두려워집니다. '아이고, 내가 무슨 말을 한 거지? 이건 근본적으로(혹은 전부는 아니더라도) 나 자신의 뜻을 전달한 것이 아니다. 나는 청중에게 속은 것이다!' 일찍이 루쉰이 '청중의 박수 소리는 사람의 목숨을 끊어버릴 수도 있다'고 한 말이 정말 일리 있습니다." 나의 말을 여기까지 듣고 나서 학생들은 모두 웃음을 터뜨렸지만 나는 웃을 수가 없었다. 이것은 상당히 침중하면서도 쓰라린 생명의 체험이었다. 나중에 나는 한 편의 글에서 다음과 같이 언급한 적이 있다.

> "내가 말한 것은 나 자신이 말하려고 한 것이 아니라 다른 사람(독자·청중)이 나에게 기대하고 희망한 말이었다. 말하기와 글쓰기는 연기로 변했고 따라서 나는 앞에서 움직이는 인형일 뿐이었으며 독자와 청중을 포함한 다른 사람들은 뒤에서 줄을 잡고 조종하는 자였다. 이것이 바로 루쉰이 말한바, 지식인이 보좌진과 아첨꾼으로 변했다는 상황이었다. 즉 관리의 보좌진과 아첨꾼, 상인의 보좌진과 아첨꾼, 대중의 보좌진과 아첨꾼이 그것이다. 특히 후자는 쉽게 알아차릴 수 없으므로 더욱 공포스럽고 슬픈 일이다."[63]

모든 것이 상품화되는 시대에 진짜 돈키호테와 가짜 돈키호테를 구분해야 하는 것처럼 진짜 정신계의 전사와 가짜 정신계의 전사도 구분해야 했다. 이 때문에 나는 또 한 편의 글을 써서 그 경계선을 명확하게 그어야 했다. "사상의 전위성 때문에 혹은 루쉰이 말한 것처럼 다른 사람들보다 더욱 민감하고 더욱 투철한 시각을 갖고 있기 때문에 정신계의 전사는 대중 속에 섞여 있으면서도 일종의 고독감·적막감·절망감을 갖고 있다. 그러나 우선 이것은 국가·민족·대중·타인과 더 나아가 인류·세계·우주에 대한 크나큰 관심과 연민의 기초 위에 세워진 크나큰 고독, 크나큰 적막, 크나큰 절망이지 절대로 한 개인의 희로애락을 감상적으로 곱씹는 것이 아니다. 한 개인의 것이라면 그것은 단지 자아 정신의 '사소한 부분'만을 드러내는 데 불과할 것이다." "온종일 미간을 찌푸린 채 괴로운 얼굴을 하고 하늘과 땅에 호소하는 것은 루쉰이 비판한 '잉여 인간'이지 절대로 정신계의 전사가 아니다." "진정한 정신계의 전사는 확실히 국민성과 지식인의 약점을 날카롭게 비판하지만 일반인들은 오히려 그에게서 인간에 대한 사랑과 관대한 마음을 느낄 수 있다. 정신계의 전사는 절대로 도덕과 진리의 화신으로 자처하지 않으며, 가혹한 도덕과 정치의 판결을 내리지 않는다. 이런 측면에서 정신계의 전사는 역사와 현실 속에 존재하는 도학가의 천적이라고 할 수 있다."164 동시에 이것은 나 스스로를 경계하는 말이기도 하다.

이처럼 나는 '정신계의 전사'의 길을 걸으며 반항과 절망의 분투를 계속하지 않을 수 없었다. 그리고 내가 앞에서도 말한 것처럼 나의 본성은 두문불출 집필에 전념하고 또 네다섯 명의 친구 및 몇몇 학생과 거실에서 고담준론을 나누는 학자생활에 더 적합하다고 할 수 있지만, 나의 난감한 처지는 바로 여기에서 일어났다. 즉 나는 일단 내 서재에서 벗어나면 어떻게 대응해야 할지도 모르는 모순되고 낭패스러운 지경에 빠져들기 일쑤였던 것이다. 자신의 기본적인 신념을 견지해야 하면서도 부득불 타협하지 않을 수 없었고, 또 자아 도덕의 순결함을 유지하면서 수시로 각종 오염과 마주해야 했다. 특히 전체 사회의 분위기가 **독기로 덮여 있는**(불량한) 상황에서 사람들은 거리낌 없이 가장 악독한 방법으로 타인을 재단하였고(때로는 자신들조차 그런 상황을 벗어나지 못한다), 게다가 상업적인 사회에서는 피할 수 없는 매스컴의 대대적인 열기로 인해 각종 유언비어가 양산되자, 입이 있어도 변명을 할 수 없었을 뿐만 아니라 변명 그 자체가 곧바로 굴욕이 되기도 했다. 그리고 나에게는 루쉰이 말한 바와 같이 "쏟아 붓는 오물을 갑절의 역량으로 떨쳐버릴" 용기도 지혜도 없었다. 나에게는 루쉰이 통절하게 싫어한 지식인의 결벽증은 있을지 몰라도 나는 혼전混戰 중에 나 자신이 오염되어 더욱 큰 정신적 상처를 입게 될까봐 두려움에 떨었다. 이에 모든 부문에서 초래된 오해·유언비어·공격에 은인자중하며 아무 말도 하지 못했다. 스스로를 보호할 힘도 없고 감수성도 예민한 학자가, 이러한 상황으로 인해 받는 상처의 깊이는 직접 겪어보지 않은 사람은 이해하기 어렵다. 루쉰이 말한 것처럼 홀로 인간 세상을 벗어나서 스스로 자신의 핏자국을 핥으며 고난을 견딜 수밖에 없는 것이다. 이런 고난은 자신의 선택을 회의하게 만들 수도 있다. 내가 이런 일을 하는 것이 도대체 무슨 의미가 있을까, 가치 있는 일이기나 할까? 사람들은 진정으로 나를 필요로 할까? 이처럼 마음이 동요할 때마다 또 자아에 대한 새로운 책망이 뒤따른다. 인간이여! 그대는 어찌하여 이렇게 연약한가?

그리고 더욱 은밀하면서도 더욱 치명적인 것은 바로 정신의 내상이다. 나는 일찍이 다음과 같이 묘사한 적이 있다. "전제주의의 압제로 형성된 인간의 고독감·억압감·굴욕감 등등의 감정은 인간의 정당한 분노와 반항을 불러일으키는 동시에 정신적인 상처를 야기할 수 있다. 심지어 반항은 그 자체로 양날의 칼이어서 상대방에게 상처를 줄 수 있는 동시에 자신에게도 상처를 남길 수 있다. 이러한 상처는 특히 '독한 원한'으로 표출되어 타인과 세계에 대한 적개심을 드러내며, 사랑과 광명 같은 인성의 가장 부드러운 부분조차도 의식적·무의식적으로 배제시킨다. 이와 같은 인성의 경직·포악·심술이 자아 정신의 암흑이 되어 루쉰이 가장 통한으로 여기면서도 그 내면에서 제거할 수 없었던 '독기毒氣'와 '귀기鬼氣'로 작용하게 된다. 말하자면 자기 신체 외부의 암흑과 싸우면서도 상처는 자기 정신 속 암흑에 미친다는 것이다." "전제주의는 인간을 '노예화' 시킬 뿐만 아니라, 그 피해자의 심령을 독기로 물들게 한다. 이것은 더욱 심층적인 의미에서 인간의 정신 자유를 박탈하는 일이고, 아울러 피해박자는 악惡으로써 악惡에 대항하는 과정에서 인간의 모습을 잃고 짐승으로 변해가게 된다." 그리하여 다음과 같은 반성을 하게 되었다. "다방면에서 죄여오는 압제 하에서 나는 극도로 답답하고 초조한 상태에 처하게 되었다. (…) 나는 시간이 갈수록 더욱더 나 자신이 주위 세계와 화해하지 못하고 모종의 적의를 드러내고 있음을 발견했다. 또한 시간이 갈수록 더욱더 나 자신의 사상이 다른 사람과 분리되어 스스로 심각한 고독감을 느끼고 있다는 사실을 의식하게 되었다. 나는 유달리 민감하고 나약하게 변하였으며, 또 유달리 과격한 모습을 드러내고 있었다." "나도 마찬가지로 '신성神性'과 '수성獸性'의 갈림길에서 방황하고 있었다. 나는 나 자신의 정신적 암흑을 향해서 선전포고를 해야 했다." 혹자는 외부의 암흑이 더욱 짙을수록 내면의 광명은 더욱 밝아지고, 외부로 향한 적개심이 더욱 강할수록 내면의 사랑은 더욱 뜨겁게 끓어오른다고도 했다. 나는 다음과 같은 다짐을 했다. "어떤 일이 닥치더라도 내 마음의 자유를 귀하게 여기자. 닥쳐온 일을 초월하도록 하면서 그 일에 제한을 받지 말자, 그리하여 능히 침착할 수 있고, 주체적일 수 있고, 사사로움에서 벗어날 수 있고, 임기응변을 잘할 수 있고(미래의 일은 두루 번창하고, 현재에 닥친 일은 잘 구제하고, 지나간 일은 능히 만회할 수 있도록), 모든 일을 멀리까지 생각할 수 있도록(일을 시작하기 전에는 닥쳐올 일을 알고, 일을 시작할 때는 일의 끝을 알고, 일이 정해졌을 때는 변화를 알도록) 하자. 또 문제를 제기할 수 있고, 근심을 내려놓을 수 있고, 만사를 계획할 수 있고, 모든 일을 매조지할 수 있고, 내막을 간파할 수 있고, 고통을 떨쳐버릴 수 있도록 하자. 또한 고난을 참을 수 있고, 마음을 진정시킬 수 있도록 하자. 그리고 나의 마음은 맑은 상태를 유지하면서 경각심을 갖고 온갖 변화에 대응할 수 있도록 하자." 이것은 더욱 높은 경지이므로 이를 위해서는 더욱 더 노력을 기울여야 했다.[165]

생명의 침잠 상태로
회귀하길 갈망하다

바로 이와 같은 심리적 배경 하에서 내가 다시 학문의 세계와 생명의 침잠 상태로 회귀하려고 한 것은 한두 번이 아니었다. 바로 1998년 나는 대학원생 제자들에게 '침잠 10년'이라는 보고를 하고, 그들에게도 '조용하게 침잠하는 시간'을 갖도록 요구했다. 소위 '긴 판대기 의자에 10년 동안 차갑게 앉아서' 장기적인 발전 계획을 세우고, 인간의 토대, 학문의 토대를 마련하기를 요구하였을 뿐만 아니라 자아 생명의 가장 깊은 곳, 역사의 가장 깊은 곳, 학문의 가장 깊은 곳으로 침잠해 들어가도록 요청했다.[66] 이것은 사실 나 자신의 생명 욕구이기도 했다. 여기에는 또한 '학자 겸 정신계의 전사'를 추구하는 내 선택의 모순도 들어 있다. 나 역시 나의 사회 비판과 문화 비판이 오랜 기간에 걸쳐 이룩한 학문 연구 성과를 기본 자원으로 하고 있다는 사실을 잘 알고 있다. 그러나 이 같은 언급은 나의 연구 성과를 너무 단순화시킨다는 혐의에서 자유롭지 못하다. 특히 전문적인 독자가 아닌 수많은 일반 독자는 전적으로 이와 같은 나의 사상 수필에 근거하여 나를 이해해왔다. 그 결과 나의 학문 연구가 소홀하게 취급되어왔을 뿐만 아니라 이와 관련된 몇 가지 오해까지 생겨났다. 이 때문에 나는 이따금씩 독자들에게 올바르게 이해되지 못하는 비애를 느끼곤 했다. 1998년 말에 쓴 『저우씨 형제 이야기』「후기」에서 나는 모종의 위기감을 이

렇게 진술했다. "다시 새로운 학문 분야를 개척하지 않으면 나는 나
자신의 연구를 되풀이해야 한다." 아울러 스스로에 대한 경계심을
다음과 같이 언급했다.

> "나는 잠시 전진을 멈추고 새로운 보충, 새로운 사고, 새로운 탐색
> 을 해야 한다. 이것은 새로운 도전이다. 자아의 창조력과 상상력에
> 대한 새로운 도전이다."[167]

말하자면 나는 다시 학문 연구의 영역으로 회귀하여 학자의 역할
을 강화하고 한동안 침잠의 시기를 거친 후 사회에 대한 발언을 재
개하고 싶었던 것이다. 그렇게 되면 아마도 더욱 우렁찬 목소리를
낼 수 있을지도 모른다. 그러나 갖가지 원인 때문에 아직도 이러한
전환의 길을 완성하지 못하고 있다.

제5장

지식인이란 무엇인가

2000년 전국적으로 대대적인 비판을 당한 이후 나는 몸과 마음 모두 너무 엄청난 대가를 치른 탓에 면역력이 떨어져서 결국 병으로 쓰러지고 말았다. 병상에서 나는 지난일을 회고하는 과정에서 문득 다음과 같은 의문을 제기하면서 나 자신을 반성하게 되었다. "내가 이처럼 쉴 새 없이 1년간 겪었던 갖가지 일과 심경을 떠벌리는 것에도 어떤 문제가 있는 게 아닐까? 그때 루쉰의 경구가 떠올랐다. '나는 나 자신이 어떻게 난관에 부딪혔으며, 어떻게 달팽이가 되어가고 있는지 등등의 사정을 수시로 이야기한다. 마치 전 세계의 고뇌가 내 몸에 다 모여 있고 대중을 대신해서 내가 죄를 받고 있는 것처럼 말이다. 이것이 바로 중산계급의 나쁜 습관이다.'"11

"우리는 자신의 언론 자유가 박탈당하는 것을 지켜보고 있을 수만은 없다. 우리는 광대한 하층민이 기본권을 박탈당하는 것에 깊은 관심을 기울여야 한다. 바로 2000년. 퇴출된 노동자와 농민은 더욱 어려운 처지에 놓였다. 그들은 기본적인 생존권을 위협당하고 있을 뿐만 아니라, 그들의 호소는 어떠한 매스컴에도 발표될 가능성이 없고 오히려 세기말의 광란 속으로 매몰되고 있다. 우리는 중국의 문제도 지식인 문제로만 한계선을 긋지 말고 더욱 중대하고 복잡한 수많은 문제에 관심을 기울이고 또 그것에 대해 사색하고 연구해야 한다."12

내가 이러한 자기반성을 하게 된 것은 결코 우연이 아니었다. 어떻게 보면 나는 이미 5년 동안 이와 관련된 사고와 반성을 해왔기 때문이다.

세기말
중국 지식인의 위기

　　　　　　　　　　여기서는 1995년으로부터 이야기를 시작하
고자 한다. 당시에 나는 교환교수로 한국외국어대학교에서 강의를
하고 있었기 때문에 중국의 더욱 근본적인 문제를 좀 거리를 두고
사고할 수 있었다. 당시에 나는 다섯 편의『이국 침사록異國沈思錄』을
썼다. 그것은 바로「웨이밍 호반의 노인—우쭈샹 선생을 애도함과
동시에 베이징대학을 애도한다未名湖畔的老人—悼吳組緗, 幷悼北大」,「베이징
대학의 역사 운명에 관한 사색關于北大歷史命運的思考」(내가 나중에 베이징
대학에 관해서 언급한 글은 모두 이 글에 사색의 연원을 두고 있다),「목표
와 선택—나의 현대문학 연구 강령目標與選擇—我的現代文學硏究大綱」(이 글
은 이후 나의 학문 연구의 총체적 규범이 되었다),「나 자신의 말을 하다:
나의 선택自說自話: 我的選擇」(이 글은 나 자신을 새롭게 정립한 글이다. 아래
에서 다시 상세하게 토론할 것이다),「세기의 교차기, 역사에 대한 중국
대륙 지식인의 반성과 현실 곤경世紀之交中國大陸知識分子對歷史的反思與現實
困境」(이 글에서 나는 전면적으로 나의 사상을 정리하고 스스로 반성하는 시
간을 가졌다. 이 글은 이후 내 사상의 발전과 선택을 결정지었다)이다. 다
섯 편의 "침사록沈思錄" 중에서 가장 중요한 내용을 발췌하여 다음에
게재한다.

　　"개혁 개방 초기에 중국의 대다수 지식인은 개혁 개방이 진행되면

중국의 모든 폐단이 사라지고 완전히 새로운 중국, 새로운 사회, 새로운 중국인이 나타날 것이라는 이상적·낭만적 기대와 신념을 품고 있었다. 그러나 이러한 생각은 여전히 마오쩌둥식 현대적 신화에 입각한 것이다. 심지어 그들이 쓰는 언어도 마오쩌둥식 언어에 불과했다. 이러한 사실이 바로 우리에게 강력한 깨우침을 준다. 마오쩌둥의 유령이 여전히 중국 대륙을 배회하고 있다. 그의 사상은 계속해서 중국의 역사 발전 및 중국 지식인의 정신 역정에 큰 영향을 끼칠 것이다."

"중국 지식인들은 일찍이 시장경제에 큰 희망을 품고 있었다. 그러나 시장경제라는 마귀가 마법의 호리병 속에서 석방된 뒤, 인간의 지배를 받지 않고 자신의 의지대로 모든 것을 휩쓸고 모든 것을 개조하리라고는 전혀 예상하지 못했다. 오랫동안 중국을 구금하고 있던 봉건주의와 관료주의 체제에 강력한 충격을 가하여 중국 경제가 고도성장을 할 수 있도록 촉진 작용을 했을 뿐만 아니라, 거의 같은 시기에 바야흐로 해방되기 시작한 인간의 욕망을 무절제하게 팽창시켜 사람들을 전혀 사상적 준비가 없는 방향으로 이끌어갔다. 중국 사회와 중국인들은 경악할 정도의 속도로 세속화·현세화되면서 최첨단 소비사회로 나아가게 되었다. 이로부터 이상의 상실, 도덕적 상황의 악화 및 전체 사회 기풍의 독소화 등의 문제가 유발되어 심각한 사회 치안 문제로 이어졌다. 다른 한편으로는 **전제정치 체제가 변함없이 유지되는 상황에서 시장경제를 시행함으로써**, 필연적으로 돈과 권력을 맞바꾸는 자들이 등장하자 이에 따라 권력에 의지하여 막대한 재산을 축적하는 부패한 이들이 출현했다. 이들은 관료 부르주아지와 유사한 새로운 특권 계층이라고 할 만하다. 사회·경제 체제의 전환으로 인해 희생된 사람들은 오히려 광대한 노동자·농민들이었다. 그들의 생존 상태는 나날이 악화되어 빈부 불균형이란 매우 주목할 만한 사회 현상으로 고착되었다. 여기에 거대한 사회·정치·경제의 위기가 도사리고 있다."

"이것이 바로 개혁 개방 이후 중국이 당면하고 있는 기본적인 현실이다. 이와 같은 사회 현실 속에서 중국 지식인들은 또다시 이상理想 파괴의 쓰라린 열매를 곱씹고 있을 뿐만 아니라, 심각한 생존 위기와 정신 위기의 수렁 속으로 빠져들고 있다."

"우선 생존 위기이다. 마오쩌둥식 전제주의 체제의 견지로 인해 중국 지식인들은 지금까지도 여전히 자유·독립을 전제로 하는 언론·사상·학문의 자유를 누리지 못하며, 모든 매스컴이 관방에 의해 심각하게 농단·통제당함으로써, 지식인들은 자신의 독립적인 목소리를 공개적이고 직접적으로 명확하게 표출하여 전체 사회와 정상적으로 소통하고 교류할 방법을 갖지 못하고 있다. 물론 매스컴에 대한 상품경제의 충격과 침투는 지식인들에게 모종의 기회를 제공하며 틈새시장을 열어주어, 당국의 통제에 반대하는 투쟁을 어느 정도 진행할 수 있게 해주기도 했다. 그러나 이것은 대단히 어려울 뿐만 아니라 매우 제한적인 싸움이기도 했다. 이러한 상황에서 언론·사상·학문의 자유에(이러한 부문에) 대한 지식인들의 요구는 나날이 절박해지고 있지만 보통 사람들은 그들의 절박한 심정을 충분하게 이해하지 못하고 있다. 대다수의 중국 일반 인민이 시급히 해결하고 싶어하는 문제는 바로 생존과 의식주에 관한 것이다. 그들에게 사상과 언론 자유의 문제는 결코 시급한 현안이 아니다. 지식인 스스로도 역사적 경험과 교훈에 비추어 안정적이고 내재적인 투쟁 요구를 추구하는 경향이 있고, 격렬한 수단으로 자유를 쟁취하는 것에 대해서는 심사숙고를 거듭하고 있으며, 사실상 지금 현실에서는 이를 위한 객관적인 조건이 갖추어져 있지도 못하다. 그리하여 중국 지식인들은 자유를 갈망하면서도 유력하고 유효한 투쟁 수단을 찾지 못한 채 심각한 고민에 휩싸여 있다. 바로 이 문제 때문에 중국 지식인들은 자신의 연약함과 무력함을 특히 더 절감하고 있다."

"그리고 시장경제가 모든 것을 휩쓸어가는 현실에서 지식인들, 특히 그들 중 인문학자들은 개혁 개방 초기, 사상 계몽 단계의 중심자 역할로부터 시대의 주변부로 밀려나게 되었다. 온 국민이 경제적 열기에 빠져든 시대적 조류 속에서, 인문학자들은 마치 한밤중 어둠 속에 놓여 있는 것처럼 관방이나 민간 가릴 것 없이 아무도 그들이 무엇을 생각하고 있는지 관심을 기울이지 않으며, 또 아무도 시대의 흐름에 맞지 않는 그들의 엄숙한 목소리를 들으려고 하지도 않고 또 들을 시간도 없다는 사실을 알게 되었다. 이러한 사회적 냉대로 인해 여전히 뜨거운 피로 나라와 인민을 사랑하는 지식인들은 매우 난처한 지경으로 빠져들고 있다. 그리고 고금리 통화팽창 정책의 추진에 따라 중국 지식인들, 특히 청년 지식인들은 직접적으로 의식주에 대한 위협을 느끼고 있다. 정치·경제 부문에 등장한 일부 졸부들과 비교해보면 이들은 심리적으로 매우 불균형한 상황에 처해 있다고 할 수 있다. 그리하여 한편으로 지식인들(특히 청년 지식인들)은 또다시 다가올 현실에서 정신의 진지를 견지하는 것이 옳은 것인가 그른 것인가, 또 견지할 수 있는가 없는가 하는 문제로 첨예하고 심각한 고민에 빠져 있다."

"다른 한편으로 시장경제의 법칙은 무자비하게 지식인의 정신 영역으로도 스며들어 지식인의 세속화 및 정신 자산의 상품화를 촉진하였고, 이에 따라 지식인의 정신적 위기가 더욱 심각한 지경으로 빠져들게 되었다."

이것은 매우 총체적인 정신 위기이다. 앞에서도 언급한 바 있는 자신의 상품화에 대한 위기를 제외하고도 나는 자신의 비평적 입장을 선택하고 확립하는 것이 더욱 중요하다고 생각한다. 그러나 그것은 매우 곤혹스러운 일이다. 이것은 주로 다음과 같은 몇 가지 입장으로 정리해볼 수 있다.

"첫째, 전술한 이상 상실, 도덕 악화, 사회 기풍의 독소화 현상에 따라 이상주의의 가치, 정신의 의의, 집체주의적 윤리관이 아직도 생명력을 갖고 있느냐의 문제가 다시 제기되었다. 그리고 광대한 노동자·농민의 생존 상황이 나날이 악화됨으로써 지식인과 노동자·농민 간의 관계 문제도 다시 제기되었다. 이처럼 역사 회고 과정에서 우리가 제기한 이상주의·낭만주의의 부정적 측면에 대한 비판을 통해 '목욕물을 버릴 때 아이와 물을 함께 버려서는 안 된다'는 경각심을 갖게 되었다. 그러나 다른 한편에서는 전술한 것처럼 이상주의와 전제주의가 표리를 이루고 있는 마오쩌둥 사상과 문화 체계가 명확하게 정리되지 않은 상황에서 사람들은 아주 쉽게 유일사상과 개인 희생을 바탕으로 하는 마오쩌둥 시대의 청교도식 사회에 대한 그리움을 품게 되었다. 이 때문에 물질 추구와 개인 이익 추구로 야기된 정신의 위기를 지나치게 강조하는 것은 오늘날 중국에서 물질적 욕망과 개인주의 정신이 발휘하고 있는 긍정적 의의를 무시·부정하는 방향으로 나아가게 하는 행위는 아닌지? 또 이상·정신·집체주의와 노동자·농민의 상호 결합을 새롭게 강조하는 것은 마오쩌둥 시대 및 오늘날의 중국에 엄존하고 있는 전제주의에 대한 묵인과 긍정을 초래할 수 있고, 이에 따라 마오이 즘의 권위 의식을 새롭게 회복하려는 권력자들의 통치·통제 노력 과 명확한 경계선을 긋지 못하는 결과를 야기할 수도 있는 것은 아 닌지?"

"둘째, 현재 중국의 경제·정치·문화 생활 속에 정도는 다르지만 상 당 부분 자본주의화가 진행되고 있다는 사실을 무시하거나 부정할 수 없다. 중국 사회 전체에 이미 일체화된 자본주의화가 진행되고 있다는 학설에 대해서는 아직도 토론의 여지가 있다. 따라서 필연 적으로 자본주의 문화와 자본주의 현대화 노선에 대한 비판 문제 가 제기될 수밖에 없다. 현재 자본주의 선진국들도 이 문제에 직면 해 있기 때문에, 이러한 국제 문화적 배경 하에서 중국 지식인들도 이 문제에 더욱 깊은 관심을 기울이며 사색활동을 강화하고 있다. 이 문제는 제기 자체만으로도 분명히 긍정적인 의의를 지닌다. 즉 서구의 현대화 노선을 미화하는 일부 지식인들의 환상을 깨뜨리는 데 도움을 줄 수 있고, 동양의 전제주의를 반성하는 부문에서도 긍정적인 영향력을 발휘할 수 있다. 뿐만 아니라 중국 지식인들이 중국의 현실 문제에 관심을 갖도록 일깨워줄 수 있으며, 이미 중국 에 출현한 자본주의화 문제에 대해서 회피하거나 관여하지 않거나 침묵하는 지식인들을 각성시킬 수도 있다. 그러나 서구의 모더니티 나 자본주의 문화에 대한 자본주의 선진국의 비판을 판에 박은 듯 이 옮겨오는 것은 위험한 일이다. 왜냐하면 중국 현실에는 바야흐 로 발전 중인 자본주의가 있을 뿐만 아니라, 전제주의의 기본 체 제도 더욱 심각한 형태로 남아 있기 때문이다. 한 젊은 학자는 나 와 통신하는 과정에서 이 문제를 토론하면서 다음과 같이 사람들의 주의를 환기시켰다. "어떤 것들이 서구에서는 엄중한 비판을 받아야 하지만 중국에서는 오히려 유효하게 작용할 수 있습니다. 혹은 중국에서는 반동적인 것으로 증명되었다 해도 서구에서는 오히려 효과적인 약효를 발휘할 수 있습니다." 그는 또 이러한 예를 들었다. "서구에서의 휴머니즘은 인간에 대한 관심에서 출발했지만, 인간과 자연의 주종관계 확립을 더 중요하게 다루었기 때문에 인식론 상으로는 이성주의와 과학주의의 확립에 불과하다고 할 수 있습니다. 이 때문에 서구에서의 휴머니즘은 일종의 모더니티로 작용하면서 일련의 가공할 만한 좋지 않은 결과를 낳았고, 이에 반드시 청산해야 할 대상이 되었습니다. 그러나 중국에서의 휴머니즘은 인간에 대한 관심에 더 큰 의미가 부여되면서, 점차 강권주의 정치에 대항하는 이념으로 작용하게 되었습니다. 그러므로 서구와 똑같은 방식으로 중국의 휴머니즘을 청산하는 것은 사실상 이론적 오류를 범하는 것이 됩니다." 나는 그의 이 경고가 매우 중요하며 소홀히 취급해서는 안 된다고 생각한다. 우리는 마오쩌둥이 오랫동안 서구식 현대화 노선에 반대하는 중국식 현대화 노선을 제창했다는 사실을 알고 있다. 이런 연유로 자본주의 선진국의 지식인들은 서구의 모더니티를 비판할 때 더러 마오이즘에서 이론적 근거를 얻기도 했다. 그러나 중국 지식인들 입장에서는 앞에서 서술한 마오쩌둥 사상 체계가 철저하게 정리되기 이전까지 그것에 대해 철저한 경계심을 가져야지, 전제주의로써 자본주의를 비판·대체해온 역사의 전철을 되밟아서는 안 된다."

"또 다음과 같은 사실을 명확하게 간파할 수 있어야 한다. 즉 그것은 중국 지식인의 곤혹스러움이 자본주의와 전제주의(사회주의 깃발을 내건)가 병존하는 중국의 현실에서 왔을 뿐만 아니라, 자본주의와 사회주의를 함께 부정하고 초월해야 하는 중국 지식인들의 욕망에서 왔다는 사실이다. 서구 자본주의 사회에 대한 그들의 불만은 필연적으로 서구 자본주의 문화와 가치관에 대한 회의와 부정으로 이어졌지만, 그들이 중국의 전제주의에 불만을 품고 그것을 비판할 때는 부득불 서구 자본주의 문화에서 도움을 받지 않을 수 없었다. 그들은 사회주의 기치 아래 서 있는 전제주의를 시급히 타도하고 싶어했지만 중국에서 전면적으로 자본주의를 시행하는 것에 대해선 그다지 기꺼운 마음을 갖지 않았다. 전제주의는 중국 지식인들에게 있어서 장기간 질릴 정도로 고통스럽게 경험한 체제였을 뿐만 아니라 앞으로 존속되기를 원치 않는 재난의 체제였다. 그러나 자본주의는 그들이 이제 막 경험하기 시작했고 앞으로 거기에서 발생하는 재난을 예견할 수 있는 체제였다. 물론 이러한 입장에서 이론적으로는 '사회주의와 자본주의의 장점은 모두 취하고, 그 단점은 모두 버리자'고 종합적인 이상을 제시할 수도 있을 것이다. 그러나 그런 이상을 실현할 수 있을 것인지? 또 어떻게 실현해야 하는지? 그리고 그것은 결국 유토피아적 환상은 아닌지? 이러한 모든 것이 문제라고 할 수 있다. 그리하여 사람들은 길도 없는 곳에서 방황하며 고민과 당혹감에 빠져들고 있다. 20세기를 시대순서로 쭉 관찰해보면 일찍이 사회주의와 자본주의 문화, 동양 문화와 서양 문화가 장기적으로 대립해온 사실을 알 수 있다. 아울러 이에 따라 자기가 선택한 문화를 절대화·이상화하는 갖가지 문화적 신화화 현상이 출현하였고, 그것은 결국 서로 다른 의식을 지닌 양대 진영이 끊임없이 대치하고 충돌하는 형국을 초래했다. 이와 동시에 20세기는 앞서 언급했듯 문화적 신화화 현상이 점차 소멸되어가는 시대이기도 했다. 세기말에 이르러 사람들은 마침내 사회주의 문화나 자본주의 문화, 그리고 동양 문화나 서양 문화를 막론하고 모두 서로의 찬란한 역사를 지니고 있으며 동시에 그 사이에는 심각한 결함과 위험성도 있다는 사실을 인정하게 되었다. 중국의 위대한 작가 루쉰은 가장 두려운 것이 "꿈을 깨고 난 후 가야할 길이 없"는 것이라고 했다. 지금 세기의 교차기를 맞아서 중국과 세계의 지식인들은 바로 이 사회주의와 자본주의 문화의 신화에서 깨어난 후 새로운 출구를 찾아가는 역사적 곤경에 직면해 있다."

"셋째, 중국 현실 속의 자본주의 문화에 대한 비판 임무를 제기하는 일은 자연스럽게 '중국에 있어서 마르크스주의의 생명력' 문제를 제기하는 일이 된다. 혹자는 이미 목전의 중국에 존재하고 있는 다양한 문화 사조 중에서 마르크스주의자의 공석 문제에 주의를 기울이며 이에 대한 의견을 제시하고 있다. 이러한 상황으로 인해 나는 또 루쉰의 다음과 같은 언급을 떠올리게 되었다. 루쉰이 말하기를 쑨중산孫中山(孫文)의 삼민주의三民主義 학설에 대한 갖가지 왜곡 현상이 나타난 이후, 진정한 삼민주의자들도 자신이 삼민주의자라는 사실을 인정하기를 수치스러워했다는 것이다. 1949년 이후 중국에서 마르크스주의자라는 명패는 일부 극좌파들, 즉 최악의 전제주의 옹호자들에 의해 독점되었다. 그들은 현재 진행되고 있는 문제 많은 개혁·개방 정책도 인정하지 않으려 하면서 수시로 중국에서 전제주의의 복권을 시도하고 있다. 중국 지식인들은 그들에게 강한 경각심을 가져왔다. 중국의 진정한 마르크스주의자들은 먼저 마르크스주의의 탈을 쓴 이들 전제주의자와 명확한 경계선을 그어야 한다. 동시에 자신에게 심각한 영향을 끼친 마오쩌둥 사상·문화에 대해서도 철저한 청산 작업을 해야 한다. 이것은 매우 힘들고 고통스러운 과정이므로 이들이 현재 일시적으로 침묵하고 있다 해도 이는 충분히 이해할 만한 일이다. 근래 중국에서는 일부 젊은 학자들이 서구 마르크스주의에 매우 짙은 흥미를 느끼고 있다. 그러나 그들은 경전적 마르크스주의에 대한 수양이 부족하고, 세계관도 아직 명확하게 형성되어 있지 않기 때문에, 새로운 이론으로 중국의 실제 문제를 해결하기 위해서는 일단의 과정을 거쳐야 할 것으로 보인다. 하지만 마르크스주의의 신학화·종교화 경향을 타파하는 것이 마르크스주의 자체의 해방이라는 사실은 추호도 의심할 바 없다. 마르크스주의는 앞으로 중국에서 과학성을 강력하게 갖춘 세계관과 방법론으로서, 또 자본주의에 대한 비판적 무기로서 반드시 그 생명의 활력을 다시 펼쳐 보일 것이다. 동시에 반드시 강조해야 할 것은 마르크스주의에 대한 새로운 긍정이 절대로 이미 사회주의 역사에 의해 소멸된 의식 형태 및 그 독단적 지위를 회복시키려는 것이 아니라는 점이다. 그것은 회복할 수도 없고 회복시켜서도 안 된다. 이 점에 대한 강조는 최소한 오늘날의 중국에서 그 현실적 의의가 대단히 크다."

"여기에서 다시, 중국에서 마오쩌둥 사상의 운명에 관한 문제를 언급하고자 한다. 마오쩌둥 사상에는 상호 모순적이고 상호 충돌을 일으키는 두 가지 측면이 포함되어 있다. 그 하나는 마오쩌둥이 당의 전면적 독재를 핵심으로 하는 국가 체제를 건설하고, 인간에 대한 전면적 통제와 개조를 통해 중국 인민을 최대한도로 조직화하여 현대 중국을 건설했다는 점이다. 다른 하나는 마오쩌둥이 자신의 천부적인 반체제적 성격에 입각하여, 끊임없는 혁명을 통해 대규모의 군중 계급투쟁을 전개하면서, 그의 관점에서 볼 때 나날이 자본주의화되어 가는 현실 체제를 부단히 쉬지 않고 격파하여 그의 유토피아적 꿈을 실현했다는 점이다. 이처럼 마오쩌둥 사상은 체제와 반체제를 동시에 건설하고 강화해온 이중성이 있다. 이로 인해 마오쩌둥 시대의 구체제를 전면적으로 복원하자는 역량, '중국 학문(마오쩌둥 체제)을 본체로 하고 서구 학문을 도구로 삼고 있는中學爲體, 西學爲用' 현체제의 유지 역량, 이들 사이에서 필연적으로 출현하게 된, 구체제와 현체제를 모두 반대하는 역량 등, 중국 사회에 현존하고 있는 각종 역량이 아마 모두 마오쩌둥에게서 서로의 이론에 상응하는 근거를 찾고 있을 뿐만 아니라 자신들이 필요로 하는 이론적인 역량을 흡수하고 있는 것으로 보인다. 현재 '마오쩌둥'은 중국 대륙의 기층 인민 사이에서 이미 재앙을 물리치고 복을 가져다주는 '신'으로 받들어지고 있다. 아마도 앞으로 중국의 사회 변동 과정에서 각종 정치 세력이 여전히 마오쩌둥의 깃발을 이용할 것이다. 사실 마오쩌둥의 사상·문화는 이미 몇 세대 중국인의 영혼에 깊이 스며들어 있을 뿐만 아니라 중국 현대 문화에서 무시할 수 없는 주요한 부분을 차지하고 있다. 이 때문에 현재와 미래의 중국 대륙을 진정으로 심도 있게 이해하기 위해서는 마오쩌둥 시대의 역사 존재와 그 영향을 절대로 에돌거나 피해갈 수 없다. 그것은 20세기 중국에 남겨진 가장 중요한 유산이다."

이상에서 서술한 20세기 중국 지식인의 생존 위기와 정신 위기에는 물론 나 자신도 포함되어 있다. 나의 사유 습관으로 인해 모든 외부의 사회·사상·문화 문제는 나 자신의 문제로 전환될 수 있는 것이다.

가장 우선적인 것이 바로 1990년대 중국에 출현한 사회·사상 문화·정신 위기 등의 문제이다.

내가 응당
무슨 책임을 져야 할까

이것은 전형적으로 '역사적 중간물' 의식을 드러내는 명제이다.

> "절대적 대립 속에서 자아와 타자의 뒤얽힘 현상을 발견해야 하고, 단선적으로 외부 세계의 타자를 비판하는 태도로부터 방향을 바꾸어 타자와 자아, 내부와 외부를 이중적·다중적으로 비판하는 태도를 보여야 한다."[13]

지식인은 **권력자의 지위를 갖고 있지 못했기 때문에** 표면적으로는 1990년대에 출현한 빈부 격차, 양극화 심화, 이상의 상실, 도덕의 악화, 사회 기풍의 독소화 등의 현상에 대해 아무 책임도 없는 것처럼 보인다. 그리하여 당연한 이야기지만 수많은 지식인이 이런 현상을 비판할 때 방관자적 자세를 취하거나 심지어 높은 곳에서 아래 세상을 굽어보는 모습을 보여왔다. 그러나 나는 이런 문제를 대할 때마다 방관자로서 평정 상태를 유지할 수 없었고, 언제나 '나도 그 속에 섞여 있었다'는 사실을 내 생각 속에서 떨쳐버릴 수 없었다. 이에 1980년대 개혁 개방 과정에서 나를 포함한 지식인들이 담당했던 역할을 깊이 반성하고 반추하지 않을 수 없었다.

앞에서도 언급한 바와 같이 1970년대 말 문혁이 막 종결되던 무렵, 나와 나의 구이저우 친구들은 서로 다른 선택을 했다. 어떤 친구는 체제 속으로 들어가서 개혁을 추진하였고, 어떤 친구는 체제 밖의 **민간 민주운동**(민간 속의 노력)을 견지했다. 말하자면 당시에 중국의 개혁은 두 가지 방향과 사유에 의해 추진되고 있었다. 즉 체제 내에서 이루어진 위로부터의 개혁운동과 체제 밖에서 이루어진 아래로부터의 **민간 민주운동**(민간 속의 노력)이 그것이다. 우리는 당시에 이 두 가지 운동(부문)이 상호 보완적이면서도 서로 견제하며 긍정적인 주고받기가 가능할 뿐만 아니라 또 그것이 가능해야 한다고 생각했다. 그러나 역사 발전의 결과는 후자가 압살당하는 쪽으로 흘렀고(오히려 이와 같지 않았고), 중국의 개혁은 **집권자의 의지에** 의해 결정되어 국가에 의해 주재되는 위로부터의 단선적 운동이 되고 말았다. 중국은 결국 권위주의적이고 국가주의적인 개혁 노선을 걸을 수밖에 없었다. 바로 **민간 운동**(민간 속 노력)의 보완·견제·압력이 결핍되어 있었기 때문에 중국은 '경제는 개방되었지만 정치 제체의 개혁은 심각하게 정체되는(기타 부문의 개혁은 정체되고)' **기형적인 개혁 노선으로 치닫고** 말았다. 이 점이 바로 경제는 발전하고 있는데도 **사회적·정신적** 부문에서는 심각한 위기가 발생하는 근본 원인이다. 문제는 체제 내로 진입한 우리 지식인들이 역사가 전환되는 이 중요한 시기에 사실상 민간 운동에 대한 압살을 묵인하고 당국과 모종의 타협을 하고 있었다는 점이다. 적어도 1980년대 초기와 중기에 중국의 주류 지식인들은 무조건 당내 개혁파를 지지하면서, 기본적으로 권력자들의 지위에 의지했다. 이런 의미에서 중국의 단선적인 개혁 구조는 중국의 주류 지식인들의 지지와 참여 속에서 형성된 것이다. 이것이 바로 '나도 그 속에 섞여 있었다'고 말한 의미이다. 이로 인해 야기된 부작용은 1990년대 중후반에 이르러서야 문제의 심각성을 드러냈고, 나는 그제야 그 점을 의식하고 마음속으로 침중한 반성에 젖었다.

물론 이러한 상황이 1980년대 말부터 조금씩 바뀌면서 지식인들이 모종의 독립성을 표현하기 시작하였고, 아울러 다시 아래로부터의 민간 운동 추진도 시도하였지만, 결국 이들의 운동은 이전과 마찬가지로 당국에 의해 압살되고 말았다. 1990년대 초에 중국의 개혁은 더욱 기형적으로 변해가면서(배회하는 모습을 드러냈고) 정치 체제의 개혁은 전면적으로 후퇴하고 말았고, 그 부작용도 점점 뚜렷하게 나타나기 시작했다. 역사적으로 매우 중요한 이 시기에 이르러 중국 지식인들은 다시 인문정신 실종 현상에 대해 가장 큰 관심을 기울이게 되었다. 지식인들의 이와 같은 비판적 관심은 전체 사회의 기풍이 현실과 유리되고 정치와 유리되는 상황에서 매우 긍정적인 의의를 지니는 것이다. 그러나 이와는 대조적이게도 지식인들은 이와 동시에 발생한 양극화 현상, 즉 노동자·농민들의 생존 상황이 급속히 악화되는 현상에 대해서는 매우 둔감한 반응을 보이면서 지식인들 자신이 주변화되는 현상에 대해서는 아주 민감한 반응을 보였다. 이에 따라 지식인들은 다소간 자기 연민과 자기 사랑(나르시시즘이라는 병리 현상)을 드러내게 되었다. 어떤 의미에서는 이러한 주변화가 지식인 자신들이 초래한 것이라고 말할 수도 있다. 나는 여러 편의 글에서 나를 포함한 지식인들의 현실 상황에 대해 다음과 같이 반성한 적이 있다.

"1980년대에서 1990년대에 이르는 중국의 사회 정치 문화 사조 및 중국 지식인들의 언행을 회고해보면 '보수'를 견지해야 할 때는 '급진'적이었고, '급진'을 고수해야 할 때는 '보수'적이었다. 따라서 중국의 미래 발전 과정에서 지식인들은 모두 무능력한 지위에 처하거나 심지어 상황이 더욱 나빠져서 계속 대중에게 총애를 구걸하는 코미디언 같은 역할만을 맡게 될 것이다."[14]

"바로 이 10년 동안 중국 지식인들은 시종일관 자기 연민과 자기 사랑(나르시시즘)에 빠져서 사실상 이미 중국의 대다수 민중에게서 이탈하였고, 현실 생활의 문제에 대해 반응하려는 욕구와 능력조차 상실하고 말았다. 이에 장래에 중국에서 어떤 일이 일어나더라도 지식인들은 아무 감정 없이 상황을 포기하고 말 것이다. 이러한 태도는 아마도 바꿀 수 없는 추세로 굳어져가는 듯하다. 그러나 그 결과는 중국 지식인 계층의 비극으로만 끝나지 않을 것이다."[15]

세기말에 이르자 사실상 중국 지식인들은 이익만을 추구하는 추세 속에서 이미 심각한 분화 현상을 겪고 있다. 중국 체제는 지식인들을 적극적으로 흡수하는 정책을 시행하고 있을 뿐만 아니라 점진적으로 '엘리트에 의한 통치'를 지향하고 있다. 이 때문에 일부 지식인들은 기득권 집단의 대변인 역할을 하고 있고, 다른 일부 지식인들은 앞에서 언급한 새로운 과거제도의 소굴로 빠져 들어가서 자발적으로 통제를 당하면서도 어느 정도 자신들의 이익을 챙기는 데 급급해하고 있다. 따라서 일정한 범위에서 이들은 자식인의 독립적인 비판성과 창조성을 약화시키거나 심지어는 상실하게 하는 행위를 서슴없이 저지르고 있다. 이제 중국 지식계층의 주류파와 사람들이 말하는 '포스트 강권 시대'의 체제는 이미 혼연일체가 되어 떼려야 뗄 수 없는 관계가 되었다.

나와 체제의 관계를 반성하다:
'소속'과 '무소속'의 곤혹

        나처럼 체제 내에 소속되어 있으면서도 어느 정도 비판적인 입장을 견지하고 있는 지식인들은 근래 극심한 곤경에 빠져들고 있다. 당연한 이야기지만 체제 내에서 모종의 이익을 향유하는 처지에서는 체제의 얽매임에서 벗어날 방법이 없기 때문이다. 그러나 **사상적으로는 체제와 일체를 이루지 못하고** 자각적인 비판의식을 갖고 있으므로 **체제에 의해 용납되지 못한 채** 늘 주변부를 떠돌고 있다. 이처럼 '소속'에서 '무소속'을 느껴야 하는 상황은 전형적인 '역사적 중간물' 의식의 특징이다. 이에 불가피하게 다방면으로부터 압력을 받을 수밖에 없다. 집권자의 관점에서 볼 때, 이것은 '고기 요리를 잘 먹고도 그것을 만든 어머니를 욕하는' 가증스러운 상황에 불과할 것이다. 그러나 권력자의 참모나 이론가의 역할을 감내하는 지식인 입장에서는 자신의 언행이 권력자를 위한 인기영합적 처신에 불과하기 때문에, 스스로 견디기 힘든 상황에서 가증스러운 마음을 가질 수밖에 없고 심지어 자신에 대한 가증스러움이 갈수록 심해진다. 루쉰은 일찍이 독일 마르크스주의 이론가 프란츠 메링Franz Mehring의 관점을 인용하여 다음과 같이 서술했다. "침몰해가는 구사회에서 만약 어떤 사람이 그곳의 주류와 서로 다른 의견을 지니고 있거나 혹은 딴마음을 품고 있다면 그는 틀림없이 엄청난 고난에 시달릴 것이다. 그를 가장 사납게 공격하는 사람은 그와 동일한 계급에 속한 사람이다. 그들은 그가 가장 가증스러운 반역자이고, 다른 계급의 반역 노예보다 훨씬 더 가증스럽기 때문에 반드시 제거해야 한다고 주장한다."[16] 체제의 탄압을 받는 모종의 사람들, 그중에서도 특히 사회적 약자의 대변인으로 자처해온 일부 지식인들의 관점에서 보면 체제 내의 모든 사람은 가증스러운 죄를 범하고 있고, 그들이 행하는 비판이라는 것도 연기에 불과할 뿐만 아니라 사기성이 매우 농후하므로 더욱 가증스럽게 느껴지는 것이다. 이처럼 서로 다른 각도와 서로 다른 입장으로 바라보면 '역사적 중간물'로서 지식인들은 모두 앞에서 말한 '가증스러운 죄악'에서 벗어나기 어렵다. 그들을 옭아매는 그물 속에서 그들은 엄청난 스트레스를 받고 있는 것이다. 그러나 나의 입장에서는 이러한 스트레스를 기꺼이 감내하고 있다. 내가 항상 말하는 것처럼 이것은 숙명이기 때문이다. 내 스스로 이미 이러한 선택을 했고 이로 인해 어떤 생명의 가치를 얻게 되었다면(이것이야말로 내가 가장 중시하는 것이다), 모름지기 이러한 대가를 지불하는 것도 당연한 일이라고 할 수 있다.

　진정한 스트레스는 여전히 나 자신에 관한 문제이다. 나는 한 학술토론회에서 다음과 같이 진술한 적이 있다.

　　"모든 외부의 암흑은 내면의 암흑으로 전환되어 근본적인 초조감과 곤혹감을 가져다줍니다. 나는 이미 주위의 세계를 해석할 능력도 없고 명확한 판단을 내릴 능력도 없습니다. 그리고 우리는 또다시 줄서기를 요구하는 시대에 살면서 항상 사람들에게 '찬성'이냐 '반대'냐에 대해 명확한 태도를 표명할 것을 요구합니다. 나의 반응과 태도는 곧잘 복잡한 양상을 드러내기 때문에, 그 입장 또한 모호한 모습에서 벗어나기 어렵습니다. 아마도 이것에 대해 찬성[반대]하지 않으면서 저것에 대해서도 찬성[반대]하지 않고, 할 수 있는 모든 말을 다 동원하기 때문에, 모든 사람의 '공적公敵'이 되어, '쓰러져서도 힘든 싸움'을 계속할 수밖에 없는 것입니다. 그러나 실제로 내가 도대체 무엇에 찬성하고 무엇을 주장하는지는 나 자신도 명확하게 알 수가 없습니다. 나는 다만 이러저러한 일을 '해서는 안 된다'는 것만 말할 수 있을 뿐, 어떤 일을 '해야 하는가'라는 문제에 대해서는 백지 답안을 제출할 수밖에 없습니다. 또 사실대로 말하자면 나는 나 자신의 입장과 태도에 대해서 매우 회의적인 생각에 젖어 있습니다. 그리하여 내게는 말없는 언어만 남겨져, 침묵으로 일관할 수밖에 없습니다."17

바로 이와 같은 상황과 심리적 배경 하에서 나는 루쉰이 『들풀』 「제사題辭」에서 "나는 침묵할 때 충실함을 느낀다. 나는 입을 여는 동시에 공허함을 느낀다"라고 말한 구절과 「퇴폐선의 진동頹敗線的顫動」에서 '말없는 언어無詞的言詞'라고 표현한 구절에 강렬히 공감하고 다음과 같이 새로운 이해와 해석을 해보았다. "여기에 반영된 '전사戰士'는 현실세계와의 감정관계가 대단히 복잡하다. 버려진 이단아로서 전사는 당연히 이 사회와 결별하려고 하면서 가슴 가득히 '복수' '섬멸' '저주'의 욕망을 품고 있다. 그러나 그는 또 모든 감정의 연결고리를 끊을 수가 없어서, '미련' '애련' '양육' '축복'의 감정을 벗어던지지 못하고 있다. 이러한 모순된 감정의 뒤얽힘 뒤에 한층 더 모순적이고 곤혹스러운 상황이 감추어져 있다. 사회가 그를 버렸을 뿐만 아니라 그 스스로도 사회를 거부하고 있다. 이런 의미에서 그는 이미 이 사회 체제에서 '무소속'의 신분이라고 할 수 있다. 그는 이러한 체제 속의 어떤 언어로도 자신을 표현할 수 없고, 또 표현하고 싶어하지도 않는다. 그러나 사실상 그는 아직 이 사회에 '소속'된 신분임을 부인할 수도 없다. 사회적 관계에서나 감정의 관계에서나 그는 이 사회와 뒤엉켜 있다. 따라서 그가 입을 열고 말을 하게 되면 아마도 이 기성사회의 경험과 논리 그리고 언어 속으로 빠져들게 되고, 그러면 언어로 표현할 수 없는 곤혹에서 벗어날 방법이 없어서 결국 실어 상태에 처할 수밖에 없는 것이다. '그리하여 그는 두 손을 높이 들고 하늘을 향하여 인간과 짐승의 언어, 인간 세상에는 없는 말없는 언어無詞的言語를 내뱉고 있었다.' 이것은 또한 매우 심각하면서도 비극적인 '무無'의 선택이다. 현실 인간사회의 언어로는 자신을 표현할 수도 없고, 또 표현하기를 거부한 채 오직 '인간 세상에는 없는 말, 말없는 언어'로만 자신을 표현하고자 하는 것이다. 진정으로 독립적이고 비판적인 지식인의 참된 목소리는 침묵의 언어 속에서만 구현될 수 있다."

뿐만 아니라 나는 또 루쉰의 「길손過客」을 다음과 같이 해석했다. "그러나 길손은 앞에서 부르는 그 소리를 외면할 수 없었다. (…) 그것은 그의 내재적 생명의 '절대 명령'이었다.—앞을 향하여 나아가라. 모든 것을 회의할 수 있지만, 한 가지 회의할 수 없는 것이 있다. 앞을 향해 나아가는 것이 그것이다. 나아간 결과가 어떠한지, 어떻게 나아갈지에 대해서는 토론해볼 일이다. 그러나 토론의 여지가 없는 것이 한 가지 있다. 나아가야 한다는 사실이 그것이다. 이것은 생명의 '마지노선'이다. 이것만큼은 반드시 지켜내야 한다."[18]

223

지식인이란 무엇인가
내 정신의 자서전

현실과 마주하고
어떤 가치의 이상을 세워야 하나

    20세기 말과 21세기 초의 중국에 살면서 나는 항상 루쉰이 쉬광핑許廣平에게 써준 편지에서 언급한 말을 떠올리고 또 그 말을 연설할 기회가 있을 때마다 청중에게 이야기하곤 한다. 인생길에서 갈림길과 막다른길을 만났을 때, "전진할 수 있을 것으로 보이는 길을 선택하여 다시 걸어가야 한다."[9] 이 일단의 시기에 많은 젊은이가 나와 신앙 문제를 토론했다. 나도 지금 중국이 문화 재건 문제에 직면해 있고, 문화 재건의 핵심은 바로 신앙의 재건이라는 사실을 잘 알고 있다. 그러나 나는 또 이 일이 결코 하루아침에 이루어지는 것이 아니기 때문에, 아직 새로운 신앙을 갖기 전에 적어도 자신이 신복할 수 있는 가치의 이상을 탐색하고, 아울러 자아가 중국이나 세계의 현실에서 발 디딜 수 있는 입각점을 찾아보는 것도 괜찮은 일이라고 생각한다. 이것이 아마도 '전진할 수 있을 것으로 보이는 길'일 것이다.

    그리하여 나는 또다시 루쉰에게서 내 정신의 자원을 찾게 되었다. 1995년과 1997년에 나는 두 편의 중요한 글을 썼다. 바로 「여러 가지 현대화 문제에 대한 루쉰의 역사적 응답魯迅對現代化諸問題的歷史回應」, 「루쉰과 20세기 중국魯迅與二十世紀中國」이란 글이다.[10] 이 두 글의 배후에 깔려 있는 문제의식도 중국 현대화 노선을 둘러싸고 1990년대 중국에서 야기된 문제에 대한 역사적 반성과 검토이다.

루쉰의 '참인간 세우기'
사상에 대한 재발견

20세기 초 루쉰이 제기한 '참인간 세우기立人' 사상을 나는 바로 위와 같은 관조 속에서 재발견하였고 아울러 이에 대해 다음과 같이 자세하게 설명했다. "루쉰은 당시에 어떻게 중국의 '근세문명'(지금 우리가 말하는 '현대화' 노선)을 건설할 것이라는 역사적 과제에 직면하여 서구의 '현대화 노선'을 전반적으로 옮겨오는 명쾌하고 간단한 방법을 취하지 않고, 분석적인 방법을 사용했다. 이에 따라 그는 불가피하게도 복잡하고 심지어 모순되는 태도를 보여줄 수밖에 없었다. 그는 「문화편향론文化偏至論」, 「과학사교편科學史教篇」, 「파악성론破惡聲論」 등의 글에서 서구 산업문명의 기본 명제인 '물질·과학·이성·민주·평등' 등의 요소를 과학사와 인간의 역사 및 서구 사상문화 발전사에 위치시키고 역사적 고찰했다. 한편으로 전술한 명제가 서구 사회의 진보를 촉진시킨 역할에 대해서는 충분히 긍정적인 평가를 내렸다. 루쉰의 관점에서는 이런 것들이 모두 중국 전통사회와 전통문화에는 결핍된 것이기 때문에 아주 큰 본보기 역할을 할 수 있는 것으로 여겨졌다. 그러나 다른 한편으로 루쉰은 또 거대하고도 부인할 수 없는 가치의 배후에 그와 동일한 위기가 감추어져 있다는 사실을 명확하게 지적했다. 즉 물질문명에 대한 추구가 혹 물질숭배로 발전하면 결국 '수많은 중생이 물질에 의해 가려져서 사회는 피폐해지고 진보는 중단되는' 심각한 결과를 초래할 수 있다는 것이다. 같은 논리로 만약 '과학을 종교로 삼으면', '인생은 반드시 메마른 적막 속으로 회귀하게 되고, 이런 상황이 오래되면 아름다운 정감은 사라지고, 명민한 사상도 소실될 것이며, 소위 과학이라는 것도 무無의 상태로 되돌아가게 된다'는 것이다. 루쉰은 또 다음과 같은 경고를 했다. 만약 민주를 '많은 숫자'(다수결, 인민, 군중 등등)에 대한 숭배로 변질시키면 필연적으로 역사의 우리에 갇힐 것이다. '한 사람이 다수를 제압하는 것이 옛날 제도라면, 다수가 한 사람을 학대하는 것은 오늘날의 제도'라고 할 수 있다. **따라서 이 두 가지는 전제주의·폭압정치라는 본질에서는 전혀 변화가 없는 것이다.** 만약 사회평등 사상을 '천하 사람을 하나로 일치시킨다'라거나 '풍속·습관·도덕·종교·일상 언어'를 아무 차이가 없게 일치시키는 단순한 '무차별 사상'으로만 이해한다면 그 결과는 반드시 '높은 곳을 깎아내서 낮은 곳도 채우지 못하는 형편이 될 것이니, 진실로 사회의 수준이 대동의 단계에 이르렀다 해도, 틀림없이 이전 시대의 진보했던 수준보다 낮은 단계로 떨어질 것이다.'" 루쉰의 이러한 분석은 모두 매우 예리하여 사람들의 의식을 맑게 일깨워준다. 그러나 내가 더욱 흥미를 느끼고 깨우침을 받은 것은 오히려 루쉰식의 사유 방식이다. "그는 어떤 단일한 명제를 한 번도 고립적으로 고찰하지 않고 언제나 관심과 문제 제기 및 이것에 대립되는 안티테제를 동시에 제기하여, 테제와 안티테제의 대립 속에서(예컨대 '과학'과 '신앙(비과학)', '이성'과 '비이성', '물질'과 '정신', '군체·다수의 민주'와 '개체·소수의 자유', '평등'과 '차별·**불평등**' 등등) 변증법적 사고를 계속했다. 그러나 그는 한 번도 테제와 안티테제의 대립을 절대화시키지 않고, 일방적으로 절대화된 어떤 긍정적 또는 **부정적 가치 판단**에 대해서도 언제나 그것을 긍정하는 동시에 의문을 제기하였고, 또 의문을 제기하는 동시에 긍정의 태도를 보였다. 이러한 이중 긍정과 이중 부정의 입장·태도로 인해 그의 가치 판단은 상대성의 특징이 아주 강하게 드러나고 있다. 그러나 그는 한 번도 절충적인 진테제Synthese를 추구하지 않았다." 루쉰은 테제와 안티테제 사이의 모순을 두루뭉술하게 깎아 없애려 하기보다 테제와 안티테제의 대립면을 직시하는 동시에, 자신의 선택에서 드러나는 모순과 곤혹도 절대 회피하려 하지 않았다. 그의 사상에는 자신이 이미 긍정과 의문 속을 왕복[반복]하면서 테제와 안티테제의 외재적 모순을 자아정신으로 내재화한 데서 오는 모순과 고통도 깊이 있게 반영되어 있다. 그리고 한 개체로서 그 자신의 마지막 선택도 결국 편향된 것이었고, 그는 개체의 정신 자유를 더욱 강조했다. 그러나 이러한 강조 가운데도 모순이 가득 차 있다. 그는 세상 사람들에게 전혀 편파적이지 않고, 전혀 모순되지 않고, 전혀 결함 없는, 완벽한 구제 방법을 한 번도 제시하지 않았다. 그는 아마도 보통의 개인이 걸어갈 수 있는 길을 찾으려고 했던 것 같다. 즉 다른 사람의 입장에서는 '되는 대로 말하고, 제 마음 대로 듣는 것'에 불과한 것으로 인식될 수도 있었다. 그러나 바로 이와 같은 이중적이고 회의적인 사유 방식과 자아 판단의 상대화·개인화로 인해 불가피하게 드러나는 우유부단한 태도는 목전에 중국과 세계 문제[심지어 학술 문제]를 마주할 때 내가 받아들일 수 있는 사유 방식과 태도였다.

이 때문에 "중국의 '근세문명[현대화 노선]'에 대한 루쉰의 설계에는 다음과 같은 두 가지 모순적 측면이 모두 포함되어 있다. 즉 루쉰은 민족주의 입장에서 출발하여 '새로운 나라 건설立國'을 강조했다. 오늘날의 용어로 말하자면 독립·통일·민주·부강을 지향하는 현대적 민족국가를 건설하여 '예전에 없었던 웅혼한 기세로 천하에 홀로 우뚝하게 군림하게 하자'는 것이었다. 그러나 루쉰은 또 이 같은 현대적 민족국가가 반드시 '사람의 나라人國'가 되어야 함을 강조했다. 즉 '참인간 세우기'를 그 전제와 기초로 해야 하는데, '참인간 세우기'의 요점은 '개성을 존중하고 정신을 확장하는 데' 있다는 것이다. 루쉰은 단순하게 '부유함을 문명으로 삼거나', '철도와 광산[즉 과학기술—인용자]을 문명으로 삼거나', '우중 정치[즉 타락한 민주 정치—인용자]를 문명으로 삼아서는' 안 된다는 의견을 명확하게 나타냈다. 아울러 그는 반드시 인간[우선 개체로서의 인간]의 정신 자유를 중국 현대문명의 기본 지표로 삼았다." "이와 같이 제기된 중국의 현대화 목표[정확하게 말하자면 일종의 이상]가 매우 중요한 의미를 갖는다는 것은 의심할 바 없다. 특히 더욱 주의할 만한 것은 개체의 정신 자유를 주장하는 루쉰의 사상에도 쌍방향의 비판성이 갖추어져 있다는 점이다. 그것은 우선 중국 전통문명 속의 전제주의를 비판함과 동시에 앞서 언급한 서구 산업문명의 온갖 폐단에 대해서도 날카로운 비판을 보내고 있다. 루쉰은 일찍이 「문화편향론」의 결론 부분에서 중국의 전제주의를 총괄적으로 '본체의 자발적인 편벽함'이라고 칭하였고, 서구 산업문명에 대해서는 '편리한 교통이 전해준 새로운 역병'이라고 칭하면서 이 두 가지를 깡그리 '질병'이라고 병칭했다. 이러한 태도는 매우 의미심장하다. 이러한 태도는 루쉰을 포함한 중국 현대 지식인들이 시종일관 전통적 전제주의와 서구 현대문명의 병폐에 대해 의심과 우려를 품고 있었고, 이러한 심리적 부담이 중국의 현대화 노선에 대한 그들의 사고와 선택에 커다란 영향을 끼쳤음을 드러내주고 있다.[11]

이 때문에 루쉰의 '참인간 세우기' 사상의 의의는 결코 그가 어떤 현대화의 모델을 제시했다는 데 있지 않다. '참인간 세우기'에서 '새로운 나라 건설'로 나아가는 루쉰의 노선에는 계몽주의와 이상주의 색채가 뚜렷하게 새겨져 있고, 어떤 의미에서는 유토피아적 이상과 목표가 담겨 있으며 심지어는 일정 정도 피안적彼岸的 요소까지 포함되어 있다. 따라서 인위적인 조작은 스며들 여지가 없었던바, 이는 본래 루쉰이 자신에게 사적으로 제기한 임무가 아니었기 때문이다. 또한 루쉰의 '참인간 세우기'와 '새로운 나라 건설'이라는 이상에는 분명히 '개인 본위'와 '국가 본위'의 모순이 들어 있다. 어떤 면에서 이러한 모순은 오늘날에도 우리가 직접 당면하고 있는 문제인데, 이는 어쩌면 인간 본성의 개체성과 군체성에 뿌리를 둔 근원적인 모순이라고도 할 수 있다. 루쉰이 우리에게 밝혀준 계시는 바로 이러한 모순, 즉 **전술한 전통적 전제주의와 서구 현대문명의 병폐에 대한 이중의 우려를** 직시하면서 그 직시 속에서 새로운 길을 찾아야 한다는 점이다.

루쉰의 '참인간 세우기' 사상의 최대 가치는 현실사회의 병폐에 대한 무정한 폭로와 그 속에 포함된 강력한 비판 역량이다. 나는 그 가운데서 루쉰이 20세기 초에 이미 제기한 두 가지 병폐에 대한 위기를 짙게 느낄 수 있었으며, 아울러 거의 한 세기 동안 지속된 중국 현대화 노선에 대한 회고와 반성도 수행할 수 있었다. "아편전쟁 이후 서구 식민주의 침략에 직면하여, 낙후된 중국을 어떻게 서구 선진국가 수준으로 끌어올리고, 독립·통일·부유함을 갖춘 현대적 민족국가를 어떻게 신속하게 건설할 것이냐 하는 것이 한 세대 또 한 세대 중국 현대 지식인들의 분투 목표가 되었다. 그것은 또한 지금까지도 중국인들이 벗어나지 못한 소위 '따라잡기 콤플렉스'로 정착했다. 사실 우리는 오늘날에도 우리의 전제로 작용하고 있는 '따라잡기 콤플렉스'에 대해 의문을 제기해야 한다. (…) 이어진 문제는 또 어떻게 '따라잡기'를 실현할 것인가 하는 것이었다. 가장 쉽게 생각할 수 있는 길은 바로 국가와 정치의 강력한 권력을 이용하여 전 국민을 조직함으로써 최대한의 사회 총동원 및 국민 사상과 행동의 일체화를 실현하는 것이다. 그런 후 역량을 집중하여 국가 대사를 쉽게 처리하고 국가의 현대화 건설을 추진해나간다는 것이다. 부국강병 논리에 입각한 이 같은 국가주의 노선은 강렬한 민족주의 정서를 갖고 있는 후진국 지식인들에게 상당히 매력적인 이론으로 작용했다. 그러나 이 국가주의 노선은 개인의 독립과 자유를 희생하여 소위 민족국가의 '전체 이익'에 절대적으로 복종시키는 것을 전제로 삼고 있다."112 부국강병을 목표로 하는 이 국가주의 현대화 노선은 그 작동 방식에 있어서 19세기 말 양무운동에서 시작된 '중체서용中體西用'의 논리와 동일하다. 즉 권력 집중의 체제[강권정치 체제] 하에서 사회동원 역량을 충분히 발휘하여 서구에 대한 기술 모방을 통해 고속 경제발전을 실현하자는 것이다. 물론 이 노선이 특정 시기와 특정 조건 아래에서 고속 경제발전을 촉진하고 국가의 독립과 통일을 실현했다는 점은 인정해야겠지만, 그 내면에 도사리고 있는 위험성도 분명하게 인식해야 한다. 말하자면 인간 개체의 정신 자유를 희생시켰을 뿐만 아니라 서구 과학기술 도입이 필연적으로 초래할 서구 문명의 병폐[루쉰이 극히 경고해 마지않았던 병폐]를 범람하게 했다. 이는 또 다른 측면에서 인간 개체의 정신 자유를 제한[압살]하는 방법이었다.

　여기에서 우리는 루쉰에게 있어서 '참인간 세우기' 사상이 국가의 현대화[즉 그가 말한 근세문명]를 실현하는 목표임과 동시에 그가 추구하는 가치의 이상이었음을 간파할 수 있다. 나는 이 점을 더욱 중시한다. 『루쉰과 20세기 중국魯迅與二十世紀中國』에서 나는 현대 사상가로서의 루쉰에 대해 다음과 같이 진술했다. 그는 "시종일관 '인간'이라는 이 중심축을 단단히 틀어쥐고 있었다. 그가 가장 관심을 기울인 점은 중국 사회구조와 중국 역사 속에서 인간이 처했던 지위와 진정한 처지였다. (…) 루쉰의 관념 속에서는 '인간을 인간으로 대하는지' 아니면 '인간을 노예로 만드는지'가 전통사회[역사·문화]

와 현대사회[역사·문화]를 구분하는 기본적인 가치 표준이면서 척도였다." 따라서 "인간 개체의 독립 및 자유정신에 대한 갈망과 인간 노예화의 위험성에 대한 경고가 바로 루쉰 사상[심리·정감]의 양대 기본 원칙인 셈이다." 그리고 이 두 가지 점이 바로 그의 '참인간 세우기' 사상의 정正과 반反 양 측면이었다. "루쉰은 또 이로부터 특수하고 민감한 초점 하나를 만들어냈다. 즉 인간의 노예화를 다시 초래할 수도 있는 모든 위험성에 대해서 루쉰은 고도의 경계심을 드러내면서 강렬한 반응을 나타내고 있다." 앞에서도 서술한 것처럼 서구 문명의 병폐에 대한 루쉰의 비판은 사실 한 가지 점에 집중되고 있다. 그는 인간이 물질의 노예, 과학기술의 노예, 우중愚衆의 노예가 되어가면서 '새로운 노예의 재생산·재건축'이 이루어지고 있다는 점을 발견했다. 뿐만 아니라 그는 "거의 모든 분야에서 이러한 관계가 계속되고 재생산되고 있음을 발견했다." 루쉰은 또 다음과 같은 공포에 젖기도 했다. "나는 혁명 이전에는 노예로 살았지만, 혁명 이후에는 오래지 않아 노예로서의 기만을 당하면서 그들의 노예로 변모했다." 이에 1925년 루쉰은 "나는 모든 걸 또다시 시작해야 한다"는 결론을 내렸다. 이어서 10여 년 동안 분투했지만, 루쉰이 이 세상을 떠난 1936년까지 직면했던 것은 여전히 잘못된 역사의 순환이었다. 이에 그는 노예를 부리는 모든 주인과 노예제도에 봉사하는 모든 변호사를 한 사람도 용서하지 않겠노라는 유언을 남겼다. 이것도 "모든 걸 또다시 시작해야 한다"는 외침이었다. 내가 보기에 "루쉰의 '참인간 세우기' 사상과 이 같은 결사항전, 백절불굴의 고집스런 추구 및 분투정신이야말로 끊임없이 분투하고 또 끊임없이 좌절하면서도 여전히 몸부림치며 투쟁하고 있는 민족 역사 정신의 결정이라고 할 수 있다."

한 세기 동안 지속된 이와 같은 정신 유산에 직면하여 나는 심

231

령의 격동에 전율하지 않을 수 없었다. 왜냐하면 루쉰 서거 60주년 이나 되는 20세기 말에도 "한 세기를 총결하면서 여전히 루쉰이 당시 제기한 그 언급들이 문제가 될 것이기 때문이다. (…) 역사는 또한 차례 무정하게 순환하였고 우리는 또다시 원래의 출발점으로 되돌아왔다. (…) '모든 걸 다시 시작해야 한다.'"[113] 내 인생의 여정이 60번째 지점에 도착했을 때 나는 마침내 다음과 같은 깨달음을 얻었다. "10여 년의 고통스러운 탐색과 체험을 통하여 루쉰의 '참인간 세우기' 사상은 이미 나에게 외면의 이성적 인식으로부터 내면적 생명 추구로 점점 체화體化되어가고 있었다. 따라서 이 과정은 나 자신에게 있어서 '마음의 평안을 얻고 천명을 깨닫는安心立命' 과정이었다. '개체의 정신 자유'를 내가 궁극적으로 추구해야 할 목표로 확정한다는 것은 중국 현실 변혁운동 과정에서 사상 문화적으로 철저한 비판적 입장을 견지함을 의미한다. 즉 모든 노예제도와 노예 현상을 흔들림 없이 폭로하고 비판하면서, 모든 사람[특히 지식인]이 지니고 있는 각종 형태의 노예성을 폭로·비판하고, 아울러 자신이 이미 드러내고 있거나 드러낼 가능성이 있는 노예성과 타자에 대한 억압적 경향을 비판·폭로하자는 것이었다."

이처럼 나 자신이 받아들일 수 있는 가치관적 이상과 입장을 확정하고 나서도 나는 다음과 같은 한계점을 망각하지 않았다.

"나는 나의 이 선택에 포함된 계몽주의·이상주의적 색채를 부인할 생각은 없다. 그러나 동시에 여기에는 계몽주의와 이상주의가 초래할 수 있는 전제주의에 대한 경고와 비판도 포함되어 있다. 그리고 또 다른 측면으로는 나 자신이 선택한 개인성과 유한성에 대해서 맑은 성찰과 자각도 하고 있다. 즉 '개체의 정신 자유'는 단지 나 자신이 체득한 궁극적인 목표일 뿐, 다른 사람[나의 독자·제자·후

대 사람을 포함하여]에 대해서는 어떤 모범적인 의미도 지니지 않는다. 이것은 나 자신에게만 진정한 의미를 갖는다. 이것은 사람이 사람을 억압하고 사람이 사람을 착취하는 모든 현상을 제거하자는 청년 시대의 이상을 더욱 고차원적으로 확인하고 승화시킨 신념인 동시에 앞으로의 세월 속에서 견지해야 할 생명의 새로운 기초라고 할 수 있다."|14

혁명에 대한 재인식:
혁명의식 형태, 혁명정신,
마르크스주의에 대한 재인식

　　　　　　　　　　"나 자신에게만 진정한 의미를 갖는다"는
진술은 내게 있어서 확실히 의미심장하다. 앞의 글, 특히 '역사적 중
간물'과 '돈키호테와 햄릿' 두 절에서 언급한 것처럼 근래 20년 동
안 나의 정신 발전의 기점은 의식[이데올로기] 형태에 대한 비판적 성
찰에서 시작되었고, 이어서 의식 형태가 지향한 역사적 과정에 대
해서도 자세하게 폭로했다. 이는 자신에 대한 비판을 동시에 수행하
는 과정이었고, 의식 형태의 부정적인 영향에 대한 깨끗한 청산이었
을 뿐만 아니라 이상주의가 정신적 노예화로 나아간 내 마음의 상
처에 대한 더욱 냉정한 해부였다. 그리고 역사적 교훈을 총결산하면
서 반복해서 다음과 같은 추궁을 하게 되었다. 우리는 도대체 어디
에 있는가? 무슨 이유 때문에 오류가 발생했고 또 함정 속으로 빠
져들었는가? 이러한 추궁은 고통스럽지만 철저했고, 따라서 여기에
서 얻은 교훈은 정말 뼛속 깊이 명심해야 할 내용이었다. 즉 그것은
이미 우리의 생명 속 영원한 기억으로 내면화되어 있던 것이었다.

　그러나 앞에서도 이미 강조한 것처럼 나의 입장에서는 이와 같은
비판이 의식 형태나 그 내면의 혁명정신에 대한 전반적인 부정이나
포기를 초래하지도 않았고 초래할 수도 없었다. 왜냐하면 그것은 나
의 돈키호테적 정신 기질과 불가분의 연계를 맺고 있기 때문이다.

내재적 생명 욕구에 깊은 연원을 둔 그와 같은 정신적 연계는 둘로 나누기 불가능한 것이다. 따라서 역사가 또 다른 극단으로 치달아 갈 때, 다시 말해 혁명의식이나 혁명정신이 포기되고 이로 인해 심각한 결과가 발생할 때, 우리는 새로운 사상문화를 배경으로 혁명의식과 혁명정신의 합리적 내핵을 분리·적출하여 새롭고도 비판적인 정신 자원의 한 유기적 요소로 재탄생시켜야 하는 것이다. 이것은 역사적 요청이면서 더 나아가서는 나의 내면에 숨어 있는 원초적인 생명 욕구이다. "사람이 사람을 억압하고, 사람이 사람을 노예로 부리는, 그리고 사람이 사람을 착취하는 모든 현상"을 제거하기 위한 유토피아 사상, 사회적 평등을 추구하는 사회주의적 가치 이념, 사회적 약자들에 대한 동정과 관심, 사회의 하층 민중과 결합된 끈끈한 혈육관계, 압제·노예화·침략과 같은 모든 불의한 행위에 대한 반항, 이상을 위해 헌신하는 굳센 정신, 드넓은 동정심과 관심, 강인한 의지 등등의 관념들이 나 자신의 생명 깊은 곳에서 새롭게 들끓어 올랐다.

여기에서는 나 스스로는 매우 중시하지만 사람들의 주목을 받지 못한 한 편의 글을 언급하고자 한다. 이 글은 2001년 8월에 썼고 제목은 「우리의 신앙을 견지하자, 오늘날의 중국에서堅守我們的信仰, 在今天的中國」이다. 이 글 서두에서 나는 다음과 같은 사실을 분명하게 지적했다. 우리 세대는 "마르크스주의의 경전적 저작, 마오쩌둥의 저작 및 루쉰의 저작을 읽으면서 성장했다."[115] 나는 또 다른 글에서 "이 때문에 자신의 일생을 총결하려 한다면 '자신과 마르크스주의 관계 문제'를 회피할 수 없다"고 진술했다. 아울러 다음과 같이 회고하기도 했다.

"마르크스주의가 진정으로 나의 정신세계에 영향을 끼친 것은 문

235

화대혁명 후기였다. 무정한 현실은 우리의 수많은 환상을 부수어버렸고 우리는 새로운 출구를 모색해야 했다. 우리는 마르크스주의 깃발 아래서 흔들어대던 그 작은 책자[마오쩌둥 선집]를 내던져버리고 직접 마르크스주의 원전을 읽기 시작했다. 그것은 나의 사상 발전 과정에서 거의 결정적인 한 걸음이라고 할 만했다. 그리하여 우리는 우리에게 주입된 것과는 완전히 다른 마르크스의 학설을 발견했을 뿐만 아니라 마음으로 그것을 받아들이게 되었다."[16]

나는 감히 자신이 마르크스주의자라고는 말할 수 없지만 진정으로 공 들여 읽은 이론 저작은 오직 마르크스주의 원서뿐이다. 그 외 서구 이론은 사실 모두 귀동냥으로 얻어들은 것에 불과하다. 이런 의미에서 나의 사상과 학술 연구의 이론 토대와 방법은 마르크스주의에 의해 정초되었다고 할 수 있다. 물론 나는 마르크스주의 신도가 아니다. 나는 줄곧 이 '신도'라는 말에 거부감을 가져왔다. 나의 인생 역정과 사상 발전에 마르크스주의가 영향을 끼쳤다는 것은 언급할 필요도 없는 사실이다. 문혁이 종결된 후 쓴 나의 첫 번째 저작 『심령의 탐색』에서 나는 마르크스주의와 루쉰 사상에 대한 나의 이해를 다음과 같이 진술했다.

"자신의 사상과 임무에 대한 마르크스의 설명은 루쉰 및 그 동시대 사람들에게도 동일하게 적용된다. '새로운 사조의 장점은 바로 우리가 교조적으로 미래를 예측하려 하지 않고, 다만 낡은 세계를 비판하는 과정에서 새로운 세계를 발견하기를 희망하는 지점에 존재한다.' '우리의 임무는 미래를 추단하거나 미래의 어떤 시대에도 적용될 수 있는 영원한 안식을 선포하는 것이 아니라', '현존하는 모든 것에 대해 무정한 비판을 진행하는 것이다.' '루쉰이 바로 이처럼 인간의 사유와 행동의 모든 결과에 궁극적인 진리가 갖추어져 있다고 생각하는 관점과 영원히 결별하고 마르크스주의 철학과 일치되는 결론에 도달했다."[117]

내가 1980~1990년대에 쓴 저작을 자세하게 고찰해본다면 다음과 같은 내용을 어렵지 않게 발견할 수 있다. 즉 "소위 지극히 선하고 지극히 아름다운 사회·국가·제도·인성·학설 등 소위 궁극적 진리"에 대한 환상을 타파하는 것이 바로 나의 일관된 기본 사상 노선이었다. 내가 자각적으로 현존하는 모든 것에 무정한 비판을 진행할 때, 마르크스 학설의 철저한 비판정신은 분명 나의 중요한 사상자원의 하나로 작용했다.

마르크스주의가 이론에서 실천에 이르기까지 모종의 인사들에의해 폐기처분되고 있을 때도, 나는 '마르크스주의가 내게 끼친 영향'을 이야기하지 않을 수 없었다. 「우리의 신앙을 견지하자, 오늘날의 중국에서」란 글에서도 나는 마르크스주의가 나에게 가장 크게영향을 끼친 두 가지 기본 관점을 말했다. 그것은 첫째, 엥겔스가「루드비히 포이어바흐 독일 고전철학의 종말」에서 "이러한 변증법적철학은 궁극적 절대 진리와 그것에 호응하는 인류의 모든 절대적신념을 뒤엎는 것이다. 이들 철학 앞에서는 어떤 궁극적·절대적·신성한 것도 존재하지 않는다"라고 언급한 것과 일치한다. 둘째, 마르크스와 엥겔스가 「공산당 선언」에서 "계급과 계급 대립이 존재하는낡은 부르주아 사회를 대체하는 것은 장차 이 같은 협동체가 될 것이다. 그곳에서 각자의 자유로운 발전은 모든 사람의 자유로운 발전의 조건이 된다"라고 말한 바와 같다. 나는 "이 두 가지 점이 바로마르크스주의와 루쉰 사상의 기본적인 소통 지점"이라고 인식했다.바로 이와 같은 '영원한 비판정신'과 '개체의 정신 자유 추구에 대한 이상'이 몇십 년의 단련을 거쳐 이미 우리의 기본 신념으로 성숙되었고 이에 따라 현실생활에서 우리는 이러한 신념을 기본 입장과 선택 행위의 토대로 삼고 있다. 그러나 내가 강조하고 싶은 것은 다음과 같다. "설령 오늘날 중국에서 이 모든 사상과 신념이 모두 시의적절하지 않은 것으로 변했다 하더라도 우리는 이 모든 것을 견지해야 한다. 설령 우리가 이상과 현실 사이의 거리를 명확하게 인식했다 하더라도, 또 설령 우리가 자신의 이상과 신념에 포함된 모종의 유토피아적 요소를 의식했다 하더라도 우리는 이 모든 것을 견지해야 한다." "그러나 우리는 사람에게 유토피아적 성향이 없을 수 없다는 이유에서뿐만 아니라, 우리에게 피안의 이상과 신앙에 대한 추구가 있을 때에만, 비로소 영원히 현상에 만족하지 않고 현실에 대해 맑은 정신을 견지하면서 우리의 비판적 목소리를 부단히 낼 수 있다. 이 때문에도 우리는 이 모든 것을 견지해야 한다."[118]

물론 나의 입장에서 혁명의식 형태의 가치 이상과 혁명정신을 다시 거론하는 것은 절대 단순한 총체적 회귀가 아니며, 더더욱 역사 속에 존재하는 과오[피비린내]에 대한 회피나 미화도 아니다. 왜냐하면 생명의 기억 속에서 역사의 교훈은 벌써 말살할 수 없는 일부가 되었고, 마찬가지로 생명 속에 존재하는 햄릿형 회의주의 이성 정신이 나날이 강화되고 있을 뿐만 아니라, 이미 그것이 앞에서 재삼 강조한 바와 같이 과거에 대한 질의라는 근원적인 사유 방식으로 정착되어가고 있기 때문이다. 이 때문에 나는 혁명정신을 새롭게 환기하는 동시에 이미 새로운 질의를 제기하기 시작했다. 나는 역사적 합리성과 동시에 존재하는 것이 역사의 한계성이라는 사실을 분명히 알고 있다. 심지어 그 속에는 모종의 함정까지 감추어져 있기도 한 것이다. 이처럼 세기말과 세기 초가 되자 나는 더 이상 1980년대나 심지어 1990년대 초처럼 자신감에 차서 단호하게 말할 수 없었다. 나는 다만 계속된 질의 속에서 나 자신의 가치 이상을 고수하는 동시에 개인성을 강조해오고 있을 뿐이다. 마찬가지로 나는 "이 같은 탐색 과정에서 (…) 나의 설익은 과일이, 나의 과일을 편애해온" 젊은이들을 독살시킬까봐 두려워하고 있다.[19]

질의 속에서 이 같은 가치 이상을 고수한다는 것은 바로 20세기 말과 21세기 초 중국 사상 문화계에서 나의 위치를 정립시키는 일이었다. 이것이 바로 내가 줄곧 긴장 속에서 사고해온 세 번째 과제였다.

자신이란 무엇인가
내 정신의 자서전

'진정한 지식계급', 비판적 지식인:
나의 선택과 운명

나의 사고를 일깨워준 것은 여전히 루쉰의 연설 한 편과 잡문 한 편이다. 제목은 각각 「지식계급에 관하여關于知識階級」와 「학계 삼혼學界三魂」이다.

루쉰이 제기한 '진정한 지식계급眞的知識階級'이라는 개념은 내가 과거에도 알고 있었지만, 왕더허우王得後 형이 1980년대에 나의 『심령의 탐색』을 평론할 때 인용한 적이 있다. 그러나 그때는 특별한 느낌이 없었고, 20세기 말에 이르러서 그 글을 다시 읽고서 비로소 눈앞이 환하게 밝아오는 느낌을 받았다. 루쉰은 이렇게 언급하고 있다. 진정한 지식인 계층은 "사회에 대해 영원히 만족할 수 없어서 항상 고통을 느끼며, 언제나 사회의 결점을 보고, 미래의 희생을 준비한다. 사회도 그들이 있음으로써 열기가 가득 차지만 그들 자신은 언제나 몸과 마음의 고통에서 벗어날 수 없다." 진정한 지식계급은 또한 "평민과 가깝거나 그들 자신이 바로 평민이다." 이 때문에 그들은 "지휘도 아래에서 명령에 따라 행동하는 걸 거부하고" 민중 지향적인 사상을 발표하길 원한다. 뿐만 아니라 "자신의 생각대로 행동하며" "자신의 이해관계를 따지지 않는다."[20] 나는 즉각 이것이야말로 나의 선택에 가장 적절한 말이며, 내가 굳게 견지해야 할 신념이라고 의식하게 되었다. 말하자면 그 하나는 현실 상황에 영원히 만족하지 않고 영원한 비판자가 되는 길이며, 또 다른 하나는 영원히 하층 민중과 사회적 약자들 편에 서서 그들의 진정한 친구가 되는 길이다. 이것은 내가 앞에서 말한 가치 이상이 가져다준 필연적인 선택이라고 할 수 있다. 나는 "모든 노예 현상을 소멸시키고자 하는" 궁극적인 목표로 우리 현실의 **모든 암흑을 비출 것이다. 그 비판은 필연적으로 전면적이고 철저할 것이며 또 항구적일 것이다.** 나는 "모든 사람의 개체 정신 자유"를 내가 최종적으로 추구하는 목표로 삼을 것이다. 따라서 그 내재 논리는 필연적으로 "오직 한 사람 또는 한 군체가 자유롭게 발전하지 못하면, 우리 자신도 부자유해지고 우리 자신의 발전도 불건전해지게 될 것이다"가 된다. **또한 필연적으로 사회적 약자 그룹의 생존과 정신 발전을 자신의 생존과 정신 발전 문제로 여길 것이다. 말하자면 사회적 약자들에 대한 관심이 바로 자아 생명의 내재적 요구라고 할 수 있는 것이다.**

'진정한 지식계급'을 삶의 목표로 선택함에 따라 나는 루쉰이 말한 것처럼 영원한 고통에서 벗어날 수 없게 되었을 뿐만 아니라 영원한 변방인으로 살아갈 수밖에 없게 되었다.

20세기 말과 21세기 초 중국 사상 문화 학계에서 가장 큰 영향력을 발휘했던 토론은 바로 이른바 자유주의자와 '신좌파 논자' 사이의 논쟁이라고 할 수 있다. 나는 이 논쟁에 개입한 적이 없다. 왜냐하면 나는 이 논쟁이 시작될 때부터 이러한 명명법, 특히 '신좌파'라는 명명법이 정확하지 않다고 생각했기 때문이다. 여기에서 파생된 줄서기와 상호 배타적인 진영 및 경계선에 나는 더욱 강한 반감을 느꼈다. 젊은 시절부터 보아온 모든 정치 운동(반우파 투쟁, 사상과 실용 논쟁, 반수정주의 학습, 문화대혁명)은 끝도 없이 모든 사람으로 하여금 배타적 '진영'에 속할 것을 요구했다. 그런데 뜻밖에 '신시기'에 이르러서도 그런 '배타적 진영'을 요구하다니, 이런 현상은 정말 몇십 년 동안 변치 않은 '중국만의 특색'이라고 할 수 있다. 나는 자발적으로 멀찌감치 후퇴해 있었지만 여전히 그 범위를 벗어날 수 없었다. 어떤 때는 갑자기 쌍방 진영에서 필요로 하는 쟁취 대상이 되어 있다가도, 어떤 때는 또 갑자기 쌍방 진영이 공동으로 성토하는 비판 대상이 되기도 했다. 나 자신으로서도 정말 영문을 모를 지경이었다. 자세히 생각해보면 이는 대체로 내가 지금까지 취해온 양비론적 입장과 관련이 있는 것 같았다. 이 때문에 나는 한 친구에게 보낸 편지에서 나 자신을 루쉰이 말한 바 있는 '박쥐'로 일컬었다. 이는 '아무런 입장도 없고, 귀속될 곳도 없는' 나 자신의 처지를 비유한 말이다. 박쥐는 루쉰이 말한 바와 같이 늘 '양다리 걸치기의 상징'으로 간주되어 모든 사람의 혐오의 대상이 되고 있다.[121] 논전의 양 진영이 굳건하고 선명한 입장을 견지하고 있는 것과 비교해보면 나는 확실히 '양다리 걸치기'의 혐의가 있다. 그러나 이는 입장이 없는 것이 아니라, 어떤 한 가지 입장을 선택하고 모종의 판단을 내려야 하는 순간에 나 자신이 회의에 빠져들기 때문이고, 또 자신에게 전혀 의문점을 제기하지 않는 그들의 견고한 입장 그 자체에 회의를 품기 때문이다. 이러한 경향은 앞에서도 진술한 바 있는 것처럼 쌍방 모두에게 질문을 제기하는 나의 사유 방식에 의해 결정된 것이다. 이른바 본성은 변하기 어려운 법이다. 다른 시각으로 본다면 이는 상당히 철저한 비판정신이라고 할 수 있다. 즉 기존의 각종 입장이나 태도에 대해 예외 없이 회의의 눈길을 던지게 된다. 더러는 공감하기도 하고, 더러는 공감하지 못하기도 하면서 동시에 회의와 보류의 태도를 견지했다.[122] 나는 일찍이 어떤 글에서 논전 쌍방에 대한 공감과 회의를 구체적으로 다음과 같이 제기한 적이 있다.

"나는 민주와 자유를 추구한다. 따라서 강권통치에 대한 대다수 자유주의자의 비판과 민주를 쟁취하기 위한 그들의 노력에 공감한다. 그러나 그들 중 몇몇 인사가 갖고 있는 엘리트 의식 및 목하 나날이 엘리트화되어 가고 있는 중국의 정치·경제·문화 권력 구조의 애매한 관계에 대해서도 고도의 경계심을 갖고 있다. 나는 평등을 지향한다. 따라서 '신좌파' 대다수가 갖고 있는 평민의식과 사회적 약자의 권익에 대한 그들의 관심과 옹호 태도, 그리고 중국 사회의 관료 자본주의화 경향에 대한 그들의 비판에 공감한다. 그러나 강권통치 비판과 민주 쟁취에 소극적인 그들 중 일부 사람의 태도나, 마오쩌둥 시대에 대한 역사적 평가에 있어서 무비판적 긍정을 일삼는 일부 사람의 태도, 그리고 이로 인해 강권 체제와 애매한 관계를 유지할 가능성이 있는 사람들의 태도에 대해서도 동일하게 고도의 경계심을 갖고 있다. 나의 입장에서 볼 때, 오늘날의 중국에는 아직도 전통적인 강권통치의 구습이 존재하고 있을 뿐만 아니라, 글로벌화된 자본주의를 배경으로 국가 관료자본주의가 심화되는 새로운 질병도 만연하고 있다. 이 모든 것은 철저한 비판의 대상이 되어야 한다. 그러나 자유주의와 '신좌파'는 각각 서로 다른 극단을 부여잡고 의식적 무의식적으로 상대방의 입장을 무시하거나 엄폐하고 있다. 이로 인해 자기비판의 철저성과 총체성이 현저히 약화되고 있다. 그리고 쌍방 모두 상대방을 '가장 위험한 적'으로 간주하고 타도 대상으로만 여긴 나머지, 공동으로 비판 대상으로 삼아야 할 현체제는 가볍게 스쳐 지나가고 있다. 이것이 바로 내가 가장 불만스럽게 여기는 점이다."

나는 나 자신과 자유주의자 그리고 '신좌파'와의 차이점을 더욱 분명하게 알고 있다. 근본적인 면에서 그들은 모두 '나라의 스승'이 되려는 마음을 갖고 있고, '치국평천하治國平天下'를 자신의 임무로 여기고 있으며, 스스로 치국의 방략을 갖고 있으므로 자신을 알아주는 통치자에 의해 등용되기를 희망하고 있다. 이에 필연적으로 이러저러한 권력 집단과 각종 애매한 관계를 형성할 수밖에 없다. 그러나 이런 경향에 대해 나는 경계심을 갖고 끊임없이 질문을 던져왔다. 내가 견지하고자 하는 것은 바로 변방 지식인의 독립적이고 비판적인 입장이다. 여기에는 권력에 참여하기를 거부하고 하나의 입장에 귀속되기를 거부하는 특이성이 포함되어 있다.

그러므로 나 자신의 입장에 대해서도 필연적으로 질문을 던질 수밖에 없고, 이는 나 자신의 한계에 대한 맑은 인식이라고 할 수 있다. "나는 내 이상 속의 피안성과 유토피아성, 즉 비현실성을 아주 분명하게 알고 있다. 만약 진정으로 나의 이상에 입각하여 나라를 다스리게 하고 그것을 현실화할 수 있게 한다면 오히려 재난을 초래하게 될지도 모른다."[123] 사실상 이 점이 바로 20세기 중국의 최대 비극이다. 이 점에 대해서는 앞에서 이미 반성과 역사 교훈을 총결하는 작업을 행한 적이 있다. 이 같은 역사가 반복되어서는 안 된다. 이 점을 긍정하더라도 물론 유토피아적 이상을 견지하는 입장에 아무런 의미가 없다는 걸 말하는 건 아니다. 나와 같은 지식인은 다만 공리공담을 할 수 있을 뿐이다. 그러나 이상의 피안성을 강조함과 동시에 이 같은 이상에 도달할 수 없는 없다는 사실을 인정하면서도 그것에 끊임없이 다가갈 수 있기 때문에, 이는 이상을 향해 매진하는 강대한 동력이 될 수 있는 것이다. 이러한 의미에서 내가 견지하고 있는 유토피아적 이상은 바로 루쉰이 「길손過客」에서 묘사한 '전방의 소리'이다. 이러한 소리가 있는 것과 없는 것, 이러한 소리의 부름을 듣는 것과 듣지 못하는 것은 크게 다르다고 할 수 있다. 더욱 중요한 것은 이처럼 피안을 지향하는 유토피아적 이상이 차안의 현실세계를 비판하는 강력한 사상 역량으로 작용한다는 점이다. 따라서 이른바 '진정한 지식계급'은 더 정확하게 말하여 '비판적 지식인'이라고 불러야 마땅하다. 비판은 그들이 사회와 관계 맺는 유일한 방식이며, 그들은 자신의 이상을 근거로 이상을 위반하는 현실 속의 온갖 병폐를 비판하고, 아울러 발생할 가능성이 있는 노예제도와 압제 구조 현상에 대해서도 경고장을 발령한다. 그리하여 사회의 주의를 환기하여 그 폐단들을 제한하는 역할과 사회를 맑게 하는 청량제 역할을 수행한다. 그들의 역량과 역할은 바로 이지점에 놓여 있고, 그들의 한계도 바로 이 지점에 놓여 있다. 여기에서 한 걸음을 더 내디뎌 구체적으로 정치에 참여하고 정치적 실천을 하려는 지도자들은 곧바로 자신의 본래 위치를 이탈할 수밖에 없을 뿐만 아니라 자신의 신념과 반대의 길을 갈 수밖에 없게 된다. 나는 베이징대학 학생들에게 행한 한 강연에서 자조적으로 나를 포함한 이런 비판적 지식인들을 '까마귀'라고 칭한 바 있다. 나는 당시 이렇게 말했다. 캠퍼스와 사회에 까마귀가 없을 수 없지만 모든 사람이 까마귀가 될 수는 없다. 건강한 캠퍼스와 사회는 까마귀의 존재를 용납해주고 자유롭게 울게 해주고 그들의 경고를 경청하기는 하지만, 전적으로 그들의 의견만을 따라 일을 처리하지는 않는다. 그러나 캠퍼스와 사회가 이러한 까마귀를 용납할 수 없게 되면 그 캠퍼스와 사회에는 문제가 생긴다. 적어도 캠퍼스와 사회를 주도하는 사람들이 자신감을 잃고 연약한 모습을 드러내면서 심할 경우 심각한 위기에 빠져들게 된다. **이것은 까마귀 울음소리보다 더욱더 불길한 징조이다.**

그 뒤 나는 또 '특수한 지식계급'에 관한 루쉰과 현대평론파 간의 논쟁을 연구하는 과정에서 루쉰의 「학계 삼혼學界三魂」이란 글을 다시 읽게 되었다. 루쉰에 따르면 지식인에게는 관혼官魂(관리들)·비혼匪魂(비적·군벌들)·민혼民魂이라는 삼혼三魂이 있다고 한다. 나는 당시 루쉰이 말한 '민혼'에 매우 강렬하게 공감하고 내 나름의 인식을 하게 되었다. 루쉰이 말한 '민혼'이 바로 '진정한 지식계급'인데, 그들은 관료세계와 비적匪賊 세계 바깥에 독립적으로 존재하고 있었다. 왕푸런王富仁 선생의 논리에 의하면 '민혼'은 공민公民의 신분과 사회의 보통 구성원 신분으로 자신이 하고 싶은 말을 한다. 또 민혼은 관리가 아니기 때문에 그가 하는 말은 법률적인 효력을 갖지 않는다. 따라서 다른 사람들이 그의 말을 반드시 들어야 하는 것도 아니고 그가 하는 대로만 따라 해야 하는 것도 아니다. 그는 다만 임시로 성숙되지 않은 이론을 제시할 뿐이며, 다른 사람들도 임시로 그의 말을 스쳐 들으며 자신의 사색에 참고자료로 이용할 뿐이다. 민혼은 또 비적匪賊도 아니다. 따라서 그는 자신이 하는 말에 책임을 져야 한다. 그는 사람을 살리려 하지 죽이려고 하지 않는다. 이와 마찬가지로 민혼은 지도교수나 나라의 스승이 아니다. 따라서 그는 결코 다른 사람을 훈계하거나 지도하려 하지 않고 '치국평천하'의 신성한 사명감도 갖고 있지 않다. 민혼의 유일한 희망은 바로 자신이 말하고 싶은 것을 그대로 말하려는 것이다. 사회에 대한 그의 유일한 요구는 바로 그가 하는 말을 들어달라는 것이다. 그리하여 사회구성원들이 그의 말을 들어주면 그걸로 충분하다고 생각하고 또 그걸로 자신의 임무를 완성했다고 생각한다. 이 때문에 민혼은 '학계 삼혼' 중에서 유일하게 배후 권력이 없다. 관혼은 현재 배후에 정치권력이 있고, 비혼은 미래에 관리가 될 수 있으므로 잠재적인 정치권력이라고 할 수 있다. 그러나 민혼은 가장 독립적인 동시에 가장 힘없는 존재들이기도 하다. 또 그들은 가장 고독하고 가장 쉽게 상처를 받기도 한다.[124]

이것은 아마도 나의 선택과 운명이다.

제6장
사상가와 실천가

전술한 토론 과정에서 이미 사상과 실천[행동]의 관계 문제를 언급하였지만 여기에서 다시 한 걸음 더 진전된 논의를 하고자 한다. 이것은 근래 20년 동안 나를 둘러싸고 진행된 이론과 실천 문제라고 할 수 있다.

'실천 지상주의'에 관한 질의, '사상 환원주의'[1]

앞의 글에서 나는 내가 처음 대학원 과정에 입학했을 때 '학자가 될 것인가, 아니면 전사가 될 것인가?'의 문제에 직면한 적이 있다고 언급한 바 있다. 이런 생각의 배후에는 분명히 '실천[행동] 지상주의'의 이데올로기가 자리 잡고 있다. 이것은 사실 아주 전통적인 관념이다. 일상생활 속에서 지식인에 대한 첨예한 비판은 바로 '사상의 거인, 실천의 난쟁이'라는 말에 집약되어 있다. 나는 대학을 다닐 때 항상 명상에 빠져서 행동이 부족하였고 이로 인해 소조小組활동에서도 늘 질책을 받았지만 어떻게 해야 할 줄 몰랐다. 나중에 돈키호테와 햄릿을 연구하면서 나는 비로소 서구 사상과 문학세계에 햄릿이라는 '우유부단한 사상가'가 있다는 것을 발견했다. 그는 '행동 능력이 부족하여 사상과 행동이 늘 분리되어 있었고', 이 때문에 이른바 지식인의 약점에 대한 자성을 불러일으키는 인물이었다. 이러한 자성의 목소리는 사실 한 시대철학의 주제, 즉 '행동은 존재의 주요 목적이다'라는 말에 잘 반영되어 있다.[12] 마르크스주의의 출발점은 바로 '구세계를 비판하는 것에 그치지 않고 구세계를 개조하려는' 것이다. 하이네와 같은 지식인들이 공산주의 운동에 최초로 매료된 내용 중의 하나가 바로 '이론에서 행동으로의 전환'이라는 강력한 실천 논리였다.[13] 루쉰이 불러낸 '정신계의 전사'가 지니고 있는 기본 특징도 '그 지향이 행동으로 귀결된다指歸在動作'는 실천성에 놓여 있다. 이 때문에 나는 내 사상 탐색의 기점이 되는 『심령의 탐색心靈的探尋』에서 가장 먼저 이와 같은 실천 전통을 강조했다. 그러나 『심령의 탐색』에서 나는 또한 '주로 정신적 생산품을 창작하는 데 종사하는 지식인(문예가 포함)'과 '주로 정치활동에 종사하는 정치가'에게 깊은 주의를 기울였다. 이들은 '상이한 사회적 지위'로 인해 상이한 노동 방식·생존 방식을 갖게 되었고, 더 나아가 그들 사이에 상이한 사유 방식과 심리 특징을 드러내게 되었다. 이것이 바로 정치가와 지식인(문예가 포함)의 '분기점'이 형성되는 주요 원인이다.[14] 여기에는 이미 사상가와 실천가의 상이한 사유 방식과 사상 논리가 은연중 포함되어 있다. 이것이 바로 내가 뒷날 더 진전된 사고를 하게 되는 사상 명제이다.

앞에서 언급한 1980년대 이후 나는 '지식인과 공산주의 운동의 관계' 문제를 탐구하면서, 하이네 등의 인물들이 '사상과 행동'에 관해서 지니고 있었던 관념의 결과後果에 주의하면서 처음으로 피안 사상彼岸思想(유토피아 사상)의 차안화此岸化(현실화)가 초래한 재난과 사상의 현실화가 사상과 사상가의 파멸을 불러왔다는 사실에 직면하게 되었다. 그리하여 '행동이 존재의 주요 목적'이라는 명제와, '사상은 반드시 현실로 전환되어야 한다'는 전제에 회의를 느끼기 시작했다.[15] 한 젊은 친구가 나와 이 문제를 토론하는 과정에서 아주 훌륭한 의견을 제시했다. 그는 "기능적인 특성상 '사상'을 '실천이성'과 '정신이성' 두 가지로 분리하는 것도 무방할 것이라고 했다. 전자는 '실천'을 목적으로 '사상'에 대한 현실의 요구에 중점을 두고 있을 뿐만 아니라, '사상'에 대한 각종 현실적 요소의 제약에 더 중점을 두고 있으며, 이로써 '사상'의 현실 전환이라는 목적 달성에 더욱 치중하고 있다. 이 때문에 이러한 사상은 역사적 구체성, 실천적 전략성과 활용성을 그 특징으로 삼고 있다. 그러나 후자는 인류사회의 궁극적 이상을 목적으로 공통의 이익과 통일적 가치에 치중하면서 역사적 단계성과 현실적 구체성을 초월하려고 한다. 따라서 이러한 사상은 이성의 보편성과 영원성을 그 특징으로 삼고 있다. 이 젊은 친구의 관점에 의하면 사상 문화사에서 지식인과 사상가를 이두 가지 유형으로 나눌 수 있을 뿐만 아니라 한 개인의 정신세계에서도 이 두 가지 사상이 동시에 존재할 수 있고 아울러 번갈아 기복起伏을 거듭하면서 상호 증감增減의 과정을 계속하고 있다고 한다."[16]

이러한 토론은 자연스럽게 더 심층적인 사색을 유발했다. 이로 인해 나는 '사상 환원주의還思想子·思想者'라는 명제를 제기했다. 이 명제는 저우쭤런의 선택에서 개괄해낸 것이지만,[17] 저우쭤런과는 다른 의미를 부여했다. 즉 『심령의 탐색』에서 견지하던 나의 사색을 이어가면서, "사상가(지식인)와 실천가(정치가·기업가 등등) 사이의 합리적인 분업과 상호 견제의 문제를 강조했다. 전자로서 새로운 사유와 사상 문제를 제기하였고, 후자로서 실천[현실화] 과정에서 현실 조건의 제약을 충분하게 고려하고 현실에서 발생할 수 있는 각종 부정적인 결과를 최대한 감소시켜야 함을 강조했다. 사상가와 실천가의 사유 논리, 사유 방식, 심리적 바탕 등등 각 부문의 특징은 모두 서로 다른 모습을 드러내고 있다. 사상가는 상상력과 사상의 선구성을 갖추어야 한다. 실천가는 현실 감각이 더 뛰어나야 하고 실현 가능성을 중시해야 한다. 이론은 철저함을 요구하지만 실천에는 타협이 없을 수 없다……."[18]

이 같은 구분을 바탕으로 '사상 환원주의'라는 명제를 제기했기 때문에 나는 우선 지식인들이 '무엇을 하는 사람이며', 나 자신은 '무엇을 할 수 있을 것인가'에 대해 반성을 하게 되었다. 앞의 글에서 언급한 바와 같이 내가 한국에서 쓴 「나 자신의 말을 하다: 나의 선택自說自話: 我的選擇」에서 나는 이렇게 강조했다. "지식인들(특히 인문학자)은 바로 사상가이며, '사상'이야말로 그들의 유일한 직책과 능력이다. 인문학자의 관심은 '실제로 어떠한가'가 아니라 '응당' 어떠해야 하는가에 놓여 있다. 또 말하자면 그들은 사람과 사회의 관계에서 본질적으로 '피안세계'의 이상理想에 관심을 갖고 있다. 그들은 '피안세계[이상세계]'의 사상 가치를 가지고 '차안세계[현실세계]'의 존재를 비추어본다. 따라서 그들은 자신의 비판적 목소리를 끊임없이 쏟아낸다." "이런 의미에서 우리는 인문학자를 사회 '비판자'로 여길 수 있다. 그들의 기본적인 임무는 바로 현실 인생과 현존 사상[문화]의 곤경을 끊임없이 폭로하여 차안세계[현실세계]와 연관되어 있는 모든 신화를 타파하려는 것이다." 이와 동시에 나는 또 다음과 같이 강조했다.

> "인문학자는 현실 속의 정치·경제·문화의 실제 운행 원리를 고려할 필요가 없고 또 그 설계 방안도 제공하지 않는다. 그것은 정치가·기업가 및 그들의 브레인 그룹의 활동 범위에 속한다."

이처럼 나와 동일한 부류라고 생각하는 인문학자들을 혹자는 비판적 지식인이라고 부르기도 한다. 이들은 '나라의 스승' '모사謀士' '막료幕僚' '브레인 그룹'에 속하는 것을 자신의 일로 생각하는 전통적·현실적 지식인들과는 분명하게 다른 그룹이다. 이 같은 인문학자, 즉 비판적 지식인들은 현실에서의 손익에 따라 자신의 입장을 고려할 필요가 없다. 단지 소위 '큰 병폐와 작은 병폐' 중에서 하나를 선택하여 자신의 이상을 철저하게 관철하고, 비판적 철저성과 총체성을 끝까지 견지할 뿐이다. 이와 동시에 각종 이익집단의 갈등과 의존관계에서도 자신의 사상과 발언의 독립·자유를 유지할 수 있다. 나는 이렇게 언급했다.

"다른 사람의 소망을 고려할 필요가 없고, 다른 사람의 눈치를 볼 필요도 없이, 자신이 말하고 싶은 것을 말하면 되고, 자신이 원하는 것을 바로 말하면 된다. 이것이 내가 나 자신의 말을 한다는 것이다."

나 자신도 이로 인해 '나의 자리'를 찾게 되었다. 즉 "자각적으로 아웃사이드에 자리를 잡고 나 자신의 방식으로 시대의 중심적 화제에 대해 발언하며 그것에 관심을 집중할 수 있게 된 것이다." 그 효과는 다음과 같다. 첫째, 아웃사이드에 위치해 있으므로 "조용히 독립적으로 그리고 결과에 신경 쓰지 않고 내가 하고 싶은 말을 할 수 있게 되었고, 이로 인해 기대치가 너무 높아 흔히 발생하곤 하던 조급증을 해소할 수 있었다." 둘째, "나의 본성은 바뀌지 않으므로 여전히 사회·인생·정치·국가·민족·세계·인류와 관련된 대사大事, 이른바 '중심적 화제'에 관심을 갖고 지속적으로 사고할 수 있게 되었다." 셋째, "이러한 관심과 사고는 현실적 이익이나 응용을 염두에 둔 것이 아니라 오히려 그것과 거리를 두면서 한층 더 전문적이고 학문적이며 거시적인 특징을 지니고 있으므로 더욱 근본적인 사고가 가능하게 되었다."[9]

'사상 환원주의'라는 개념을 제기한 것도 비판적 지식인의 한계, 다시 말해 '아무것도 할 수 없는' 지식인의 한계를 강조하기 위한 것이다. 비판은 인문학자가 현실과 관계 맺는 극한점이기 때문에, 절대로 자신의 위치를 벗어나 직접적인 현실 행동으로 나서서는 안 된다.[10] 나는 베이징대학 학생들에게 강연을 하면서 이 점을 반복해서 일깨웠고 나 자신도 이 점에 대해 늘 경각심을 가졌다. 사상의 합리성이 바로 현실의 합리성이 되는 것은 아니기 때문이다. "사상가가 조건이나 가능성을 따지지도 않고, 자신의 이론에서 가장 합

253

리적인 사상을 직접 현실화하고자 한다면 곧바로 천하대란이 일어날 것이다." 따라서 "우리는 거리낌 없는 사상의 자유를 요구하는 동시에 이에 대한 일종의 책임도 져야 한다. 자신의 자유 사상[이상]을 사회적 실천으로 전환할 때는 반드시 신중에 신중을 거듭하여 실현 가능성과 조건을 충분하게 고려하고, 그 부정적인 측면을 최대한 감소시켜야 한다. 말하자면 사상은 자유롭고 급진적이어야 하지만 행동은 온건해야 하는 것이다." 즉 혹자가 말하는 것처럼 '출발은 빨리, 발걸음은 느리게' 해야 하는 것이다. 나는 학생들에게 이렇게 이야기했다. "이 몇 마디 말을 가볍게 여기지 말라. 이 말은 이 세기의 무수한 경험과 교훈(그 속에는 피의 교훈도 포함되어 있다)을 총결한 끝에 비로소 획득한 것이다. 절대로 잊어서는 안 된다."[11] 나의 이 말은 학생들의 열렬한 박수를 받았지만, 나는 베이징대학 학생들이 나를 이해해주기만을 바랐다.

'사상가'의 입장으로
초·중·고등학교 어문교육 개혁에 개입하다

1999년에 이르러 나의 이후의 사고와 집필 방향 그리고 나의 생활과 운명에 큰 영향을 끼친 한 가지 일이 일어났다. 그것은 바로 내가 초·중·고 어문교육 개혁에 개입한 일이었다. 처음에는 그 일이 피동적으로 이루어졌지만 한 차례 취재를 받고(「교육의 궁극적 목표를 새롭게 확립하자—첸리췬 방담록重新確立教育的終極目標—錢理群」) 나서 나는 대학 수능 문제를 평론하는 글 한 편(「어디로 갈 것인가?!往哪裏去?!」)을 썼고 교육부에서 개최한 한 차례의 좌담회에 참석했다. 이 일이 뜻밖에도 강렬한 반향을 불러일으켜 그때부터 그만두고 싶어도 그만둘 수가 없었다. 이 일에 내가 최초로 개입할 때 견지한 태도는 사상가의 입장이었다. 그러나 사실 이것은 내가 그전 2년 동안 베이징대학의 교육을 반성하는 과정에서 얻어낸 중국의 전반적인 교육 정책에 관한 생각이었다. 이 때문에 첫 번째 인터뷰를 할 때 나는 '교육의 궁극적인 목표를 새롭게 확립하자'는 거시적인 문제를 이야기하면서 그 전제가 되는 교육의 출발점에 대해 추궁을 하자고 했다. "우리가 가르치는 것은 무엇을 하자는 것인가? 대학은 무엇을 하는 곳인가? 중고등학교는 무엇을 하는 곳인가? 초등학교는 무엇을 하는 곳인가?" 이런 질문 끝에 나는 "만약 이 문제를 해결하지 못하면 그 외 지엽적인 문제도 분명하게 이야기할 수 없다"는 사실을 강조했다. 따라서 나는 처음부터 나의 교육 이념과

255

이상, 즉 '참인간 세우기立人'가 중심이 되는 교육을 시행하자고 제창했다. 아울러 나는 또 초·중·고 교육의 근본적인 목적이 바로 인간 일생의 건전한 발전을 위해 두 가지 밑그림, 즉 정신의 밑그림과 평생학습의 밑그림을 그리는 것이라는 사실을 강조했다.[112] 이것은 사실 개인의 정신 자유를 추구하는 나의 가치관이 교육 부문에 구체적으로 발현된 것이고, '참인간 세우기'란 개념은 바로 직접 루쉰의 사상에서 갖고 왔다는 사실을 쉽게 알아차릴 수 있을 것이다.

　나는 바로 이와 같은 가치 이상과 이념에서 출발하여 현행 중국 초·중·고 교육 체제 및 교육 이념에 대해 첨예한 비평을 가했다. 나는 다음과 같이 지적했다.

　　"1949년 이래 저질러진 수많은 과오를 바로잡을 수는 있겠지만, 두 가지 중대한 과오는 바로잡기가 매우 어렵다. 그 하나는 인구 문제인데, 우리는 현재 이처럼 방대한 인구 문제에 직면해 있으면서도 아무런 해결 방안을 찾지 못하고 있다. 다른 하나는 바로 교육 문제이다."[113]

　교육 문제에 관한 나의 비평은 주로 두 가지 부문에 집중되었다. 첫째, "근래 몇 년 동안 우리가 관철시키고 있는 교육은 바로 인생의 허리를 자르는 교육이다. '참인간 세우기' 교육, 즉 **인간의 독립의지와 자유정신 교육을 소홀히 한 것이다.** 이러한 교육은 단편적이고 불완전한 데다 궁극적인 목표를 잃어버린 것이다. 근본적인 면에서 이런 교육은 아직도 전통 교육의 그림자를 벗어던지지 못하고 있다."[114] "우리는 현재 학생을 가르치면서 자신의 말은 하지 않고 전적으로 다른 사람의 말만 되뇌고 있다. 더욱 심각한 문제는 우리가 이미 하나의 일정한 틀에 갇혀 전문적으로 학생을 훈련시키면서도 거짓말을 한다는 것이다." "한 사람이 어떻게 글을 써야 하는가를 교육하는 것은 또 다른 의미로 한 사람이 어떻게 인간이 되어야 하는가를 교육하는 것이다. 다른 사람의 말만 하는 자는 바로 노예이고, 거짓말을 하고 왜곡된 이치를 이야기하는 자는 바로 악랄한 인간이다."[115] 이는 분명히 앞 글에서 언급한 바와 같이 대일통大一統 권력 구조의 노예화 담론 방식에 관한 나의 사고가 교육 부문으로 확장된 것이다. 그러나 나의 비판과 반성의 중점은 오히려 국가의 산업화 요구에 적응하고 선진국 따라잡기의 전략적 목표를 달성하려는 현대 교육에 놓여 있었다. 이것이 바로 일부 학자들이 이미 언급한 바 있는 '국가주의 교육'이다. 이 또한 앞의 글에서 진술한 것처럼, '부국강병을 위주로 하는 중국 현대화 노선에 대한 나의 반성이이어진 것이다. "선진국 따라잡기를 실현하기 위하여 소위 속성으로 긴급한 국가 건설 인재를 양성하고 국가가 모든 것을 독점·통제하는 권력집중·사상통일의 계획화된 강성 교육 체제는 교육의 사회적 직책과 사회적 연관성을 완전히 말살할 뿐만 아니라, 모든 교육자와 피교육자의 자주권을 말살한다. 산업화가 요구하는 것은 전문화 수준이 더욱더 높아진 인재이며 이에 따라 지식의 획일화와 표준화를 매우 강조한다. 현대화의 논리가 모든 교육에 침투하여 일련의 교육 이념을 형성한다. 예를 들면 실용 지식만을 중시하고 보편적 지식은 경시하는 것, 과학기술만 중시하고 인문학은 경시하는 것, 이성만 강조하고 비이성적인 것은 억압하는 것, 지식의 축적만 강조하고 지식의 창조성은 억압하는 것, 직업 기술 훈련만 강조하고 영감·지혜·능력의 개발은 억압하는 것, 사유와 행위의 전향성만 고무하고 사유의 역행성·비판성·확산성은 억압하는 것, 피동적인 주입식 교육만 강조하고 주체적이고 창조적인 교육은 억압하는 것 등등이 그것이다. 그리고 이 배후에는 예비된 목표가 숨겨져 있고, 여기에 맞

257

추어 길러진 인재는 규율에 따라 만들어진 표준화·규격화된 관리·기술자·직원들이다. 그들은 현대화된 국가와 회사가 요구하는 효율성을 제공할 수 있기 때문에 우월성을 가지고 있음은 분명하지만 마찬가지로 그들의 인격적 한계도 분명하다. 그것은 바로 첫째는 인격 주체로서의 사상이 없고, 둘째는 개인의 창조력·정감·상상력이 없다는 것이다. 이런 의미에서 그들은 톱니바퀴와 나사못인데, 국가기관과 상업기구가 필요로 하는 이중 톱니바퀴와 나사못인 셈이다." 그러나 이와 동시에 이와 같은 나의 비판에도 응당 경계심을 가져야 한다. 즉 이런 입장으로 인해 현대성의 논리에 포함된 모종의 합리성을 은폐하는 것은 아닌지 그리고 이로 인해 또 다른 뒤탈이 생기는 것은 아닌지 하는 우려가 그것이다. 그리하여 나의 발언은 현저히 복잡해지기 시작했다.

> "우리가 직면하고 있는 것은 바로 현대 교육의 패러독스이다. 한편으로 그것은 분명히 지식과 효율성을 갖춘 전문적인 과학기술 인재 양성을 필요로 하지만 동시에 여기에는 인간 도구화의 함정과 위험도 감추어져 있다. 오늘날 중국의 모든 민족이 현대화 추구와 현대화 반성의 모순 속에서 발전을 탐색하는 것과 마찬가지로 교육에 있어서도 현대성의 논리에 포함된 모종의 합리성, 즉 지식의 축적, 과학적 이성 정신의 발양, 논리 사유 능력과 언어의 정확성·간명성 배양[훈련], 국가 건설 수요의 만족 등의 내용을 중시하면서 동시에 교육과 인간의 도구화 경계[방지], 인간의 지식 창조력 신장, 사유의 비판성·확장성 배양, 인문정신 도야, 상상력·창조력 개발 등의 부문에서 새로운 발전 방향을 탐색해야 한다."[116]

매우 슬픈 일은 이처럼 모호하고 복잡한 나의 입장이 사람들에게 이해되지 못했다는 것이다. 나의 지지자나 반대자(잠시 이렇게 지칭함)를 막론하고 모두 나의 사상을 단순화·파편화시켰다. 나는 논쟁 한편의 대변자가 되었고, 다른 한편의 가상 적이 되었지만 실상이 두 가지 입장은 모두 나의 의향과는 상관없이 억지로 내 머리에 죄과를 덮어씌운 것이다. 그러나 나의 발언에 대한 강렬한 반향은 정말 의외라고 할 정도였다. 반대자들은 **심지어 권력의 힘을 빌려 나에 대한 봉쇄 조치를 강화하면서** 그들이 패권을 장악한 교육 영지에서 나를 축출하지 않으면 안 된다는 강경한 자세를 보였다. **앞의 글에서 언급한 바와 같이 2000년의 대대적인 비판 과정에서 중등 교육계의 몇몇 권위자는 극히 불명예스러운 배역을 담당했다. 이익은 확실히 사람을 광기로 몰고 간다.** 그러나 권력의 개입이 내가 관심을 학계에서 초등학교 교육으로 확대하는 걸 결코 막을 수 없었다. 왜냐하면 외부의 압력 아래에서 자신의 본래 모습을 견지하는 것은 일종의 반항적인 의미를 가질 뿐만 아니라, 이러한 참여가 바로 내 내면의 욕구이기도 했기 때문이다. 그리하여 나는 바로「'참인간 세우기'를 중심으로」라는 글에서 첫머리부터 다음과 같이 명확하게 설명했다.

> "나 자신 온갖 풍상을 겪고 노년으로 접어드는 이 시점인 세기말에 나는 시간이 갈수록 더욱더 내가 혹시 성장하고 있는 아이들을 위해 뭔가 유익한 일을 좀 해야 참으로 의미가 있지 않을까 하는 생각을 하게 된다.—이것은 내가 거의 모든 것을 꿰뚫어본 후에도 유일하게 꿰뚫어보지 못한, 또 꿰뚫어보고 싶지 않았던, 그리고 감히 꿰뚫어보지 못했던 분야이다."[117]

이 배후에는 세 단계의 의미가 숨어 있다. 첫째, 중국 문제에 관한 나의 한 가지 판단에서 도출된 것이다. 나의 입장에서 볼 때 중국의 문제는 매우 다양하지만 가장 심원하게 영향을 끼친 것은 중국의 인심과 중국의 국민성에서 야기된 문제라고 생각된다. 말하자면 중국의 여러 가지 위기 가운데서 인간의 정신 위기가 가장 근본적인 것이라고 할 수 있다. 인간에게 닥친 위기를 해결하기 위해서는 제도적인 개혁을 기초로 삼아야 함은 물론이지만 교육, 특히 초·중·고등학교의 기초 교육이 그것의 기본적이고도 중심적인 연결 고리가 되어야 한다. 다시 말하면 중국 사회와 중국인을 개조·재건하려면 반드시 청소년으로부터 시작해야 한다. 그들이 중국의 미래를 결정할 것이기 때문이다. 이 점이 바로 내가 초·중·고 어문 교육 개혁에 개입한 까닭이다. 둘째, 실제로 여기에는 새로운 사상 계몽을 추진하고자 하는 나의 희망이 개재되어 있다. 1998년 베이징대학 개교기념일을 전후하여 내가 베이징대학에서 추진한 민간 중심의 기념활동 및 대학생들 속에서 진행한 사상 계몽활동도 이와 동일한 생각의 소산이다. 이 같은 인식은 '5·4' 신문화운동의 선구자들이 견지하고 있었던 사상의 맥락을 계승한 것이다. 그들 세대는 차이위엔페이·후스胡適에서 주쯔칭朱自淸[118]·예성타오葉聖陶에 이르기까지 모두들 서로 정도는 다르지만 초·중·고 교육 개혁에 참여하였을 뿐만 아니라 그것을 '5·4' 신문화운동의 유기적인 조성 부분의 하나로 여겼는데, 이는 물론 우연한 현상이 아니다. 이 때문에 나는 「5·4 신문화운동과 초·중·고 교육 개혁五四新文化運動與中小學教育改革」이라는 장문의 글을 써서 나와 같은 '5·4' 신문학 연구자들이 초·중·고 교육 개혁에 관심을 갖고 참여하는 것은 '5·4' 신문화운동의 전통을 계승하는 것일 뿐만 아니라 자신의 사회적 책임을 이행하는 것이라는 사실을 구체적으로 밝혔다. 셋째, 이와 같은 개입이 시간이 지나면 지날수록 그 비판의 무기력함을 느끼게 되었다.

이는 생명에 대한 공허한 위기감과 관련된 것이다. 나는 시간이 지날수록 더욱 '실제적인' 몇 가지 일을 할 수 있을 것이란 희망을 갖게 되었다.

사상가에서 실천가로 전향하다: 배역의 전환

        그리하여 내가 또 배역의 전환을 시도한 것은 필연적인 일이었으며, 나는 사상가에서 실천가로 전환했다. 이와 같은 전향은 초·중·고 교육 개혁의 수요에 기인한 것이다. 개혁은 오직 비판에만 머무를 수 없고 반드시 건설을 지향해야 한다. 우리는 일찍이 파괴만 하고 건설은 하지 않은 참담한 교훈을 경험한 적이 있다. 또한 나는 중·고등학교 어문語文 교사를 지낸 적이 있어서 교육 개혁의 최종 실현은 제일선 교사의 의견에 의지해야 한다는 사실을 깊이 깨닫고 있었다. 설령 그들이 새로운 이념과 새로운 신념을 갈망한다 할지라도 구체적인 실천 방안에 더욱 깊은 관심을 기울여야 하고 아울러 그들에게 더욱 구체적인 도움을 줄 수 있어야 한다. 이처럼 초·중·고 어문교육 개혁에 참여하게 되자 필연적으로 나는 사상가와 실천가라는 상이한 배역을 맡아 상이한 논리로 일을 처리해야 했다.

> "사상가는 새로운 교육 이념 건설에 착안하여 자신의 교육 이념을 바탕으로 현행 교육의 폐단에 비판을 가해야 한다. 여기에서 사상과 여론의 외압이 형성되어 개혁을 촉진할 수 있게 될 뿐만 아니라 그가 호소한 개혁에도 사상적 자원을 제공할 수 있게 된다. 따라서 사상의 철저함이 요구되고 일정한 선구성先驅性도 갖추어야 한다.

이 때문에 이상주의적 색채를 띨 수밖에 없지만 현실의 활용성은 고려하지 않는다. 반면 실천가는 교육의 현실 상황을 마주하고 개혁의 필요성과 절박함을 체감할 뿐만 아니라 현실의 주관적·객관적 조건 하에서 개혁의 가능성과 한계성을 고려해야 하기 때문에 '점진적인' 개량주의 전략을 쓸 수밖에 없다. 그 속에는 현실에서 필요로 하는 타협도 포함되어 있기 마련이므로 사상가들처럼 철저할 수가 없다. 이렇게 함으로써 개혁이 온건하고 유효하게 진행될 수 있으며, 현실에서 발생할 수 있는 부정적인 작용을 최대한 피해 갈 수 있게 된다. 중국의 교육 개혁에 있어서 사상가와 실천가 모두 서로 불가결한 역할을 수행해야 함은 분명한 사실이다. 그들은 상호 보완적이면서 견제하는 입장에 있다. 만약 사상가가 제공한 거시적 관점과 새로운 이념 및 그 예리한 비판에 의해 형성된 거대한 충격이 없다면 개혁은 근본적으로 불가능하거나 단지 일정한 테두리 내에서 맴돌아 헌 부대에 새 술을 담는 것에 불과하게 될 것이다. 마찬가지로 사상가들이 제시하는 이상에 대한 실천가의 조정과 실천 가능한 활용 방안 및 실험이 없다면 이상이 실천 가능성에서 이탈하고 지나친 선구성이 결국 재난을 초래하게 될 것이다."119

내가 선택한 실천 업무는 두 가지였다. 그것은 첫째, 교과 외 참고도서인 『신어문 독본新語文讀本』의 편집책임자로 참여하는 일과, 둘째, 칭화대학 원저우雲舟 인터넷 교육 실험실에서 주관하는 인터넷 평가 실험에 참가하는 일이었다. 나의 입장에서 볼 때 중국의 초·중·고 교육 개혁은 근본적인 면에서 교육 관념을 바꿔야 한다는 점 이외에도 운용 단계에서 가장 중요한 고리가 두 가지 있다. 그 하나는 교재와 교과 외 참고도서의 개혁이고, 다른 하나는 평가에 대한 관념과 방법 그리고 평가 제도의 개혁이다. 이 두 부문의 개혁은 물

263

론 국가와 정부의 역량에 주로 의지해야 하지만 민간 부문의 참여
도 반드시 필요하다. 개혁이 소기의 목적을 달성할 수 있느냐 없느
냐 하는 점은 그것이 과학적 연구와 실험이라는 기초 위에서 진행
될 수 있느냐 없느냐에 달려 있다. 이 때문에 나는 나 자신의 참여
방식을 명확하게 두 가지로 규정했다. 첫째, '민간성'을 견지하는 것
이다. 나중에 내가 편집책임자로 참여한 『신어문 독본』은 순수하게
민간의 힘으로 편찬된 도서이다. 이 부문에서 나는 '국가 주류 정책
에 반대한 국사범'이 된 이후 사실상 체제 밖의 인사로 배척당하고
있었기 때문에 나중에 내가 편집책임자로 참여한 『신어문 독본』에서
도 결국 나의 이름을 밝힐 수조차 없었다. 이것이 바로 '민간성' 견
지의 한 증거이다. 이는 다른 한편으로 민간의 입장에서 또한 의식
형태의 제한이나 간섭을(이러한 제한과 간섭은 체제 내의 교재 편찬에서
는 불가피하게 받아들여야 하는 일이다) 받지 않는 상대적 독립과 자유
를 얻을 수 있었고, 이것은 더욱더 나의 개입 방식을 적합하게 해주
었다. 다시 말하자면 내가 추진하고 싶었던 것은 아래로부터의 교육
개혁 운동이 위로부터의 교육 개혁에 도움을 주거나 견제하는 방
식이었다. 둘째, '과학적 실험성'을 견지하는 것이다. 교과 외 참고
도서의 편찬과 인터넷 평가 실험은 모두 학술 업무로 이루어진 것
이고, 이는 학자로서 내가 응당 견지해야 할 개입 방식이었다. 나중
에 나는 또 확실하게 이런 작업을 총괄하는 일련의 글을 썼다. 읽
기 교육·쓰기 교육을 포함하는 초·중·고 어문 교육에 있어서 교과
외 참고도서를 편찬하면서 나는 몇 가지 이론적 탐색을 수행하였
고, 그것이 모두 『어문 교육 문외담』이란 책에 담겨 있다. 이렇게 하
여 나의 학술 영역은 현대문학 연구에서 초·중·고 어문 교육에 대
한 탐색으로 확장되었다. 내가 얻은 것이 비록 제한적이기는 하지만
새로운 분야를 개척했다고 할 수 있을 것이다.

아마 이보다 더욱 중요한 것은 교육 영역의 사상가와 실천가로서 나는 나 자신의 행위 방식에 두 가지 규정을 두었다는 점일 것이다. 우선 이상주의를 고양하자는 것이다. 『신어문 독본』을 편찬하면서 나는 처음부터 다음과 같은 점을 명확히 표명했다. 이 책은 이상주의자들이 쓴 작품의 결집체이다. 우리의 목표는 "우리 민족과 전 인류가 가장 아름답다고 인정하는 정신 식품으로 우리 아이들에게 영양분을 공급하여 그들의 심신이 건강하게 자라도록 하고 그들의 평생학습과 정신 성장에 밑그림을 제공하는 것이다." 따라서 우리는 '경전을 읽으며 대가에게 다가가자'라는 구호를 제창하면서 아울러 "교육은 반드시 학생들의 수용 가능성에 주의해야 하지만, 동시에 교육은 일정한 선구성을 지녀야 하므로, 학생들에게 일정한 난도를 제공하여, 그들이 어려움을 극복하는 과정에서 성장할 수 있도록 해야 한다. 그리하여 그들이 일단 어려움을 극복할 수 있게 되면 학생 개개인의 언어 감수 능력과 정신적 경지는 전에 볼 수 없었던 수준으로 높아지게 된다. 교육은 물론 대다수 학생을 고려해야 하지만 학습 잠재력이 뛰어난 소수의 학생들도 소홀히 해서는 안 된다. 이것은 재능에 따라 가르침을 베풀어야 한다는 이론의 주요 측면이다. 『신어문 독본』에서는 비교적 수준 높은 독서 모델을 수립하려 하였고 그것이 한 걸음 더 발전하려는 학생들의 욕구를 만족시킬 수 있었으며, 마찬가지로 중고등 수준의 학생들에게도 흡인력을 발휘할 수 있었다. 이처럼 '다시 한층 더 올라간다更上一層樓'는 경지는 중고등학교 교육(어문 교육도 포함)에 있어서도 필수불가결한 것이다."[20]

나의 또 다른 꿈은 수많은 농촌 아이에게 일련의 참고 독본을 편찬해주는 일이었다. "그 속에 민족과 인류의 정신문명의 정화를 결집하여, 농촌 아이들이 다른 책을 읽을 기회가 없거나 그럴 환경이 되지 않더라도 이 책들만이라도 반복해서 읽으면 문명의 전당으로 들어가서 평생 유익하게 살 수 있도록 해주고 싶었다." 솔직하게 말하자면 나로 하여금 『신어문 독본』을 편찬하도록 추동한 가장 강력한 원인은 바로 이와 같은 꿈이었다. 나의 입장에서 볼 때 도시의 아이들은 각종 교과서외 독서 선집을 접촉할 기회가 많이 있으므로 내가 다시 비단 위에 꽃을 그릴 필요까지는 없을 것으로 생각되었다. 그러므로 진정으로 정신적 기갈 상태에 처해 있는 농촌 아이들을 위해 시급히 필요한 독서 선집을 편찬해줄 필요가 있을 것 같았다. 그러나 이러한 생각은 앞서 제시한 높은 수준의 이상과는 상당히 모순되는 점이라고 할 수 있다. 따라서 『신어문 독본』은 총체적으로 심도 있어졌고 거기에다 편폭도 긴 작품이 많이 실렸으며 가격도 자연스럽게 비쌀 수밖에 없어, 이 책이 사실상 농촌으로 들어가기 어려워졌다. 나중에 나는 다시 『신어문 독본』 농촌판을 편찬하여 이 같은 단점을 보완하려 하였지만 그리 큰 효과를 볼 수 없었다. 이 점에 대해 나는 늘 근심스러운 마음을 갖고 있다. 왜냐하면 이 독본은 나의 기본적인 교육 이념과 관련되어 있기 때문이다. 나는 초·중·고 교육 개혁에 개입하기 시작할 때, '공평'을 나의 두 가지 기본 교육 이념의 하나(다른 하나는 참여)로 상정했다. 나는 교육 개혁에 개입할 때 대학 교육을 중점으로 선택하지 않았다.(비록 나도 베이징대학을 중심으로 대학 교육에 관한 글을 적지 않게 썼고, 또 대학 문학선집 편집 업무에 참여하기도 했지만 말이다.) 내가 의무 교육과 기초 교육을 중심으로 삼은 것은 바로 기초 교육이 모든 사람의 기본 교육권 향유와 연관되어 있고 그들의 기본 인권에 속한 것이며, 이러한 인재 양성이 경제발전 과정에서 경쟁의 출발점이 되는 평등과 관계되어 있기 때문이다.[21] 그리고 교육의 평등을 실현하기 위한 관건은 농촌 교육에 달려 있다. 이것은 앞에서 진술한 '진정한 지식계급, 즉 '비판적 지식인'이 교육 관념을 선택하는 과정에서 자연스럽게 확산시켜나가는 관념이라고 할 수 있다.

이상주의를 견지하는 동시에 나는 또 실제 운용 과정에서 현실주의를 강조했다. 첫째, 나는 하나하나의 구체적이면서 심지어 자질구레하기까지 한 일을 시작으로 견실한 설계 업무를 추진해나가야 한다고 강조했다. 그런 까닭에 나는 빈 감투나 쓰는 편집책임자가 아니라 실제로 구체적인 편집 업무에 모두 참가하였고, 그 과정에서 피로가 누적되어 병까지 얻고 말았다. 둘째, 낮은 목소리로 일을 처리했다. 우선 업무 시작부터 바로 나 자신에게 일정한 경계선을 그어두었다. 즉 내가 무슨 일을 할 수 있고 무슨 일을 할 수 없는가, 어떤 일을 할 수 있다면 그것이 어떤 가치를 지니고 있으며 또 거기에는 어떤 한계점이 존재하는가를 명확히 인식하고자 했다. 따라서 나는 『신어문 독본』에 다음과 같은 자리를 잡아주었다. 이것은 교과외 참고도서이지 교과서가 아니다. 그 대상은 어문 학습의 기본 능력을 갖춘 후 계속 수준을 높여가려는 학생들이지 모든 학생이 아니다. 또 이 책은 문학·문화와 정신 자원에 관련된 독본으로 문학 언어와 인문정신의 훈도에 편중되어 있지, 어문 지식 전수와 어문 능력 훈련을 주요 임무로 삼고 있지 않다. 이것은 『신어문 독본』의 특색이자 특수한 가치의 소재인 동시에 그 한계점이기도 하다. 그리하여 『신어문 독본』「편자의 말編者的話」에서 다음과 같이 선언했다.

"우리가 제기한 어문 교육의 이념과 원칙·착상에는 그 자체로서의 가치가 존재하는 동시에 부족하고 유감스러운 점도 있다. 그러므로 모두들 함께 토론할 수 있고, 우리 자신도 다른 사람의 비평·질의 과정 그리고 자기반성·인식 심화의 과정에서 이에 대한 끊임없는 수정과 점진적인 개선을 추구해나갈 것이다. 우리는 또 다만 『신어문 독본』이 다양한 교과 외 참고도서 가운데서 자신의 특색을 지닌 하나의 독서물이 될 수 있기를 바랄 뿐이다. 여기에는 시종일관 자아에 대한 질문 정신이 작용하고 있고, 이 점이 아마도 이『신어문 독본』의 최대 특징일 것이다."[122]

그러나 매우 슬픈 일은『신어문 독본』을 사회로 떠밀어 넣은 후 그 운명을 우리 자신도 조종할 수 없었다는 점이다. 처음에 이 독본은 엄청난 압력을 받았지만 독서시장에서 생명의 활력을 얻은 후에는 시간이 갈수록 더 큰 영향력을 발휘했다. 이 점에 대해서 나는 물론 위안을 받고 있다. 이 같은 민간 독서물이 기존 체제에 영향을 미친다는 점, 이것이 바로 우리가 추구해온 목표의 하나이다. 그러나 나는 더 큰 근심에 휩싸이게 되었다. 왜냐하면『신어문 독본』자체의 한계점을 벗어난 영향은 우리도 예상치 못했던 것이기 때문이다. 예를 들자면 그것을 교재의 견본으로 본다든지, 더 나아가『신어문 독본』의 기본 정신에는 아무런 관심이 없거나 전혀 이해하지도 못한 채, 완전히 이익이나 상업적 목적으로 모방하고 답습하는 것 등이다.

본래의 의도와 반대 방향으로 치닫는 것은 어떤 의미에서『신어문 독본』에 대한 일종의 상해傷害라고 할 수 있다. 우리는 이 점에 대해 거의 아무런 힘도 발휘할 수 없다. 다행히 나 자신은 처음부터 내가 참여한 이 일에 대해서 늘 질문하는 태도를 견지했고, 내 마음속에도 이 점은 매우 분명하다. 이것은 내가 재삼 설명해온 점이다. 나의 모든 노력과 분투에 나는 모든 심혈을 다 기울였지만, 그 효과는 단지 소수점 영점 영영영 몇에 불과하다. 그러나 그것이 정수正數가 될 것임을 확신하고 그것으로 만족하고 있다. 들리는 말에 따르면『신어문 독본』이 이미 20여만 부나 발행되었다고 한다. 그중에서 몇백 명이라도 진정으로 이 책을 읽어서, 정도는 서로 다르더라도 일정한 영향을 받는다면 나도 만족할 것이다.

큰 문제를 생각하고
작은 일을 하자

　　　　　　　새로운 세기 초에 이르러 위의 입장은 점점 내 생명의 존재 방식이 되었고, 나는 그것을 '큰 문제를 생각하고, 작은 일을 하자想大問題, 做小事情'는 구절로 개괄했다. 솔직하게 말해서 여기에는 내가 어떻게 할 수 없는 점이 상당 부분 들어 있고 또 어떤 면에서는 반항의 의미도 담겨 있다. **나날이 심각해지는 탄압과 개편에 직면하여,** 그리고 '암묵적 동의와 판에 박힌 해석' '체제 선전과 허위 연기'라는 4대 유행[요구]에 직면하여, 나는 나 자신을 위해 네 가지 경계선을 정했다. 첫째, 최후의 마지노선으로 자신의 '불不'(암묵적으로 동의하지 않고, 판에 박힌 해석을 하지 않고, 체제 선전을 하지 않고, 허위 연기를 하지 않는)의 권리와 침묵의 권리를 수호한다. 둘째, 가능한 한 자신의 독립적이고 진실한 목소리를 내면서 미친 듯이 흘러가는 사회 흐름 속에서 각성자와 비판자로 살아간다. 셋째, 이런 가능성이 없더라도 자신의 독립정신을 포기하지 않는다. 동시에 여전히 적극적으로 일을 하고 나 자신이 원하는 일을 한다. 그리고 힘이 닿는다면 조건이 있는 일도 한다. 또 나에게 해가 없고 사회에 유익한 일을 한다. 이런 일은 아마도 효용성이 미미하여 입에 담을 수도 없겠지만 나 자신에게는 굳게 지켜야 할 일이다. 결국 자신의 신념을 일상생활의 윤리와 구체적 행위로 삼아 이른바 '자신을 반성하며 성실하게 살아야反身而誠' 하는 것이다. 이것이 바로

'작은 일을 하자'는 의미이다.

이른바 '큰 문제를 생각하고 작은 일을 하자'는 말은 "사상의 불구속성과 실제의 일을 견실하게 결합시키고, 장차 자신의 신념을 고수함으로써 표출되어 나오는 사상의 철저성과 급진성을 현실 운용 과정에서의 작은 일과 결합시켜 이 양자 사이에 일종의 장력을 형성하고자 하는 것이다." 이렇게 하면 자신의 일상생활에 이상의 빛이 스며들고, 실천하는 작은 일에도 일종의 시적인 정취가 부여될 것이다. 이와 동시에 이상에 대한 추구는 또 일상 속 구체적인 생활에도 실현되어 아주 강력한 운용성을 갖추게 되고, 이에 따라 공리공담이나 무사안일의 상태에서 벗어날 수 있다. 그리고 내면세계도 총체적인 초조감 속에서 순간 순간마다 충실함을 느끼게 될 것이다. 나는 전에 이렇게 말한 적이 있다. "이 점은 아마도 부분적으로는 수많은 친구가 느낀 '문장 속 첸리췬'의 우울한 근심과 '생활 속 첸리췬'의 생기발랄함 사이의 모순이라고 해석할 수도 있을 것이다." 일상생활 속에서 나는 확실히 생기발랄하다. 나는 일찍이 젊은 친구들에게 나의 생명 존재 형태를 다음과 같이 진술한 적이 있다. "나의 생명 역정에는 높은 산봉우리도 있고 깊은 계곡도 있었지만, 나는 시종여일하게 나 자신에게 크고 작은 이상과 현실 속 목표를 설정해왔다. 크게는 끊임없이 사상과 학술의 최고봉에 오르고자 하였고, 작게는 한 권[질]의 책을 읽거나, 한 편의 글 또는 한 권의 책을 쓰거나, 혹은 한 질의 책을 편집하거나 심지어 한 차례 여행을 계획할 때도 항상 기대와 상상에 젖어 일종의 격정과 충동을 품고 전력으로 나의 심신을 던져 넣고 그 속에서 도취 상태에 빠져들곤 했다. 그리하여 어린아이의 눈으로 사물을 새롭게 발견하고 그것을 내 자아 생명의 새로운 개척과 창조로 여기면서 그 속에서 시적인 감각을 얻어냈다. 나는 온 생명을 던져 넣는 강력함을 추구하기 때문에 '독서를 할 때도 목숨을 걸고 읽고, 놀이할 때도 목숨을 걸고 논다'는 말로 나의 생활을 개괄하기도 했다. 이와 같은 생명 자유의 유쾌 통쾌한 상태야말로 바로 내 생활의 지향점이다." 물론 나는 이 점에 대해서도 이렇게 선언했다. "이건 아마도 내 개성의 소치이지만 생명의 소진이 지나치게 커서 결코 따라할 만한 일이 아니고, 단지 나 자신에게만 적합한 일일 따름이다."[123] 이와 동시에 나는 또 아Q주의의 함정에 빠져드는 것도 경계했다.

존재하고 노력하면서
서로서로 부축하자

반항과 절망 속에서 항상 동행자의 이해와 지지를 얻을 수 있다는 것이 나의 비관주의 속의 낙관주의이다. 나는 초·중·고 어문교육 개혁에 참여할 때 처음부터 이렇게 지적했다. 설령 눈앞의 개혁에 뜻을 둔 선생님이 총 교사 수에서 그리 큰 비율을 차지하지 않더라도 중국은 인구가 많기 때문에 교사 대오의 숫자는 규모가 상당히 방대하다. 이 때문에 이상을 품고 개혁을 추구하는 교사의 절대적인 숫자는 상당수에 달한다고 할 수 있다. 이런 사람들이 "서로 이해하고 서로 지지하면서 영혼과 현실의 경험을 교류하고 조금씩 도움을 나눈다면 자신이 결코 고독하지 않고 진정한 동행자가 옆에 있다는 느낌을 받을 것이다."[124] 『신어문 독본』편집위원회는 바로 이와 같은 동행자의 집합처였다. 그리고 『신어문 독본』이 비교적 커다란 영향력을 발휘한 이후 친구들은 또 기세를 몰아 수많은 새로운 과제와 새로운 영역을 개척하면서 일군의 새로운 동행자를 규합했다. 이들 대오는 눈덩이처럼 불어나서 서로 독립성을 유지하면서도 서로 지지하는 가운데 끊임없이 교육 개혁을 추동하는 튼튼한 역량으로 자라났다. 이 점이 아마도 『신어문 독본』편찬의 최대 수확일 것이다. 또한 우리는 아직도 서로 알지 못하는 더 많은 동행자가 서로 다른 부문, 방향, 영역에서 각자의 노력을 경주하고 있고 사회의 진보와 이상의 실현은 바로 역사 속에서 이러한 역량이 결합되어 나타난다는 사실을 믿고 있다. 나는 이로 인해 루쉰이 말한 "끝이 없는 먼 곳, 무수한 사람이 모두 나와 관련이 있다"[125]는 구절의 심오한 뜻을 잘 이해하고 있다. 특히 나를 감동하게 하고 나에게 위안을 준 것은 스스로 어문계의 권위자라고 일컫는 대인물들이 나에게 대대적인 공격을 가할 때, 수많은 교사와 학우들이 내게 편지를 보내왔다는 사실이다. 거기에는 이해와 신임이 가득했고, 더더욱 정확한 인식과 투철한 견해가 넘쳐흐르고 있었으며, 또 선의의 비평과 일깨움이 담겨 있었다. 이것이야말로 내가 진정으로 경청해야 할 목소리인 것이다. 근래 나는 매년 전국적으로 100명이 훨씬 웃도는, 전혀 만난 적이 없는 친구들과 편지를 주고받고 있다. 이들은 주로 세 부류로 나뉜다. 첫째, 대학원생, 대학생, 초·중·고 학생, 둘째, 초·중·고 교사, 셋째, 민간 사상가들이다. 나는 엄청난 정력을 들여 하나하나 답장을 해주고 있다. 이것은 일종의 쌍방향 생명 운동이다. 나는 나를 필요로 하는 젊은이들에게 도움을 주는 동시에 그들에게서 더욱 풍성한 보답을 받고 있다. 나의 입장에서 이것은 바로 중국 하층사회 및 청년 세대와 정신적 연대를 구축할 수 있는 중요한 가교라고 할 수 있다.

2000년 10월 28일 나는 '창장 독서상 시상식에서 행한 강연在長江讀書獎頒獎會上的講話'에서 다음과 같은 발언을 한 적이 있다.

"나는 존재한다. 나는 노력한다. 우리는 이처럼 서로서로 부축한다.—이것으로 충분하다."

이 말은 내가 사상가와 실천가로 살아온 생명 역정에서 정련해낸 좌우명이다. 좀 더 과장해서 말한다면 이것은 나의 철학이며 신념이라고도 할 수 있다. "바로 이와 같은 존재의 미美와 분투의 미, 그리고 인성과 인정의 미에 대한 부지런한 추구가 나의 마음 깊은 곳의 빛이 되고 있고, 아울러 이것으로 외면과 내면의 모든 암흑을 막아내고 있다."[126]

제7장
유랑자와 사수자

"떠남—귀환—떠남":
한 가지 문학 유형의 발견

　　　　　　　　우선 이것은 한 가지 문학 유형의 발견이
다. 1989년 7, 8월 나는 1940년대 작가를 연구한 두 편의 논문, 즉
「루펀: 지식인의 유랑蘆焚: 知識者的漂泊之旅」과 「무명씨: 생명의 탐구와
환멸無名氏: 生命的追尋與幻滅」을 썼다. 나는 작가 루펀이 묘사한 광야의
방랑자 신상에서 먼 곳을 응시하는 태도를 발견했다. 신비하고 알
수 없는 '먼 곳'으로 가서 '탐험'을 하고, '아무도 알지 못하는 운명'
을 찾아가려는 갈망을 발견했다. 이것은 바로 영원히 도달할 수 없
는—온전한 생명을 추구하는—'절대 이상'이다. 이것은 "영원히 '만
족할 수 없는 욕망'으로 '인간' 생명의 본질을 이루고 있다. 정신과
육체가 아직 위축되지 않은 사람들을 내몰아 생활이 그들에게 덧
씌운 족쇄를 벗어던지게 하고, 안신입명安身立命의 '가정'이라는 '낡
은 소굴'을 뛰쳐나가게 한다. 그리하여 자신을 낳고 길러준 고향과
이별하게 하고, 천지사방으로 유랑하는 인생을 살게 한다." 그러나
"그들은 일단 도시로 들어오면 즉각 '커다란 여관' 같은 시내의 떠
들썩한 군중 속에서 돌연 자신의 목소리와 자신의 색깔을 잃어버린
다." "이 금전이 지배하는 기계적인 도시에 진정으로 안착하게 되면
새로운 생명 활력을 찾겠다는 희망을 품고 도시로 흘러온 유랑자는
결국 금세 또 다른 형태로 생명이 메말라가는 것을 발견한다." "그리
하여 일찍이 낭만주의적 호방함을 품었던 이들 유랑자는 또다시 진

정한 정신적 유랑자가 된다." 그들은 "우리는 기대하지 않았던 것을 얻었고, 기대했던 것을 잃었다"고 슬피 탄식한다. 아울러 '나는 누구인가?', '나는 어디로 가야 하나?'라는 질문에 대답하지 못한다. 이에 그의 심령 깊은 곳에서는 또다시 "'귀환'을 호소하는 메아리가 울린다." 그러나 그들이 다시 진정으로 귀환하여 '고향의 거리'에 들어서면 모든 '거리 연변'에서 '누워서 코를 고는 개들을 발견한다. 개들은 절대 짖지 않는다. 발로 차도 짖지 않는다.' "집 안으로 들어서면 방 안의 가구들이 몇 년 전 그대로임을 발견한다. (…) 모든 것이 거의 아무런 변화도 없이 모두 옛날 그곳에 놓여 있다." "이에 그의 신변에서는 또 하나의 목소리가 메아리친다. '너는 무엇을 하러 여기 왔느냐?' 영혼의 평안은 찾았느냐? 생명의 새로운 원천은 얻었느냐? 이곳엔 아무것도 없다. 오직 생명의 '무덤'만이 있을 뿐이다." "탕자들은 다시 실망감을 느끼면서 돌연 아침저녁으로 그리워한 고향에서 자신이 단지 낯선 '나그네'일 뿐임을 발견한다." "영원히 '비현실적인 영혼'과 영원히 '변하지 않는' 고향 소도시는 근본적으로 서로를 감싸안을 수 없다." 그들 앞엔 두 가지 선택만이 놓여 있을 뿐이다. 그 하나는 총총히 달려와 고향을 한번 훑어본 후에 곧바로 총총히 고향을 떠나 이 망향의 옛 꿈을 영원히 매장시켜버리는 일이다. 다른 하나는 고향에 머물기는 하지만 영원히 인정받지 못하는 삶이다. 고향 소도시에는 "마치 그와 같은 사람은 없는 듯, 그는 단지 사람들의 우스개 속에서나 존재할 뿐이다." '떠남—귀환—떠남', 사람들은 사실 이미 영원히 벗어날 수 없는 '악순환' 속에 갇혀 있다. '하늘로 올라가려 해도 길이 없고, 땅으로 들어가려 해도 문이 없다.' 어디에도 영혼을 안치할 곳(안식처라고 말할 필요도 없다)이 없다.[1]

나중에 나는 루쉰의 저작에서도 이와 같은 '떠남—귀환—떠남'이라는 생명의 궤적과 문학 유형을 발견했다.[12] 연구가 심화됨에 따라 이것이 실은 중국 현대문학의 기본적인 서사 유형이라는 사실을 인식하게 되었다. 여기에는 물론 중국 현대 지식인의 생존 곤경이 반영되어 있다.

유랑과 사수:
나의 기본적인 생명 명제와 정신 명제

　　　　　　　　뿐만 아니라 이러한 역사가 바야흐로 반복
되고 있다. 나는 여기에서 1940년대 중국 대지를 떠돈 방랑자들의
생명 궤적에 대해 묘사한 작가들의 글을 읽으면서, 그것이 마치 농
촌에서 도시로 쏟아져 들어온 1990년대 중국 농민과 농촌 지식인들
의 운명과 유사하다는 것을 느꼈다. 그러나 그해[1989년] 여름 나의
강렬한 공명을 불러일으킨 것은 정착지가 없고 귀의처가 없는 생명
의 유랑감이었다.

　아마도 이와 같은 심리적 배경 하에서 '나와 구이저우 안순安順'의
관계는 내 생명의 명제가 되었다. 1990년 7월 나는 나의 안순 친구
와 학생들이 쓴 극본 「고향 사람故鄕人」을 비평하는 글 한 편을 썼다.
이 극본은 바로 '농촌에서 도시로 흘러 들어갔다가' 다시 '고향으로
돌아와' 갖가지 충돌을 일으킨 후 또다시 고향을 '떠날' 수밖에 없
는 한 유랑자의 이야기를 다루고 있다. 당시 베이징에서 상연되어
수도 연극계의 주목을 받았다. 나는 그 비평문에서 연극 제목에 의
지하여 글의 논리를 풀어내면서 거의 가감 없이 이 책 앞부분에서
인용한 그 일단의 문자를 그대로 베껴 넣은 뒤 마지막에 글의 요점
을 지적했다. "나는 '안순'을 그리워하면서도 '안순'으로 돌아가기가
두렵다. 나는 '타향'에서 생활하며 정신의 유랑을 계속할 수밖에 없
다." 나는 또 다음과 같은 말을 덧붙였다. "여기에서 말하는 '안순'은

실제 지명이지만 일종의 상징이기도 하다." 말하자면 '그리워하면서도' 돌아가기를 '두려워하는' 심정은 당시 나의 사상적 상황과도 부합한다. 「돈키호테와 햄릿」이라는 글 한 단락에서 언급한 바와 같이, **당시 그러한 풍파를 막 겪고 나서** 나는 내 몸에 깃들어 있는 돈키호테적 기질을 반성하고 있었다. 그중에서 중요한 내용의 하나가 바로 소위 '돈키호테의 귀환'이었다. 정신적 귀의처를 찾는 나의 욕구는 이해할 만한 것이지만 그러나 나는 당시에 그것이 빠져들 수 있는 함정에 대해서도 경계심을 갖고 있었다.

글이 발표된 후 안순의 친구들 사이에서 큰 반향이 일어났다. 란쯔籃子 군은 전문적으로 나의 문장에 호응하는 글 한 편을 썼다. 그는 또 하나의 '새로운 시각'에서 출발하여 "개인적 관점이 아니라 집체적 관점에 근원을 두고 '떠남'과 상반된 '사수死守'의 심리와 정신에 대해 상당히 깊이 있는 분석과 상세한 해석을 시도했다. "떠나는 자는 그곳을 떠나면서 모든 것을 까맣게 망각한다. 그러나 사수자는 운명의 참호를 굳게 지키면서 물러날 수 없는 끈기로 떠난 자가 회피한 모든 일(가벼운 일, 무거운 일)을 떠맡을 수밖에 없다."

"떠난 자가 늘 성공하는 것과 비교해보면 사수자는 다만 무언의 고통과 침묵 속 인내를 감내할 수 있을 뿐이다. 설령 불만과 원망이 있을 수 있지만 거부할 수도 없고 책임을 전가할 수도 없다. (…) 그들은 일상의 습관이 생활화되어 이 사방팔방에서 옥죄어오는 고난과 번민, 침중과 억압, 고통과 실망, 용속과 잡다함 속에서 아무 말 없이 전전하면서도 그처럼 침착하고 평온한 모습을 보여준다. 이 얼마나 묵묵히 제자리를 지키는 영웅의 기개인가! 그리하여 우리는 평범하고 습관적인 속인들 속에서 아무도 주목하지 않는 무수한 '동행자'들에게 감춰져 있는 사수자의 정신을 발견하게 된다.─

이것은 오직 총체적인 이해 속에서만 체득할 수 있고 깨달을 수 있는 집체적 정신 상태이다. 또 이것은 한 국가나 한 민족의 가장 심층부에 강고하게 자리 잡고 있는 존재의 기초이며, 가장 유구하게 이어져온 성장의 뿌리이다. 그리고 이것은 무언의 위대함이며 용속의 숭고함이고, 겉으로는 유약하고 순종적인 것처럼 보이는 완강함 및 불요불굴의 정신이다."[13]

란쯔의 글은 나를 매우 격동시켰다. 나중에 나는 연극을 비평한 나 자신의 이 글과 란쯔 군의 이 글을 한 편으로 묶어서 「고향의 아들의 유랑과 사수鄕之子的漂泊與困守」라는 제목을 달아 한 수필집에 수록했다. 그때부터 '유랑자'와 '사수자'는 나의 기본적인 생명 명제와 정신 명제가 되었다.

란쯔가 그의 글에서 제기한 것은 역사관 및 문화관과 관련한 매우 중대한 문제이다. 나는 나중에 또 한 편의 글에서 역사책에 기록된 것은 단지 억만 인의 운명을 결정한 위대한 인물의 역사활동이지 그 '억만 인'의 활동은 아니라고 지적했다. 그러나 란쯔가 말한 바와 같이 대지 위에서 묵묵히 사수한 그들의 활동이 진정으로 "한 국가와 한 민족의 가장 심층부에 강고하게 자리 잡고 있는 존재의 기초가 된다." 사람들은 문화를 이야기하면서 언제나 역사나 경전에 기록되어 있는 문화에만 관심을 기울이고, 보통 사람들의 일상생활 속에 깃들어 있는 문화는 소홀히 취급한다. "그것은 진상이 숨겨져 있어서 심지어 쉽게 관찰되지 않지만 매우 완강한 힘을 지니고 있다." "중국 보통 민중의 정신 구조 깊은 곳에 뿌리박고 있기 때문에" 민족 문화의 밑바탕을 이루고 있다.[14] 진정으로 한 민족의 운명을 결정하는 것은 그 민족의 근저를 이루는 보통 사람들의 생활 논리이다. 혹자는 또 역사 속에서 어떤 변동이 일어나더라도 마지막에는 결국 그 대지 위에서 살아가는 대다수 사람의 생활 논리로 되돌아오게 된다고 했다. 그 변동 속의 '불변'과 가장 유구하게 이어져온 생명력이야말로 한 민족의 진정한 역량이 존재하는 곳이다. 역사적으로 찬란한 지위를 차지한 위대한 인물들이 이 점을 인정하지 않더라도, 집체의 모습으로 존재해온 보통 백성들, 즉 대지의 사수자들은 묵묵히 침묵을 고수해나갈 것이다.

자각적으로 두 곳의
정신 기지를 건설하다

이 점을 의식하고 나는 곧 더욱 수준 높은 관점으로 나와 구이저우 안순의 관계를 다룰 수 있게 되었다. 후자가 바로 내 생명 존재의 근원이다. 나와 안순 친구의 관계를 구체적으로 다루는 것은 어떤 의미에서 유랑자와 사수자의 관계를 관찰할 수 있는 일이고 이 양자는 상호 보완적일 수 있고 또 상호 보완적이어야 한다. 안순 친구에게 보낸 편지에서 나는 이렇게 썼다.

> "나처럼 추상적인 정신 영역인 상아탑 속에서 생활해온 지식인들은 항상 세속생활의 현실감과 인정미를 흠모한다. 그러나 일단 몸이 세속에 있게 되면 누에 실과 같은 잡다한 일들이 심신에 얽혀들어 날이 갈수록 의기소침한 상태로 빠져든다. 인간의 정력도 이처럼 아무 의미도 없이 손가락 사이로 모래가 새어나가는 것처럼 조금씩 조금씩 소실되어버린다. 이상적인 인생은 대체로 정신의 상아탑과 세속생활 사이에서 자유롭게 출몰해야 한다."[15]

그리하여 '두 곳의 정신 기지'를 건설해야 한다는 자각심이 들기 시작했다. "그 하나는 사람들에 의해 '정신의 성전'으로 일컬어지는 베이징대학이었고, 다른 하나는 중국 변방 낙후된 곳에 위치한 구이저우 안순이었다." "나는 사회의 정점과 하층부, 대학과 민간은

285

응당 서로 소통해야 한다고 믿고 있다."[16] 솔직하게 말하면 이처럼
두 곳의 정신 기지를 갖게 된 것에 나는 자부심을 느낀다. 학자로서
지식인으로서 자유롭게 민간에 출입할 수 있다는 것은 학문 연구에
있어서 특별한 장점으로 작용할 수 있다. 이 때문에 나는 베이징대
학과 구이저우 안순에 영원한 그리움과 감동을 갖고 있다.

"국민 속으로
깊이 들어가다"

바로 이 같은 경험이 있었기 때문에 나는 루쉰이 신해혁명 후의 고민에서 벗어나기 위해 '국민 속으로 깊이 들어가려고'[17] 한 점에 강렬하게 공감하면서 또 새로운 이해도 하게 되었다. 아울러 이 명제를 젊은 세대에 대한 기본적인 요구로 삼게 되었다. "침잠 10년—새로운 세대 대학원생들에 대한 기대沈潛十年—對新一代硏究生的期待"라는 강연에서 나는 '국민 속으로 깊이 들어가다' 라는 명제를 네 가지 내용으로 나누어 상세히 설명했다. 첫째, 학자와 지식인들은 일상생활에서 중국 국민들(보통 사람들)과 유기적인 관계를 맺어야 한다. 학술 연구의 문제의식은 "중국 본토의 현실에서 출발해야(발을 디디고 있어야) 한다." 둘째, "역사 전환 시기에 중국 국민의 일상생활 속, 즉 중국 인구가 밀집되어 있는 광대한 농촌, 역사의 지평선 아래에서도 심도 있는 변화가 일어나고 있지만, 다른 한편으로 그곳에는 여전히 외부의 변화에 영향받지 않는 그 어떤 항구성도 존재하고 있다." "새로운 세대의 학자들은 중국의 발전을 위해 새로운 사상과 새로운 이상을 제기해야 하는 역사적 사명을 짊어지고 있다. 새로운 사상과 새로운 이상의 제기는 위에서 진술한 바와 같이, '변화變'와 '항구성常'에 의해 결정되는 중국 국민의 기본적인 정서를 깊이 이해하는 데서 벗어날 수 없을 뿐만 아니라 심지어는 그 이해에 철저하게 의존해야 한다. 그렇지 못하면 우리의 '창조'는 '뿌리 없는 나무'로 변질되고 말 것이다." 셋째, "대학의 학문은 민간 학문과 민간 학술에서 끊임없이 영양을 섭취해야한다." "학원의 체제화는 한편으로 학문 발전에 필요하기도 하지만, 다른 한편으로는 오히려 학문 창조력에 일종의 억압으로 작용할 가능성도 있다. 이러한 측면에서 모종의 야성을 갖춘, 즉 비규범적이어서 체제의 제약을 받지 않는 민간 사상과 민간 학문은 상아탑 내의 학문을 보완해주는 역할을 담당할 수 있다." 넷째, 한 학자의 정신세계는 '지극히 광활해야 한다.' "만약 학자의 흉금과 시야가 그가 생활하고 있는 서재처럼 협소하다면 너무나 슬픈 일이 될 것이다." "진정한 학자는 생활을 열렬히 사랑하고 생명을 열렬히 사랑한다." "그는 사람, 특히 보통 사람(소위 '국민')의 일상생활에 대해 정통하다. 이에 학자는 서재생활의 무미건조함과 사상의 선구성으로 인해 늘 적막 속에서 고독을 곱씹으며, 평범한 인생에서 짙게 발산되어 나오는 인정미에 본능적인 지향과 애정을 보이며 그리움에 빠져든다."[18]—여기에는 나 자신의 생명 체험과 욕구가 자연스럽게 배어들어 있다.

새로운 곤혹:
코소보 사태와 9·11 테러 그리고 이라크 전쟁

이 명제를 제기하게 된 것은 신세기 초에 글로벌화라는 새로운 사상문화적 배경이 있었기 때문이다. 따라서 글로벌화 문제에 대한 나의 인식 과정을 간단히 회고할 필요가 있겠다.

1980년대에서 1990년대 초에 이르기까지 우리는 '중국문학 세계화'라는 명제를 제기했지만 적어도 나와 같은 지식인들의 관심은 여전히 중국 자체 문제에 놓여 있었다. 기억하건대 우리와 상당히 밀접한 관계를 유지하고 있던 한 일본 친구가 이에 대해 매우 의아하게 생각하며 이렇게 질문한 적이 있다. "전 세계 지식인들이 매우 깊은 관심을 기울이는 문제에 대해서 당신들 중국인은 왜 그렇게 언급하는 사람이 드무냐?" 나는 이와 같은 그들의 일깨움으로 인해 나 자신이 생각하는 것의 시야가 매우 좁다는 것을 알게 되었다. 우리 세대 사람들이 진정으로 자아의 폐쇄성에서 벗어나는 데는 일단의 시간이 필요했다. 그러나 아주 급속하게 중국 사회는 또 다른 극단으로 치달아갔다. 즉 '국제사회와의 동보성 유지'가 갑자기 한 시기를 유행하는 구두선과 행동 규범이 되었고, 나와 같은 사람은 오히려 이러한 극단에 대해 짙은 의구심을 갖게 되었다.

그러나 이러한 부문에 있어서 나의 진지한 생각을 유발시킨 것은 바로 1999년에 일어난 코소보 사태였다. 나는 이해 연말에 쓴 「할 말이 없다無法言說」란 글에서 당시 내가 갖고 있던 생각을 한 차례 정리했다. 우선 나를 경악시킨 것은 "유고 연방에 대한 미국과 나토의 무차별 맹폭이었다. 그것은 세계 패권주의의 진상을 폭로해주었다. 이 같은 패도覇道와 전제專制는 어떤 다른 목소리도 용납하지 않았고 어떠한 타협도 받아들이지 않았다. 뿐만 아니라 타국(특히 약소국) 국민의 생명은 전혀 안중에도 없었다. 이는 자국 국민의 생명은 극도로 중시하는 태도와 선명한 대비를 이루어 그들이 가진 잠재의식 속의 종족주의를 적나라하게 드러내 보였으며, 이에 따라 국제 패권 통치는 극단으로 밀려 올라갔다." 이러한 과정에서 나는 냉전 시기와 냉전 후 시기의 세계정세에 대해 새로운 사고를 하게 되었다. "소련을 중심으로 하는 사회주의 진영과 미국을 중심으로 하는 자본주의 진영의 대립, 그리고 이러한 냉전 구조에 의해 형성된 부정적 영향에 대해서는 근래 비교적 많은 사람이 언급한 바 있다. 반면에 사람들은 사회주의와 자본주의의 이원 대립 과정에서 이 두 체제가 서로 제약하고 서로 스며들어 서로 영향을 주고받은 긍정적 의의에 대해서는 매우 소홀하게 취급하고 있다. 어떤 의미에서 자본주의 제도가 자체적으로 다양한 위기를 겪은 후에도 여전히 모종의 생명력을 유지할 수 있는 까닭은 바로 상당 부분 자국 내의 수많은 사회주의자들(공산주의자도 포함)과 완강한 투쟁을 벌이는 과정에서 사회주의 사상의 긍정적인 요소를 흡수하여 일정한 자기 조절 능력을 갖추었기 때문이다. 반면에 사회주의에서는 자본주의를 절대적으로 거부하면서, 심지어 이념의 순결성을 위해 그 속에 포함된 일부 합리적 요소를 여지없이 극단으로까지 밀어붙였으며, 이는 결국 몇몇 사회주의 국가가 해체되는 중요한 원인으로 작용했다. 20세기 말에 이르러 자본주의는 기본적인 면에서 사회주의 견제를 받지 않고 전 세계적으로 절대 권력을 획득하였고, 그 이후 자본주의에 내재해 있는 전제주의적 요소가 아무런 거리낌 없이 악화 일로를 걸으며 자기 자신의 부패 상황을 끝없이 노정하기에 이르렀다. 절대 권력은 절대적 부패를 초래한다는 객관 법칙이 자본주의에도 동일하게 적용되는 것이다."—이 점이 내가 첫 번째로 직면한 글로벌화 문제였고, 위의 진술은 그것에 대한 나의 최초의 사고였다.

당연한 이야기지만 코소보 사태에서 나를 가장 경악하게 한 것은 중국 국내 문제가 그 사태에 반영되어 나오기 시작했다는 점이다. 그리하여 나는 문득 나의 입장이 복잡하고 모호하며 말로 설명하기 어렵다는 사실을 발견했다. 나는 나의 '참인간 세우기' 사상을 견지하면서 인간의 생명 가치를 강조하고 개체 정신의 자유를 강조하며, 모든 노예제도와 압제에 반대해왔다. 여기에는 필연적으로 다음과 같은 내용이 포함되어 있다. 첫째, 코소보 소수 민족에 대한 유고 연방 지도자들의 종족말살 정책에 반대한다. 둘째, 유고 연방에 대한 미국과 나토의 무차별 폭격이 무고한 시민들의 살상을 초래하는 사태에 반대한다. **셋째, 학생과 민중의 항의에 대한 중국 당국의 통제와 이용 그리고 인권 문제에 대한 중국 당국의 이중적인 태도에 반대한다.** 셋째[넷째], '공론'으로 자행되는 극단적 민족주의에 반대한다. 넷째[다섯째], 청년 학생과 민중의 정당한 민족주의 정서를 자유주의 지식인들이 단순하게 부정하는 태도 및 그들이 지향하는 전반적인 미국화 주장에 대해서도 찬성하지 않는다. 다섯째[여섯째], 이른바 '신좌파'들이 극단적인 민족주의의 위험성을 근본적으로 인정하지 않거나 소홀하게 취급하는 태도에 대해서도 동의하지 않는다. 나 자신의 입장에 모순점이 있다는 사실을 나 자신도 잘 알고 있다. 예를 들면 다음과 같다. 나는 인도주의자이기 때문에 국가 주권 수호를 빌미로 개인의 인권을 침해하는 상황에 반대하지만, 나는 또한 민족주의자이기 때문에 세계 일체화와 세계 대동의 이상이 궁극적 피안[유토피아] 사상임을 아무리 강조하더라도, 차안[현실]세계에서는 민족국가를 완전히 없앨 수 없고 민족주의도 깡그리 포기할 수 없다. 이 때문에 나는 인권 보호를 빌미로 국가 주권을 침범하는 사태에 반대하는 동시에 맹목적이고 배타적인 극단적 민족주의에 대해서도 고도의 경계심을 갖고 있다. 이처럼 나는 사상가로서 전면적이고 철저하게 비판적 입장을 견지하고 있다. 그러므로 현실 정치나 외교 정책에 있어서 운용성이 거의 없다. 앞에서도 진술한 바와 같이 나의 입장에서는 현실 속에서의 이 같은 운용이나 실천이 나의 직무가 아닌 것이다. 내가 할 수 있고 해야 하는 것은 단지 나의 의견을 자유롭게 말하는 것에 그칠 따름이다. **지금 현실 중국에서는 이와 같은 자유도 없다. 나의 관점을 당국이 수용할 수 없을 뿐만 아니라, 나의 의견을 전부 말하는 것은 '공공의 적'**

유랑자와 서수자

네 정신의 자서전

이 될 준비를 하는 짓이고, 중국의 '여론'도 그들 주류 의견과 배치되는 논리를 용납할 수 없을 것이다. 내가 반드시 인정해야 할 것은 나에겐 루쉰처럼 '긴 전선'에서 다방면의 논적과 동시에 전투를 치를 만한 용기와 지혜가 없다는 사실이다. 근본적인 면에서 나는 유약한 사람이므로 많은 경우 침묵할 수밖에 없다. 그러나 내가 가장 고통스럽게 느끼는 것은 코소보 전투가 끝난 후에도 천하가 태평하다는 사실이다. 이러한 태평 속에서 유고 연방의 대지 위에 누워 있는 수많은 시체의 핏자국을 기억하고, 또 깊은 밤 울부짖는 그들 어머니의 피울음을 들을 수 있는 사람이 과연 몇이나 되겠는가?

새로운 세기가 시작될 때 9·11 사태가 발생했다. 나는 또 한 차례 발언의 곤경에 빠져들었다. 20세기 말에 나는 새로운 세기에 대한 기대를 담은 단문 한 편을 쓴 적이 있다. 그 글에서 나는 수많은 사람의 호언장담과는 반대로 낮은 목소리로 단지 두 가지 희망만을 제기했다. 첫째, "인간 생명에 대한 사랑을 이해하고, 인간을 죽음으로 몰고 가지 말자." 둘째, '상식으로 회귀하고' 더 이상 몽상에 젖지 말자.[19] 그러나 미국 본토에서 발생한 9·11 테러 사건으로 '더 이상 살인을 하지 말자'는 나의 환상은 산산이 깨져버렸다. 9·11 이후 중국에서는 극단적 민족주의와 극단적 미국화를 주장하는 사람들의 상반된 반응이 나타났고, 나는 이들의 주장을 어안이 벙벙한 채 바라볼 수밖에 없었다. 수많은 중국 민중과 젊은이는 남의 불행을 즐기면서 인간의 죽음에 대해서 냉담한 모습을 보였다. 그리고 몇몇 지식인은 "이를 계기로 하늘에 순응하는 자는 흥하고, 하늘에 역행하는 자는 망한다"고 하면서 아메리카 시대의 종언을 예고했다. 이들의 태도에도 나는 어떻게 대응할지 몰랐다. 이어서 '신제국론新帝國論'이 대두하여 '선제공격으로', '악의 축을 징벌하자'는 논리가 미국의 정책으로 선포되었다. 그리하여 미국이 주도하는 '신국제 질서'가 마침내 지평선 위로 떠올랐다. 나는 처음부터 긴장 속에서 이렇게 생각했다. 글로벌화가 우리에게 무엇을 가져다주었는가? 그리고 상하이에서 개최된 글로벌화 문제에 대한 좌담회에서 나는 처음으로 곤혹감을 표명했다. 어떤 친구는 '글로벌화'는 바로 '세계 일체화'이며 그것은 이미 우리의 현실이 되어 있고 아무도 회피할 수 없다는 사실을 일깨워주었다. 나도 이 점은 인정했지만 '글로벌화'가 과연 우리에게 무엇을 가져다주었는지에 대해서는 분명한 인식을 할 수 없었다. 어떤 사람은 우리에게 밝은 미래를 약속하였고, 어떤 사람은 일방적으로 다음과 같은 상상과 희망을 던져주었다. "글로벌화는 우리에게 부유함을 가져다줄 것이고, 자유와 민주를 가져다줄 것이고, 전 인류의 협력과 합작을 가져다줄 것이고, 인류 공리公理의 확립을 가져다줄 것이고, '세계가 중국으로 융화되고, 중국이 세계에 영향을 미치는' 휘황찬란한 미래를 가져다줄 것이다······." 그러나 나는 아무리 애써봐도 이 같은 앞날을 예견할 수 없었다. 내가 보기에 이러한 예상은 모두 헛된 꿈 같았다. 사실 20세기에 우리는 이미 헛된 꿈의 쓰라림을 처절하게 맛보았다. 적어도 나 자신만이라도 다시는 환상 속에서 자신을 속이고 남을 속이고 싶지 않았다. 9·11 사태 후 "나는 직감적으로 나 자신에게 다음과 같이 말했다. 세계는 안정을 얻을 수 없을 것이고 중국도 아마 평화롭지 않을 것이다. 21세기도 여전히 모순으로 가득하고 대립과 투쟁이 만연하는 시대가 될 것이다."[10]

2003년 미국은 유엔을 떠밀어 이라크 전쟁을 일으켰고, 이로 인해 나는 또다시 나 자신의 신념에 있어 심각한 시련을 겪을 수밖에 없었다. 나의 관점에서는 부시 정부가 국제 여론의 반대를 무시하고 제멋대로 이라크 전쟁을 일으킨 것은 그들이 공언하듯 '이라크 국민을 해방시키기' 위한 것이 아님은 물론이고, 단지 이라크의 석유를 자신들이 통제하기 위한 행위에 불과한 것으로 보였다. 이는 실제로 미국의 발언으로 모든 것이 결정되는 '아메리카 세계 제국' 건설의 결정적인 첫걸음인 셈이었다. 이처럼 민주라는 깃발을 내걸고 종족주의 경향이 농후한 세계 노예질서를 다시 건설하려는 시대착오적 사태에 대해 나는 물론 반대의 입장에 서 있다. 그러나 부시가 타도하려는 사담 후세인 정권은 독재정치 체제를 유지하고 있었다. 다수의 선량한 중국인은 전제주의에 대해 통한의 심정을 품고 있기 때문에 미국의 이 전쟁을 지지했다. 그중에는 나의 친구도 많이 포함되어 있었고 일부는 나의 '충실한 독자'이기도 했다. 이 모든 상황은 나에게 커다란 압력으로 다가왔다. 따라서 나의 전쟁 반대 입장은 내 독자들의 오해를 피하기가 어려웠다. 그러나 이 또한 내가 넘을 수 없는 마지노선이다. 즉 나는 인간, 특히 무고한 평민들에 대한 모든 학살과 모든 형식의 노예제도를 반대한다. 어려운 선택 과정에서 나는 여러 차례 루쉰의 일깨움을 상기했다. "우리는 자신의 노예가 되어서도 안 되고, 이민족의 노예가 되어서도 안 된다."[11] 그리하여 나는 다시 한번 비판적 지식인과 한 사상가의 입장으로 다음과 같이 공개 선언을 했다.

"조지 부시·사담 후세인·빈 라덴이 대표하는 세 가지 세력은 지금 인류 문명의 바탕인 인간의 개체 생명 존재에 엄청난 위협을 가하고 있고, 인류 문명의 기본 원칙인 인도·인권·민주·자유·법제 및 평화에 대해 근본적인 도전을 감행하고 있다. 나의 입장에서 이번 사태는 세계가 21세기 벽두부터 마주하게 된 심각한 위기로 보인다."

나는 절대로 공존할 수 없는 이 세 명의 '영웅'을 기호화하여 모두 인류 문명의 적으로 간주했다. 왜냐하면 나는 그들 사이에 논리의 상통성이 내재되어 있음을 발견했기 때문이다. 심지어 그들이 쓰는 용어가 놀랄 만큼 일치하기도 한다. "예를 들어 그들은 모두 상대방을 '악의 세력'(9·11 테러리스트와 사담 후세인은 모두 미국을 '악마'라고 부르고 미국은 이라크 등의 국가를 지칭하여 '악의 축'이라고 부른다)으로 선포했다. 이처럼 자신은 '정의'와 '진리'의 화신으로 분장하고 '하늘을 대신하여 도(道)를 행한다'고 하면서 자신에게 도덕상 최고 지위를 부여하고 있다." 그러나 이것은 실상 자신이 신봉하는 문명의 협소한 원칙에 불과한 것이다. 그들은 자신이 소속된 문화를 절대화·신성화하고 자신과 서로 다른 문명·문화는 '악마화'하는 가운데 그 문명·문화의 '순결성'을 추구하려고 심지어 무력으로 모든 것을 섬멸하려는 '이단화'된 시도도 마다하지 않는다. 이것이 바로 인류 역사에서 자주 발생했던 모든 '종교 전쟁'의 논리이며, 21세기 오늘날에도 현대적인 형식으로 포장되어 부활하고 있다.[12] **만약 당시의 사회주의 통치자들이 전쟁으로 혁명의 수출을 시도하면서 '전 인류 해방'을 자신의 임무로 삼는 과정에서 인류에게 거대한 재난을 안겨주고 자신은 그 반대의 길을 걸었다면**, 현재 자본주의의 총대표·총두목은 전쟁으로 민주의 수출을 시도하면서 '악의 국가를 해방시키는 것을' 자신의 임무로 삼고 있다. 그러나 비록 눈앞의 기세가 왕성하기는 하지만 앞날이 꼭 아름다울 것이라고는 장담할 수 없다. 역사의 결말은 무정한 것이다. 21세기 벽두부터 주인공은 바뀌었지만 20세기의 비극이 반복되고 있다. 이러한 순환은 사람들에게 역사의 잔혹함을 일깨워준다. 「역사적 중간물」과 「돈키호테와 햄릿」 두 절에서 언급한 바와 같이, 1980년대와 1990년대에 내가 이미 총결한 바 있는 역사적 교훈이 이처럼 빨리 현실적 의의를 얻게 되자 나는 온갖 감회에 젖어들게 되었다.

'글로벌화'의 패러독스:
보편적 가치 추구 그리고 문화 다원화와 본토화

이 문제 배후에는 이론과 실천에 관한 중요한 문제가 자리 잡고 있다. 글로벌화를 어떻게 이해할 것인가? 우리에겐 어떤 글로벌화가 필요한가? 이것은 내가 2003년 구이저우에 갔을 때 그곳 친구들과 여러 번 토론했던 문제이다. 우리는 당시 이렇게 보았다. "글로벌화는 패러독스이다. 차별을 없애고 통일을 추구하는 동시에 차별성·지방성과 다양성으로 그 본질을 지탱해야 한다. 바꾸어 말하면 지방성과 다양성을 잃어버리면 글로벌화는 아무 의미가 없을 뿐만 아니라, 필연적으로 재난을 초래하게 된다." "글로벌화는 결코 단순하게 국제사회와 습관적인 동보성을 유지하는 것이 아니라 응당 지방성과 본토성 유지에 중점을 둬야 한다. 왜냐하면 글로벌화는 다원화를 기초로 성립되는 것이기 때문에, 다원화가 없으면 글로벌화도 없다. 따라서 지방성과 본토성 혹은 개별과 차이는 단순화를 제약하는 수단이 되어 글로벌화의 내재 장력으로 작용한다." "특히 문화의 다양성은 절대 소홀하게 취급할 수 없다." "인류는 보편 가치도 갖고 있고 공통의 문명 규범도 갖고 있다. 그러나 이러한 보편 가치와 공통 규범은 세계 인류가 공동으로 제공한 것이다. 다시 말해 서로 다른 국가, 민족, 문화의 공동 참여로 건설된 것이다. 그러므로 여기에는 무슨 '중심'이나 '핵심'도 없고 있어서도 안 된다. 마찬가지로 무슨 '변방'이나 '종속'도 존재하지 않는다. 만약 어떤 한 가지 문화를 절대화·보편화하면서, 글로벌화를 그 한 가지 문화가 전 세계를 정복하는 단일 문화 패권주의로 몰고 간다면 우리는 그러한 사태에 대해 응당 경계심을 가져야 한다. 따라서 통일과 분화, 보편 가치와 다원 문화는 바로 글로벌화 패러독스가

가지고 있는 불가분의 두 측면인 셈이다."|113

내가 '보편 가치와 다원 문화'가 지닌 불가분의 관계를 강조한 것은 중국 내 사상 문화계에 만연한 두 가지 사조를 겨냥한 것이다. 그 하나는 보편 가치를 거부하고, 서구를 향한 학습을 거부하는 극단적 민족주의자들을 겨냥했다. 이들(일부 젊은이들도 포함)은 '나라 이 주의拿來主義'를|114 주장하며 전통 봉건주의에 대한 비판을 견지한 루쉰을 '매국노'로 질책하기까지 했다. 이것이 바로 이러한 사조의 극단적 표현이라고 할 수 있다. 또 다른 하나는 서구 문화, 특히 미국 문화를 절대화·보편화하면서 '미국화를 글로벌화·현대화로 인식하는 사조를 겨냥한 것이다. 나는 2003년 베이징대학 교육 개혁을 토론한 장문의 글에서 다음과 같이 지적했다.

"만약 '국제 학계와 동보성을 유지하자'는 구호 아래에 서구 중국학계를 포함한 외국 학계를 이상화·절대화하고 심지어 새로운 미신을 조장하며 '중국 학문의 서구화·미국화'를 목표로 삼는다면, 근본적으로 자신의 학문에 대한 자신감을 잃어버리게 될 뿐만 아니라, 자기 학문의 독립성을 상실하는 위험에 빠질 수도 있다. 근래 몇 년간 학계에 출현한 중국 역사와 중국 현실 문제에 대한 페이드 아웃 경향과 창조적 사고의 퇴화 경향, 그리고 중국의 자료로 서구의 유행 이론을 증명하는 걸 학문 규범과 학문 추구 대상으로 삼는 경향에 이러한 위험성이 충분히 드러나고 있다."

또 같은 글에서 나는 일부 사람들의 잘못된 관점을 다음과 같이 지적했다. 그들은 "미국 교육이 지금 전 세계 교육의 일류 수준을 대표하고, 심지어 세계 교육 발전의 '흐름'을 대표하고 있으므로, 중국 대학이 '국제적 주류'로 진입하기 위해서는 미국의 정상급 대학을 겨냥하고 미국의 하버드대학의 이념과 체제에 약간의 변화를 주어 그것을 중국으로 옮겨와 베이징대학을 중국의 하버드대학으로 만들자"고 주장한다. 그러나 사실상 이것은 1950년대에 '소련 일변도'의 경향 속에서 베이징대학을 '동방의 모스크바대학'으로 만들자고 주장한 생각의 재판인 셈이다. 이 또한 역사의 반복이다. "언제 우리는 '일변도' 위주의 종속적 사유를 진정으로 뛰어넘어 독립 자주에 바탕한 중국 대학 교육의 길로 나아갈 수 있을까?"[115]

"발아래의 땅을 인식하자":
유랑자와 사수자의 내재 모순과 위기

이와 동시에 또 모국어로서 중국어에 대한 위기가 닥쳐왔다. 베이징대학 인사 개혁의 최초 방안에는 외국어 강의 가능성 여부를 교수 채용 시 평가 조건으로 삼는다는 규정이 포함되어 있었다. 외국어(주로 영어)를 대학의 강의와 업무 용어로 사용하려는 시도가 바로 모국어의 위기를 가장 명확하게 보여주는 단서이다. 이 일로 인해 나는 다음과 같은 시를 떠올리게 되었다.

"왜 이처럼 많은 사람이 영어로 이동하는가?
누런 백인이 되려 노력하면서 중국어를
이혼한 전처로 간주하고, 파괴된 정원으로 간주하는가? 결국
무슨 일이 일어났는가? 나 홀로 중국어 속에 유폐되어,
수많은 종이 인형과 이야기를 나누며, 영어를 공상하고,
아울러 그곳에 몸담은 수많은 중국인을 본다.

상형문자로 된 사람이 한어병음漢語拼音으로[116] 된 사람으로 변했다."[117]

이것은 민족 문화의 위기일 뿐만 아니라 인간 존재의 위기이기도 하다. 사람들, 특히 젊은 세대가 자신을 낳고 길러준 땅에 대해 아무것도 모르고, 거기에 함장된 심도 있는 문화 및 그 땅을 사수해 온 사람들과, 인식·정감 및 심리적 측면에서 거리감과 생소함을 느낀다면 이는 실제로 물질의 고향뿐만 아니라 정신의 고향까지 잃어버린 것이라 할 수 있다. "이는 또한 민족정신의 위기와 인간 자신의 존재 위기를 자초하는 일이기도 하다. 자신을 길러준 토지에서 몸을 빼내 자아 존재의 근본적인 의지처를 상실하면 결국 '뿌리 없는 인간'이 되고 만다."[118]

이 단락에서 토론하고자 하는 중점, 즉 '유랑자와 사수자의 내재 모순과 위기'는 이와 같은 시각에서 다시금 나의 사고 속으로 진입해 들어왔다. 이것도 2003년 구이저우로 돌아왔을 때 그곳 친구들과 가장 빈번하게 토론한 문제이다. 또한 이 문제는 앞에서 서술한 바 있는 1990년의 토론이 계속 이어지고 심화된 것이다.

"유랑과 사수는 인간의 두 가지 생명 형태이며 두 가지 생명 선택이고 또한 인간의 두 가지 심리 욕구이기도 하다. 이 두 가지는 한데 교직되고 한데 얽혀서 모순과 충돌을 일으키면서 내면의 긴장과 선택의 장력을 형성하고 아울러 기이한 심리적 의탁 현상을 만들어낸다. 유랑자는 사수자를 갈망하는 측면이 있고, 사수자도 유랑자를 갈망하는 측면이 있다. 또 말하자면 두 가지는 항상 그 위치가 어긋나기 마련이다. 유랑 속에 사수가 있고 사수 속에 유랑이 있다. 특히 정신의 유랑은 더욱 그러하다. 그러나 여기에는 '정신의 고향이 있는가 없는가?'라는 더욱 근본적인 문제가 존재하고 있다. 유랑자의 입장에서 만약 그에게 영혼의 의지처나 정신의 고향이 있다면, 설령 그가 여행 중이고 타향에서 생활하고 있다 할지라도 그는 여전히 '뿌리'를 갖고 있다고 할 수 있다. 이와 반대의 경우라면 그는 되돌아올 수 없는 정신의 방랑처를 떠돌고 있는 셈이다. 또 사수자의 입장에서, 이 땅 및 이 땅 위에서 살아가는 사람들과 그 문화에 대해 아무런 감정도 없고, 냉정하고, 낯설고, 거리감이 있고, 싫증이 나고, 모든 것에 관심이 없고, 모든 것에 아무런 의미가 느껴지지 않고, 보아도 못 본 것 같고, 한결같이 그곳을 떠날 생각만 한다면 몸은 사수자이지만 마음은 유랑자라고 할 수 있으니 그도 뿌리가 없는 셈이다. (…) 이 때문에 유랑자이든 사수자이든 모두 자신의 정신적 고향을 만들어야 하는 문제를 안고 있다."[19]

이것도 바로 나 자신의 문제이다. 혹자는 내가 자아의 존재 문제를 더욱 강렬하게 체감하고 있다고 말하기도 했다. 이것은 또 외재적 위기가 나 자신의 내면으로 전환하는 모습이다. 앞에서도 언급한 바와 같이 나는 구이저우 안순을 줄곧 제2의 고향, 즉 내 정신의 귀의처로 생각해왔다. 그러나 지금 내가 던진 질문은 이렇다. "나는 그 땅을 이해했는가? 그 땅 위에 사는 사람들과 문화를 이해했는가?" 여기에서 한 걸음 더 나아가 나는 이렇게 추궁해보았다. "나는 뿌리가 있는가?" 이 질문은 매우 놀랄 만한 것이어서 나 자신도 난감한 입장으로 빠져들 수밖에 없었다. 그리하여 나는 다음과 같은 반성을 하게 되었다. "그렇다, 나는 그곳에서 18년 동안 생활하고 일했다. 그러나 나는 대대손손 그 땅에 뿌리를 내리고 살아온 안순의 보통 사람들에 대해서, 그들의 일상생활·습관, 그들의 정감과 내면의 갈구, 그들의 행위 방식·인간관계·사유 습관 등등에 대해서는 매우 생소하다. 그들의 얼굴은 알지만 그들의 마음은 모른다. 나는 그 땅을 바쁘게 지나쳐간 나그네에 불과했다." "나는 끊임없는 이주와 떠돎 속에서 내 일생을 보냈다는 사실을 알게 되었다. 이에 충칭重慶·난징南京·상하이·항저우杭州·베이징北京·안순…… 과 같은 수많은 도시가 나의 삶과 인연을 맺었다. 그러나 이 도시들을 모두 깊이 알지 못하였고, 생명에 이어진 각골난망의 혈육관계도 맺지 못했다. 이것은 나 자신의 생활 방식과도 관련이 있다. 즉 어느 곳으로 가든 늘 교정이나 아파트의 폐쇄된 환경 속에서 세속생활과 격리된 서재생활을 했다. 나는 당시 안순에서도 이처럼 18년을 보냈다. 이는 어떤 의미에서 세속적이고 구체적이고 자질구레한 것처럼 보이지만 실은 더욱 생동적이고 활발하면서 더욱 진실한 인생의 토양에서 자신을 분리시켜 뿌리 없는 인간으로 만드는 일이었다."

나는 또 진일보한 반성을 하면서 다음과 같은 사실을 발견했다. "이처럼 뿌리 없는 생활의 비극은 아마 나 자신에게서만 일어난 것이 아닐 테고 더욱 심각한 시대적 근원을 갖고 있을 것이다. 말하자면 신속하게 변화하고 흘러가는 현대 생활 자체가 사람들을 아주 쉽게 뿌리 없는 유랑자로 만들고 있다. 그리고 세속생활에 대한 우리 세대 사람들의 절대적인 배척(일률적으로 부르주아와 프티부르주아 계급 정서로 배척되었다)과 인간의 순수 정신화에 대한 이념적 요구 그리고 그런 인간을 세심하게 양성하는 과정에서 자연스럽게 나와 같은 기형 인간이 탄생하게 된 것이다. 나의 관찰과 느낌에 의하면 앞의 문제는 글로벌화의 흐름에 따라 더욱 현저하고 복잡하게 변했다.

한편 뒤의 문제는 전혀 보편성을 갖지 못한 채 심지어 역방향으로 정신을 배척하는 현상을 드러내기도 한다. 우리가 더욱 경계해야 할 것은 세속적인 생활에 대한 관심과 표현이 물질에 대한 관심으로만 변하여 그 정신적 측면을 소홀히 취급하는 일이다. 이러한 경향도 일종의 맹목적 청산주의이며, 분명 근본적인 부분과 연관되어 있다.[20]

생존의 뿌리를 찾아,
정신의 고향을 다시 건설하다

이처럼 2002년 8월에 나는 베이징대학을 퇴직한 후 바로 새로운 사상 명제와 생명 명제를 갖게 되었다. 즉 그 것은 생존의 뿌리를 찾아 정신의 고향을 다시 건설하는 일이었다.[121]

우선 이와 같은 명제를 제기하게 된 계기는 앞에서도 분석한 바 처럼 글로벌화에 관한 사고를 배경과 바탕으로 삼아 더욱 광활한 시야와 더욱 풍부한 역사 내용을 확보했기 때문이다. 나는 「기자의 질문에 답함答記者問」이란 글에서 다음과 같이 언급했다.

> "퇴직은 내게 있어서 정신의 해탈입니다. 이제부터는 더 이상 '베이 징대학 현대문학 전공 교수'라는 배역으로 분장하지 않아도 됩니 다. 따라서 이제 그 배역이 반드시 갖추어야 할 그리고 그 배역에 반드시 필요하거나 불필요한 청정 규율 및 나 자신이 짊어졌던 갖 가지 부담을 모두 벗어던질 수 있고, 더 이상 전공 제한도 받지 않 을 수 있습니다. (…) 몇 가지 더욱 중대한 문제에 관심을 기울이며 지속적인 사고를 할 수 있고, 더욱 광활한 영역을 더욱 자유롭게 치달릴 수 있으며, 더욱 거리낌 없이 상상하고 발언할 수 있을 겁니 다."[122]

더 간단히 말하자면 '터무니없는 망상'과 '허튼소리'까지 가능하게 된 것이다. 구체적으로는 퇴직 후 2년 반 동안 나의 사고는 위의 명제에서 분리되어 나온 세 가지 작은 명제에 집중되었다. 그것은 바로 '20세기 중국의 경험을 총괄한다', '정신의 고향과 중국어의 고향을 건설한다', '우리의 발아래 땅을 인식한다'는 세 가지였다.

'20세기 중국의 경험을 총괄한다'는 명제는 나의 근 20년 학문 연구에 대한 개괄이며 업그레이드라고 할 수 있다. 사실 앞의 글의 회고에서도 어렵지 않게 간파할 수 있듯 '역사적 중간물'이거나 '돈키호테와 햄릿'이거나 '생존자'이거나 아니면 '학자·교사·정신계의 전사'이거나 '비판적 지식인'이거나, '사상가와 실천가'이거나 '유랑자와 사수자'이거나를 막론하고 모든 단락에서, 나의 연구·사고·활동은 중국 문제에 대한 관심에서 출발하여, '20세기 중국의 경험과 교훈을 총결한다'는 명제에 입각점을 마련하고, '중국의 이론을 창조하여' 역사와 사상의 견실한 자원을 제공하는 데 진력했다. 현재 이와 같이 더욱 명확한 서술이 가능하다는 것은 이 문제에 대한 더욱 큰 자각이 있었음을 의미한다. 나는 어떤 학술토론회에서 친구들이 제기한 여러 가지 질문, 즉 어떻게 우리의 연구가 "변화하는 사회와 세계에 대한 해답과 해석이 될 수 있도록 할 것인가?", "문학에 집중되고 문학이 구현하고 있는 '본토 경험'을 어떻게 처리할 것인가? 또 어떻게 이처럼 풍부한 경험을 묘사·분석하고 명백히 서술하여 눈앞의 세계에 다양한 사상 자원을 제공할 수 있을 것인가?"와 같은 다양한 질문에 다음과 같은 의견을 발표했다. 어쩌면 중국 사회주의 문화에 대한 연구 그리고 20세기 중국의 경험과 교훈에 대한 총결 작업이 이러한 질문에 회답이 될 수 있을지도 모른다. "나는 특히 이 과제 자체에 포함되어 있는 미래 지향의 이론 배경을 중시하고 있다. 소련과 동유럽의 경험에 대한 연구가 일찍이 커다란 이론 성과를 거두었다면, 풍부하고 복잡한 중국식 사회주의 문화에 대한 연구도 마찬가지로 모종의 이론상의 돌파가 가능할 것이다. 이것은 중국의 인문학자들이 세계의 사상 문화 발전에 독특하게 기여해야 할 전문 영역이 될 것이라고 우리는 최소한의 기대를 갖고 있다."[123]—이와 동시에 당연한 이야기지만 나는 내가 할 수 있는 일이 지극히 제한적이라는 사실을 분명하게 알고 있다. 하지만 역사를 통과해왔던 자로서의 관찰·체험·생각은 제공할 수 있을 것이다.

마찬가지로 '정신의 고향과 중국어의 고향을 건설한다'는 명제도 나의 초·중·고 교육 사고에 대한 개괄이며 업그레이드이다. 그리고 바로 앞부분에서 제기한 '정신의 밑그림과 평생학습의 밑그림을 그리자'는 생각을 발전시킨 것이다. 또한 '중국어의 고향'이란 개념을 제기한 것은 나날이 심각해지는 모국어의 위기를 겨냥한 것일 뿐만 아니라 초·중·고 어문교육 개혁에 대한 나의 참여에 새로운 의미를 부여한 것이다. '우리의 발아래 땅을 인식한다'는 명제는 글로벌화의 배경 아래서 제기된 새로운 교육 과제이다. 이 내용은 앞에서 이미 논술한 바 있으므로 더 이상 언급하지 않겠다.

더욱 중요한 것은 '생명의 뿌리를 찾아, 정신의 고향을 다시 건설한다'는 명제가 내 생명의 필요에 의해서 제기되었다는 점이다. 2002년 6월 27일 마지막 강의를 할 때 베이징대학 학생이 나에게 물었다. "선생님! 퇴직 후엔 무엇을 하실 거예요?" 나의 대답은 '세 가지 회귀回歸'였다. 가정으로 회귀하고, 구이저우로 회귀하고, 중고 등학교로 회귀하는 것이었다. 이것은 앞으로 행위의 방향이며 정신의 지향이다. 즉 중심에서 벗어나 변방으로, 밑바닥으로, 생명의 원천으로 회귀하려는 것이다. 나는 여전히 수도에 머물러 있지만 되도록 두문불출하여 저술에만 집중하고, 회의 참가는 가능한 한 줄이려 하고 있다. 나의 주요 사회활동은 전부 '먼 곳'에서 이루어진다.

어떤 때는 구이저우로 갔다.―나는 그곳에서 21세에서 39세까지 내 일생의 가장 아름다운 시절을 보냈다. 일생의 고난이 닥쳐왔을 때 그 땅이 나를 받아주었고, 나는 새로 편집한 『구이저우 독본_{貴州讀本}』 이란 책을 가지고 오랜 친구들 및 그곳 대학생들과 심령의 교감을 나누었다. 어떤 때는 난징_{南京} 사범대학 부속중학교로 갔다.―그곳 은 내 긴 생명 여행의 출발점이다. 모교의 중학생들에게 수업을 하 며 옛 꿈을 다시 꾸었고, 사상의 새로운 개척을 시도했다. 어떤 때 는 중국 남방(상하이·항저우·광둥 등지)으로 가서 강의를 했다.―내가 가장 어려웠을 때 그곳의 친구들이 나를 가장 강력하게 지지해주 었다. 이러한 회귀는 모두 일종의 보답인 셈이지만 또한 한 차례 한 차례 내 정신의 자양분을 섭취하는 과정이기도 했다. "마치 진실한 땅으로 되돌아가서 그 어떤 영원성을 체감하는 것 같았다."¹²⁴

'땅으로 돌아가자'는 명제는 '자연으로 돌아가자'는 유명한 명제 와 호응한다. 퇴직 후 가장 흡족하고 상쾌했던 일은 아내와 함께한 두 차례 해외여행이었다. 2003년에 유럽 5개국으로 낭만적인 여행 을 하였고, 2004년에는 캐나다로 가족여행을 갔다. 앞의 여행은 내 가 1960년대에 꾸었던 꿈을 실행한 것이다. 그 시대에 내가 이 같은 꿈을 꾸었다는 것은 정말 불가사의한 일이다. 뒤의 여행은 정말 천 륜_{天倫}의 즐거움을 누린 소중한 기회였다. 『캐나다 여행 일기_{旅加日記}』 에 나와 대자연의 관계 및 그것에 관한 생각을 표현해놓은 구절이 있다.

"모든 여행에서 나는 문자 기록을 남겨놓지 않았다. 나는 여태껏 '기행문'을 쓴 적이 없다. 심층적인 원인은 자연(풍경을 포함)을 언 어와 문자로 묘사할 수 없기 때문이다. 언어와 문자는 겨우 인간의 사유와 표현을 기록하는 도구일 뿐이므로 자연 앞에서는 무기력할 수밖에 없다. 솔직하게 말해서 대자연 앞에서 나는 항상 인간으로서 자비감을 느낀다. 또 자연의 기이한 경관 앞에서 나는 단지 심령의 떨림만 느낄 뿐 표현할 말을 찾지 못한다. 바로 이러한 부분은 촬영(영화 촬영 포함)의 힘과 역할에 의지해야 한다. 소위 촬영은 본질적으로 인간과 자연 사이에 발생하는 심령의 교감을 순간적으로 포착하는 형식이고, 나는 늘 그것을 '영원한 순간'으로 부르기를 좋아한다. 촬영이 표현하는 것은 일종의 직각直覺과 본능의 반응이다. 또한 매우 강력한 직감성을 갖고 있을 뿐만 아니라, 원초적 형태의 풍부한 내용과 말로 표현할 수 없는 사실성을 지니고 있다. 이것은 언어와 문자가 도달할 수 없는 경지이다. 촬영이 전달하는 것은 인간과 자연의 인연이다. 촬영자는 항상 순식간에 지나가버리는 순간을 포착할 수 없어서 안타까움을 느낀다. 이것은 실제로 좋은 인연을 잃어버렸다는 것을 의미한다.(혹은 본래 없었던 건지도 모른다.) (…) 따라서 내가 자아를 표현하는 방법에는 이 같은 분업이 존재하는 셈이다. 문자로 써내는 문장과 저작에는 나와 사회·인생, 나와 인간의 관계가 표현되어 있다. 그러나 자아와 자연의 관계는 촬영작품으로 표현한다. 나는 늘 학생 및 친구들과 나누는 대화에서 나의 창작 중 촬영작품이 차지하는 중요성을 강조하곤 한다. 심지어 나는 나의 촬영작품이 내 학술 저작의 가치보다 뛰어나다고 언급하곤 하는데, 이는 사실 전적으로 농담인 것만은 아니다. 나 자신에게 있어서 나와 자연의 관계는 어떤 것보다 더 중요하며, 나는 본질적으로 대자연에 더욱 가까운 사람이다. 오직 대자연 속에서만 나는 자유·자재·유유자적한 기분을 느낀다. 그러나 사람들 속에서는 항상 그들과 어울리기 어렵다는 기분을 느낀다. 노년에 이를수록 더욱 심하게 이런 심정에 젖어든다. 여행을 할 때도 나는 이른바 인문적인 경관에는 시종일관 큰 흥미를 느끼지 못한다. 나는 늘 그러한 경관에 허위적인 요소가 너무 많다고 느낀다. 진정으로 나를 흥분시키고 도취시키는 것은 영원토록 저 진정한 대자연일 수밖에 없다. 이 같은 유사 '자연 숭배' 심리와 이와 관련이 있는 '어린이 숭배' 사상은 사실 모두 '5·4'에서 유래한 것이다. 나는 나 자신이 본질적으로 '5·4'의 아들임을 인정한다."[125]

이 글에는 또 다음과 같은 재미있는 느낌이 기록되어 있다. "아파트 단지 안에서 수많은 중국인을 만났다. 타이완, 중국 대륙, 홍콩 등지에서 온 사람들이 모두 있었다. 그리하여 나는 수많은 중국어를 듣게 되었다. 옛말에 의하면 타향에서 고향 말을 들으면 매우 기쁜 일이라고 한다. 그러나 나는 낯선 느낌을 받았다. 생각해보면 아마도 캐나다에 온 이후에 내가 두 가지 언어에 포위되어 있었기 때문인 듯했다. 그것은 영어와 광둥어인데 나는 이 두 가지 모두를 알아듣지 못한다. 그렇게 반달이 지나자 나는 아내와 중국어로 대화를 나누는 때를 제외하고는 사람들과 교류할 때(두 아이를 포함하여) 모두 눈짓이나 몸짓 그리고 표정으로 소통할 수밖에 없었고, 더욱 많은 경우에는 대자연과 소리 없는 대화를 나누었다. 나는 이미 이러한 원시적 교류 방식이 몸에 배어, 갑자기 익숙한 언어세계를 만나자 오히려 생소한 느낌이 들었던 것이다. 이것 또한 독특한 생명 체험인 셈이다." 대자연으로 융화되어 들어간 후 '정신의 고향'이란 명제도 더욱 풍부한 내용을 갖게 되었다. 그 이른 아침 홀로 방 앞 테라스에 앉아 책을 읽다보면 정적의 느낌을 더욱 정확하게 말할 수 있게 된다.

"정적은 소리가 없지만 결코 정체되어 있지 않다. 무성無聲의 세계에 생명의 흐름이 있다. 나뭇잎은 미풍 속에서 나부끼고, 꽃술은 햇볕을 빨아들인다. 풀숲에선 날벌레가 날고, 거기에 인간의 사상이 비약하고 비상한다. 이것이 바로 정적의 미이다."[126]

그리고 나의 생명은 또다시 조용하고 침착한 상태로 진입한다. 이것이 아마도 바로 "시상詩想이 대지에 깃들어 산다는 의미일 것이다." 이것은 매우 아름다운 경지이다.[127]

청년 자원봉사자들과의
만남

더욱 기쁜 일은 '정신의 고향'을 찾는 과
정에서 내가 중국의 젊은 세대와 만났다는 점이다. 모종의 인연으
로 나는 베이징대학 학생들 중 청년 자원봉사자들과 연락을 주고받
을 수 있게 되었다. 들리는 말에 의하면 2004년 5월까지 전국 각 대
학에 벌써 120개에 달하는 봉사단체가 생겼고 베이징 지역에도 이
미 그 숫자가 30여 개에 달한다고 한다. 젊은이들은 자발적으로 봉
사단체를 조직하고 방학 기간에 농촌으로 내려가 농촌지원 조사연
구 활동 및 교육과 빈농지원 활동을 한다. 이와 동시에 도시 농민공
農民工[128]에 대한 법률 자문과 그들의 자녀 교육에도 적극적으로 참
여하고 있다. 2004년 여름 방학 동안 베이징의 일부 학생 단체에서
는 '서부 햇볕 실천西部陽光行動'이라는 봉사활동을 조직하여 농민 지
원, 교육 지원 활동을 서부 대개발 정책과 결합시켰다. 일단의 탐색
과정을 거친 후 수많은 청년 자원봉사자는 점차 그들 봉사 업무의
중점을 시골 마을 재건설이라는 실험활동에 두기 시작했다. '농촌
에 관심을 가지면서 자아를 재창조하고 새로운 향촌을 건설하자'는
뜨거운 흐름이 바야흐로 중국 대학 캠퍼스에서 조용히 일어나고 있
다. 이것은 내게 놀라운 발견이었고 나는 아무런 주저 없이 그들을
지지했다. 나는 '서부 햇볕 실천' 활동에 성금을 냈고, 그들이 변방
지구 다섯 곳에 향촌 도서실을 세우는 것을 도왔으며, 베이징 사범

대학 '농민의 자식農民之子' 단체가 조직한 '제1기 베이징시 노동자 자제 학교 작문 대회'의 작품 선정 과정에도 참여했다. 이를 통해 새로운 사고의 단서를 얻어서 청년 자원봉사자 운동의 역사적·이론적 근거를 명확하게 밝혀주었다. 이를 "우리는 농촌을 필요로 하고 농촌은 우리를 필요로 한다—'농촌으로 가자'는 중국 지식인 운동의 역사 회고와 현실 사고我們需要農村, 農村需要我們—中國知識分子'到農村去'運動的歷史回顧與現實思考"라는 제목으로 정리하여 베이징대학과 베이징 사범대학 등에서 공개 강연을 하였고, 이는 대학생들의 강렬한 반향을 불러일으켰다. 이 운동을 통해 내가 관심을 기울인 것은 한 세기 동안 진행된 사상 문화 현상이었다. 1920년대에서 1970년대에 이르기까지 다섯 세대 지식인들이 온전히 앞서거니 뒤서거니 농촌으로 달려갔다. 1980년대와 1990년대까지 근 20년 동안 그 흐름이 중단되었고, 새로운 세기가 시작되자 또다시 제6세대 젊은이들이 광대한 농촌으로 달려가고 있다. 내가 젊은이들과 토론하고 싶었던 것은 이 운동의 역사적 원인과 역사 경험 그리고 교훈이었다. 나는 강연에서 이렇게 언급했다.

"여기에는 가장 간단하고 가장 기본적인 사실 하나가 포함되어 있습니다. 그것은 바로 중국 땅에서 생활하는 절대다수의 사람은 바로 농민이라는 사실입니다. 바로 중국의 농촌, 그 땅 위의 집들, 강물과 산림 등등은 모두 영원히 존재하는 것입니다. 따라서 중국의 농민과 농촌을 알지 못하면 그들의 진실한 생존 상태와 그들의 사상 감정을 이해하지 못하는 것이며, 그들의 요구와 소망을 알지 못하는 것입니다. 그들의 문화에 생소하다면 중국 땅을 진정으로 이해했다고 말하기 어렵습니다. 나의 입장에서 볼 때 지난 한 세기 동안 한 세대 한 세대 현대 지식인들이 이처럼 '앞서거니 뒤서거니'

농촌으로 간 주요 이유는 중국의 바탕을 인식·개조하는 길을 찾고 또 자기 생명의 뿌리를 찾으려고 했기 때문인 것 같습니다. 이런 의미에서 새로운 세기 초에 일어난 청년 자원봉사자 운동은 또 하나의 뿌리찾기 운동이고, 여러분의 생명 역정에서 빠뜨려서는 안 될 필수과목이라고 할 수 있습니다. 그대들 발아래 땅을 새롭게 인식하고, 그대들 정신의 고향을 다시 건설하십시오."

나는 이와 동시에 다음과 같이 강조했다. "바로 지금 중국에는 가장 절박하고 가장 중대한 두 가지 문제가 있습니다. 그것은 양극화 문제·불평등한 발전 문제를 해결하는 것, 그리고 정치 [민주] 개혁을 추진하는 것입니다. 그러나 어느 것이든 그 관건은 모두 농촌의 개혁과 건설에 관련되어 있습니다." "우리는 특히 오늘날 다음과 같은 사실을 명확하게 지적해야 합니다. 농민이 부유하지 못하면 국가의 부유함을 입에 담을 수 없습니다. 농민이 민주와 자유의 권리를 충분하게 누리지 못하면 국가의 민주와 자유를 입에 담을 수 없습니다. 농민이 그들의 낙후되고 우매한 상태를 근본적으로 개혁하지 못하면 국가의 문명을 입에 담을 수 없습니다. 농민이 온갖 속박으로부터 해방되지 못하면 국가의 해방을 입에 담을 수 없습니다. 응당 이와 같은 생각과 추구 목표를 현대 국가 건립의 기본 이념과 목표로 삼아야 합니다." 만약 민주적 농촌 건설이라는 기초를 제대로 다져놓지 못한다면 중국의 정치 개혁은 사상누각이 되고 말 것이다. '5·4' 선구자들도 말한 것처럼 "입헌정치를 확립하려면 먼저 입헌 민간을 세워야 한다." "그런 농촌이야말로 민주주의를 양성하는 옥토가 될 수 있다." 내가 얻은 결론은 다음과 같다.

"새로운 세기 초에 또다시 '이상과 헌신 정신을 갖춘 지식인들과 농촌의 면모를 개혁시키기를 갈망하는 농민들이 서로 뭉치려는 역사적 요구가 생겨났습니다. 새로운 청년 자원봉사자 운동도 바로 이러한 움직임에 부응하여 나타난 것입니다."

여기에는 여전히 나의 계몽사상이 관철되어 있다. 어떤 의미에서는 신농촌 건설 운동도 민간 사상계몽 운동이라고 할 수 있다. 청년 자원봉사자들은 그 대열에 참가하여 장차 자신의 사상에 대한 정신 계몽과 정신 성장을 이루어낼 수 있을 것이다. 이처럼 나는 근래 10년 동안 세 가지 큰일을 했다. 첫째, 베이징대학 개교 100주년에 민간 기념행사를 조직해냈다. 둘째, 초·중·고 교육의 민간 개혁을 추진했다. 셋째, 청년 자원봉사자 운동에 참여했다. 이 세 가지는 실제로 민간 사상계몽 운동을 추진한다는 내재적 연관성을 갖고 있다. 이것들 모두는 예외 없이 쌍방향 운동이다. 나는 이 과정에서 생명이 끊임없이 심화되고 승화되었다.

나의 관점으로는 대학생들의 청년 자원봉사자 운동이 중국 학계와 교육계에 강력한 도전이 될 것 같다. 이에 나는 다음과 같은 반성을 하게 되었다. 중국의 대지, 중국의 농민, 그리고 보통 국민들의 생존 상태에 바야흐로 서재에서는 상상하기 어려운 심각한 변화가 일어나고 있다. 그들은 지금 전에 없었던 복잡하고 첨예한 문제에 직면해 있다. 그러나 나 자신 및 수많은 지식인은 이에 대해 아는 것이 거의 없다. 몇 가지를 이해하고 있더라도 그것은 총체적 시각을 잃은 것이며 더구나 심도 있는 체험은 거의 하지 못한 것들이다. 우리는 사실상 가면 갈수록 우리 발아래 이 땅과 점점 더 멀어지고 있다. 지금 수많은 사람이 중국 학술과 중국 사상의 위기를 언급하고 있다. 그러나 나의 입장에서는 이것이 더욱 근본적인 위기와 관련되어 있는 것으로 보인다. 중국 대학교육 개혁에 관한 모든 설계와 실천 가운데서 농촌 건설 문제는 전혀 우리의 시야로 들어오지 않았다. 우리는 지금까지 중국의 대학이 농촌 건설 인재 양성에 관한 책임을 져야 한다고 생각한 적이 없다. 우리의 대학 교육—아마도 대학뿐만 아니라 초·중·고 교육을 포함한 모든 교육 과정이 중국 농촌의 실제 상황과 심각하게 유리되어 있다. 중국의 가장 기본적인 국내 상황에서 벗어나 있는데도, 우리가 심각하게 반성하지 않을 수 있단 말인가?

이와 동시에 나는 이 같은 자원봉사자 운동, 즉 농촌 개조·건설 운동이 결코 중국적 상황만이 아니라, 어떤 의미에서는 세계적 운동임에 주의를 기울였다. 말하자면 이 운동에 대해 관찰하고 사고할 때는 반드시 전 세계를 배경으로 삼아야 하는 것이다. 나는 대학생들에게 이렇게 말했다. "자원봉사자 운동은 하나의 이상주의 운동이다. 이것은 국제적인 현상이다. 서양과 동양의 지식인들, 선진국과 개발도상국의 지식인들은 모두 한 세기의 세찬 비바람을 맞고 나서 마음속 '하느님'을 떨쳐낸 뒤, 이상과 가치를 새롭게 정립하려는 임무와 마주하고 있다. '오늘날에도 이상주의를 견지해야 하는가 그렇지 않은가? 견지해야 한다면 어떻게 견지할 것인가? 이상주의자들의 출구는 어디에 있는가?' 이것들은 모두 전 세계적 사고에 관한 문제일 뿐만 아니라 전 세계적 실천에 관한 문제이기도 하다." "특히 농촌 개조와 건설 운동은 개발도상국과 동양의 지식인들이 관심을 기울이는 문제이다." "자체적으로 갖고 있는 현실적 의의를 제외하고도 서구 사회와 다른 동양 국가의 현대화 노선을 찾아 그것을 자각적으로 실험해보아야 한다." 이것도 우리가 지금 당면해 있는 문제이다. "중국의 농촌 개조와 건설 과정에서 중국의 전통적인 향토 자원을 어떻게 재통합하고, 서구 현대화 건설의 성공적인 경험을 흡수하면서도 그들과는 다른 중국 스스로의 농촌 개조와 건설 노선을 이끌어낼 것인가? 이것이야말로 현대 민족 문화의 재건 과정이라고 해도 과언이 아니다. 아마도 이것은 우리가 현재 진행하고 있는 농촌 개조와 건설 운동의 더욱 심층적인 목표와 의의라고 할 수 있을 것이다."

물론 나는 젊은이들에게 한 세기 동안 있었던 '농촌 봉사활동到農村去'의 교훈을 들려주는 일을 잊지 않았다. 이 내용은 이미 앞에서 '돈키호테와 햄릿 정신'을 반성하면서 이렇게 총괄한 적이 있다. "지식인들이 농촌으로 갔을 때 가장 흔히 당면하는 문제는 바로 농민과의 관계를 어떻게 설정할 것인가 하는 것이다. 가장 쉽게 발생하는 것은 다음과 같은 두 가지 경향이다. 즉 혹자는 구세주가 천하를 떠맡는 듯한 자세로 농민을 구제와 시혜의 대상으로만 여긴다. 이것은 일종의 영웅주의·귀족주의적 태도이다. 또 혹자는 농민을 이상화하고 농촌의 소규모 생산 방식과 생활 방식을 미화하고 자신을 개조 대상으로 위치시킨다. 이러한 태도는 우리가 자주 언급한 바 있는 인민주의民粹主義적 경향이다." 구체적인 역사 과정에서 발생한 적이 있는 이 두 가지 경향에 대해 우리는 응당 경계심을 가져야 한다. 그리고 이상주의에 대해서도 정확한 태도를 유지해야 한다. "낮은 목소리의 이성적인 이상주의를 제창하면서, 우선 이상주의를 견지하는 동시에 이상주의의 현실적인 한계를 이성적으로 따져보고 또 그 한계를 직시해야 한다." "이러한 사고 배후에는 사실 루쉰 선생께서 제창한 '강인한 정신'이 포함되어 있다. 즉 하나의 목표를 정확하게 인식하고, 효과를 따지지 않고, 수확도 불문하고, 지속적으로 한 가지 한 가지씩 계속 실천해나가야 한다. 개인 행위의 한계도 맑게 깨닫고 다양한 힘이 하나로 합쳐지는 역사의 작용도 믿어야 한다. 그것은 바로 루쉰이 '땅에는 본래 길이 없지만, 걸어가는 사람이 많아지면 길이 생긴다'고 말한 것과 같다."129

"저 전방의 목소리가
나를 걷게 한다"

          이것은 멀고 먼 길이다. 나는 일찍이 루쉰을 대표로 하는 선구자들과 나의 선생님들을 따라 걸었다. 그리고 일찍이 동시대인들과 서로 의지하고 부축하며 걸었고, 지식 청년知靑 세대 및 **89년 세대**(그 이후의 세대)와 함께 걸었다. 지금은 또 새로운 세기 초의 청년 자원봉사자들과 함께 걷고 있다. 그리고 시종일관 나와 함께한 사람들은 바로 나의 구이저우 안순의 친구들이다. 나는 또 계속 이렇게 걸어갈 것이다.

    "성함이 어떻게 되십니까?"—"나는 모르오."

    "어디서 오셨습니까?"—"나는 모르오."

    "어디로 가십니까?"—"나는 모르오."

    "벌써 이렇게 지치셨는데, 되돌아가시는 편이 더 낫겠어요."—"안됩니다! 나는 가야 합니다. 되돌아가봤자, 거기에는 명분 없는 곳이 없고, 지주 없는 곳이 없고, 추방과 감옥이 없는 곳이 없고, 가식의 웃음이 없는 곳이 없고, 눈자위에 눈물 없는 곳이 없습니다. 나는 그것들을 증오합니다. 나는 되돌아가지 않을 겁니다!"

    "그래도 잠시 쉬시는 게 좋겠어요."—"하지만 저 전방의 목소리가 나를 걷게 하오."

    "일찍이 나를 부른 적도 있어요. (…) 근데 모른 체했더니, 이제는 부르지 않아요. 나도 분명하게 기억이 나지는 않아요."—배회하며, 깊은 생각에 잠겼다가, 갑자기 깜짝 놀란다. "하지만 나는 그럴 수 없어요! 가야 합니다. 나는 아무래도 가야 합니다……."

나그네는 들판을 향해 비틀거리며 짓쳐 나아가고 밤빛이 그의 뒤를 따른다.[30]

2005년 1월 17일에서 3월 5일까지 계속 써서, 3월 6일에 원고를 완성하다.

2002년 8월 퇴직한 이후 지금까지 벌써 5년이란 세월이 흘렀다. 이 5년 동안 나는 더욱 넓은 범위의 사회 문화 교육 부문에서 실천 활동을 전개하며, 다양한 관심을 갖고 중고등 어문 교육, 서부 농촌 교육, 지방문화 연구, 청년 자원봉사자 운동에 적극 참여한 이외에, 주로 학술 연구에 내 관심과 정력을 쏟았다. 이 시기를 전후하여 나는 『루쉰 작품 15강魯迅作品十五講』(북경대학출판사, 2003년), 『루쉰 9강魯迅九講』(복건교육출판사, 2007년), 『첸리췬 강의록錢理群講學錄』(광서사범대학출판사, 2007년)을 출판했다. 이 세 권의 책은 대중에게 학문을 보급하기 위해 쓴 저작이거나 학술 강연을 기록한 '업무 외 연구'이다. 이 시기에 쓴 또 다른 한 권의 책이 바로 지금 탈고한 『내 정신의 자서전我的精神自傳』이다. 나는 이 책에 더욱 오랜 시간 붙잡혀 있었다. 이 책의 상편 「나의 회고와 반성我的回顧與反思」은 2002년 3월에서 6월까지 베이징대학에서 있었던 나의 '마지막 강의' 원고이다. 따라서 여기에는 '베이징대학 강연록 제3北大演講錄之三'이란 부제가 붙어 있다.[1] 책으로 출판된 나의 첫 번째 강연록은 1997년 하반기에 강의한 『저우씨 형제 이야기』이고, 두 번째 강연록은 2001년 상반기에 강의한 『루쉰과의 만남』이다. 이 책의 하편 「내 정신의 자서전我的精神自傳」은 2005년 한 잡지사 편집장과의 약속에 의해 쓰인 것이다. 처음에는 짧은 글 한 편만 써서 원고를 넘겨줄 생각이었지만, 뜻밖에도 쓰면 쓸수록 편폭이 더욱 길어지고 또 마음이 더욱 진지해져서 마침내 단행본 한 권의 규모를 갖추게 되었다. 2006년과 2007년에 는 또 친구들의 재촉에 못 이겨 학생들의 녹음을 정리한 「나의 회 고와 반성我的回顧與反思」 강연록 원고를 정식으로 완성했다. 이 원고에 는 보충과 해명을 위한 몇 가지 진술이 덧붙여졌고, 또 몇 편의 정 식 글도 추가되었다. 처음의 녹음 정리부터 마지막으로 책이 출판될 때까지 거의 5년의 세월을 보냈다. 퇴직을 전후하여 나는 주로 이 책의 정리·출판에 더욱 심혈을 기울인 셈이다.

이 책은 나의 학술 저작 가운데서도 상당히 독특한 위치를 차지 하고 있다. 즉 이 책은 나의 자서전, 즉 학술 자서전과 정신 자서전 이면서 학술사·사상사·지식인 정신사에 관한 저작이기도 하다.

이 책은 우선 나의 자서전이다. 본래 전기 집필은 나의 학술 연 구에 있어서 주요한 관심 분야에 속한다. 『저우쮜런전』도 물론 전기 집필에 관한 나의 실험작이다. 그리고 『루쉰과의 만남』과 『크고 작은 무대 사이에서—차오위 연극 신론』도 사실상 모두 루쉰과 차오위에 관한 정신사·생명사의 기록으로 볼 수 있다. 최근 한 젊은 대학원 생은 다음과 같은 견해를 밝힌 적이 있다. "첸리췬 세대 사람들에게 있어서, 그들이 가장 적절하게 사용하고 또 가장 잘 다루는 방법은 바로 전기문학 비평 방법과 심령사 저작 모델이라고 할 수 있다."[12] 꽤 일리 있는 말이며, 나도 이러한 내용을 언급한 적이 있다. 나의 현대문학 연구 '목표'는 바로 "온갖 문학 현상 배후에 숨어 있는 인 간의 생존 환경·체험·곤혹 등을 탐구하여 한 시대 인간이 겪은 생 명 격정의 궤적을 밝혀내는 일이다."[13] 이런 의미에서 나의 학문 연 구는 광의의 전기문학적 특징을 포함하고 있으므로 일종의 '생명사' 연구 저작이라고 할 수 있다. 이전의 저작과는 다르게 이번에 나는 내 자신의 전기와 생명사를 저술했다. '자서전'을 쓰는 것도 신문학 전통 중의 하나이다. 후스가 바로 자서전 저작의 고무자이며 창시

자이다. 그는 "40세에 어린 시절을 저술하고, 50세에 유학 시절에서 장년 시절까지를 저술하고, 60세에는 중년 시절을 저술하겠다"는 낭만적인 구상을 한 적이 있다.[14] 그러므로 내가 칠십을 바라보면서 자서전을 쓰는 것도 정리에 어긋나지 않는 셈이다.

그러나 내가 쓴 자서전이 후스의 요구에는 결코 부합하지 않는다. 그는 『사십자술四十自述』 「자서自序」에서 이런 의견을 표명한 적이 있다. "사회에서 한동안 사업을 한 적이 있는 사람들은", "그들의 생활을 적나라하게 기록하여 역사학자들에게 자료를 제공하고, 문학가들에게 활로를 열어주어야 한다." 그러므로 그가 기대한 것은 '자질구레한 생활'을 기록한 실록체 자서전이라고 할 수 있다.[15] 그러나 내가 쓴 것은 나 자신의 인생 경력이나 일상생활이 아니라 정신 역정과 학술 생애에 편향된 것이며, 실록체 방법을 쓴 것이 아니라 자아 해부와 자아 분석에 편향된 저술 방법을 동원했다. 나의 자서전은 사실 나 자신의 사상과 학문을 한 차례 정리·반성하고 되새겨본 저작이다. 이는 또 다른 의미에서 내 학술 저작에 관한 자기 독해讀解인 셈이다.

왜 자기 독해를 해야 하는가? 이것은 내 학문 연구의 두 가지 특징과 관련이 있다.

나의 학문 연구는 강렬한 문제의식과 사상 창조의 요구에서 출발한다. 말하자면 나는 '현실·역사·자아'에 대한 그 내면의 문제에 직면할 때마다, 나의 전공, 즉 현대문학사와 현대사상사의 연구 영역으로 달려가서 '역사'를 거슬러 올라간다. 아울러 그 속에서 모종의 '사상' 과제를 길어올려 '현실─역사─사상'을 서로 엇섞어 한데 융합되도록 하고자 노력한다. 자각적인 추구의 성과물과 구현체로서 이들 학문 저작은 표면상으로는 주로 역사에 관한 서술로만 보이지만 그 배후에 나의 문제의식이 숨어 있다. 당시 저술 과정에서 제기된 사상 과제도 대부분 즉흥적이고 산만한 것이다. 그러므로 '회고'를 통하여, 각 학문 저작 배후의 문제의식 및 서로 다른 시대에 이루어진 저작 간의 연관성을 해명하고, 나 자신의 사상에 일정 정도 체계성을 부여해줄 필요가 있다. '회고'의 또 다른 측면은 '반성'이다. 나는 현실의 제약을 받는 학자이며 지식인으로서 어떤 문제에 관한 사색과 연구를 진행할 때, 나 자신의 시대에 대한 '발견'을 하는 동시에 그것을 '은폐'할 수도 있게 된다. 나는 그 점에 대해서도 명확하게 인식하고 있다. 여기에서 나 자신과 시대에 대한 새로운 문제가 생겨나기도 한다. 따라서 '반성'을 통하여 특정한 시공간에서 자신의 학문 연구가 "무엇을 발견했고 또 무엇을 은폐했는지"를 분명하게 밝힐 필요가 있다. 아울러 "이러한 발견과 은폐를 전체 중국의 정치·경제·사회·문화 부문의 역사적 실천과 같은 거시적 배경 아래에 놓았을 때 어떤 문제가 발생하는지를 관찰해야 하며, 그것을 눈앞의 현실에 적용했을 때는 또 어떤 의미가 있는지도 관찰해야 한다." 이와 같은 반성은 그 자체만으로도 정신적인 가치를 지니고 있을 뿐만 아니라, 새로운 사색과 연구의 새로운 기점이 될 수도 있다.—이 점이 바로 이 책 제1부 「나의 회고와 반성」에서 행한 작업이다.

나의 연구는 또 '자아 생명과 학문의 일체성'을 추구한다. 학술 탐구인 동시에 생명의 분투이다. 연구 대상에 대한 발견이면서 자아에 대한 발견이기도 하다. 새로운 학문 영역을 부단히 개척하면서, 나 자신의 생명도 끊임없이 심화되고 승화되었으며 심지어 새로운 삶을 얻기도 했다. 이 때문에 나는 이렇게 말한 적이 있다. 나에게 있어서 "모든 학술 탐구는 외면세계의 역사와 현실에 대한 추궁이며 이 모든 것은 최종적으로 자아의 내면 추궁으로 귀착된다. 즉 자아 존재에 대한 역사적 분석과 본질적 추궁으로서 '나는 누구인

가? 나는 어떻게 존재하고 말하는가?"라는 질문으로 귀착되는 것
이다.—이 책 제2부 「내 정신의 자서전」(즉 한글판 『내 정신의 자서전』)
에서 내가 보여주려고 했던 것도 바로 일정한 생명 역정인 학술 저
작 배후에서, 내 자아의 존재를 찾고 '내 자아의 정신에 이름을 붙
여주는 일'이었다.

그리하여 나는 내 자신을 독자들에게 적나라하게 드러냈다. 어쩌
면 독자들이 나의 모든 저작을 '이해하는 데' 도움을 주거나, '첸리
췬'이란 사람을 해부하고 그의 사상과 학술을 이해하는 데 도움을
줄 수도 있을 것이다. 이와 동시에 우리 자신을 반성하고 우리 자신
을 재창조할 수도 있을 것이다. 그러나 나는 또 이러한 시도가 새로
운 장벽을 만드는 것은 아닌지 근심에 젖어든다. 왜냐하면 어떤 학
술 저작도 모두 작가 자신의 주관적인 추구와 예상보다 실제 내용
이 더 작아지기도 하고 더 커지기도 하기 때문이다. 이런 의미에서
작가의 진술에 근거하여 그 책을 읽는 건 위험한 일이다. 오독의 가
능성이 있을 뿐만 아니라, 주체성을 가진 독자가 독립적으로 그 책
을 이해하고 해석하는 데 방해가 될 수도 있기 때문이다. 이러한 독
립적인 이해와 해석이야말로 독서의 진정한 의미라고 할 수 있다.

나의 '야심'은 아주 크다. 이 책은 또한 1980년대 이래 중국 사상
사·학술사·지식인 정신사에 관한 연구 저작이다.

나는 일찍이 나의 친구 황쯔핑黃子平·천핑웬陳平原과 함께 '20세기
중국문학사二十世紀中國文學史'란 개념을 제기한 적이 있지만, 사실 내가
가장 마음을 기울이고 있는 주제는 바로 '20세기 중국 지식인 정신
사二十世紀中國知識分子精神史'이다. 나의 저작 전략은 바로 '중간을 들어
올려 양쪽이 따라오도록' 하는 것이다. 이런 까닭에 먼저 '1948년'
을 선택하여 이 역사적 전환기에 있었던 중국 지식인들의 선택과 심
리 역정을 고찰한 뒤 『1948: 천지현황』을 저술했다. 이어서 1949년

이후 반세기 동안 중국 지식인이 걸었던 정신의 여정을 고찰하는 일에 착수했다. 나는 일반적인 관점에 근거를 두지도 않았고, 나의 시선을 상층 지식인들에게 고정하지도 않았다. 오히려 이미 잊힌, 그리고 민간 사상가로 살아간 젊은 지식인들에게 관심을 집중하였고 이와 관련된 저작도 집필했다. 동시에 나는 또 지금 현실 속 지식인에 관한 연구 유혹에서 벗어날 수 없었다. 즉 그것은 1980년대 이후의 중국 사상·문화·학계를 연구해보고 싶은 욕망이었다. 그러나 그것이 어려운 일이라는 것도 잘 알고 있다. 첫째, 나와 연구 대상 사이의 거리감이 거의 없기 때문에 객관적으로 파악하기 어렵다. 둘째, 나의 몸이 연구 대상 속에 함께 있기 때문에 비학계의 간섭에 대응하기가 어렵다. 그리하여 나 자신을 연구 대상으로 삼으면 두 가지 어려움이 동시에 해결될 수 있다는 데 생각이 미쳤다. 기억하건대 나의 스승 왕야오 선생님께서도 이렇게 말씀하신 적이 있다. "우리는 지금도 여전히 진행 중인 역사 속을 살아가고 있다. 그러므로 현재를 다룬 고품질의 학술 사상사나 문화사를 써내는 것은 매우 힘든 일이다. 심지어 황쭝시黃宗羲의 『명유학안明儒學案』이나 량치차오梁啓超의 『청대 학술 개론淸代學術槪論』과 같은 총체적이고 통시적인 저술을 써낸다는 것은 더더욱 어려운 일이다." "그러나 만약 하나의 적절한 시각이나 세밀한 관점을 선택하여" 동시대의 사상·문화·학술의 발전을 고찰한다면 "아마도 구체적인 증거에 입각하여 그 발전 궤적을 그려낼 수 있을 것이므로, 현 단계에서도 비교적 쉽게 그 연구에 착수할 수 있을 것이다." 이것이 바로 이른바 '한 사람으로 한 세계를 보고,' '하나의 세밀한 관점으로 전체 국면을 총괄한다'는 연구 태도이다.[16] 그리하여 모수자천毛遂自薦의 태도로 나 자신의 연구 방법을 선택하여 '세밀한 관점'으로 삼은 까닭도, 내가 바로 문혁 후 제1세대 대학원생으로서 앞 세대를 계승하고 뒷 세대를 열어주어야 할 위치에 있었기 때문이다. 그리고 내가 연구하고 있는 중국 현대문학 영역도 당시에는 '인기 학문'이어서, 현대문학은 현실 속의 정치·사상·문화·학술 사조 및 기타 인문과학·사회과학의 연구 분야와 비교적 밀접한 관계를 맺고 있었다. 따라서 내가 직면한 문제, 그리고 그 문제에 대한 사색·처리 방법 및 거기에서 발생한 문제 은폐, 오류 등등도 모두 일정한 '전형성'을 지닐 수밖에 없었다.

뿐만 아니라 이러한 일들은 모두 나 자신이 직접 겪은 것이고, 자아의 생명 체험 속에 깊이 스며들어 있는 것이다. 이에 어떤 학자 분이 말씀하신 것처럼 그것에 관한 느낌을 비교적 쉽게 체감할 수 있을 것이다. "본래 역사의 맥락과 상황 속으로 돌아가 느끼고 이해하면서 그 구체적인 느낌을 새롭게 얻을 수 있으므로", 좀 더 다양하고 '복잡한 수준'의 이해도 가능하다.[7]—이처럼 나는 자신의 연구에 모종의 '전형 현상'으로서의 의미를 부여했다. 이로 인해 내 연구에 대한 연구는 일반적인 자서전 방식을 뛰어넘어 더욱 다양한 분석과 세밀한 사색이 가능하게 되었고 배후의 '시대사상·문화·학술 문제'에 대해서도 철저한 추궁과 반성이 가능해졌다.

나의 모든 학술 저작과 마찬가지로 이 책의 저술도 연구 방법 및 학술 서사학 상에서 나 자신의 자각적인 추구와 설계로 이루어진 것이다. 위에서 진술한 바와 같이 자신의 학문을 연구 대상으로 삼아 1980년대 이래 중국 대륙의 사상과 학문을 세밀하게 살펴본 것은 왕야오 선생님께서 창시한 방법에 바탕을 두고, 내가 장기적으로 견지해온 '전형 현상' 연구 방법을 새롭게 적용해본 것이다. 이밖에 나는 또 나보다 젊은 일군의 청년들, 즉 나와 다른 세대 학자들이 나의 '회고와 반성' 및 내가 언급한 1980년대 이래의 중국 사상과 학술 문제에 대해 솔직한 지적(비평과 질의를 포함)을 해주기를 기대했다. 그리하여 다양한 관점이 형성되고, 사상 교류(나와 비평가뿐만 아니라 비평가 상호간의 교류를 포함한 대화)가 이루어진다면 이 책의 사유 방식이 대대적으로 확산되는 것에 그치지 않고 이 책의 서술 내용도 한층 더 다양해질 수 있을 것이다. 이것은 아주 매력적인 기대라고 할 수 있다. 애초에 책을 집필하는 과정에서 나와 젊은 친구들은 이러한 기대로 흥분을 감추지 못했다. 그러나 그것을 현실에 적용하기란 아주 어려운 일이었다. 그 주요 원인은 젊은 친구들이 너무 바빴기 때문이고, 나도 나 자신의 저작으로 그들을 너무 오래 붙들어두기가 미안했기 때문이다. 결국 베이징대학의 허구이메이賀桂梅 군만 「나의 회고와 반성」제1강 '내 인생의 길과 학문의 길, 上我的人生之路與治學之路. 上'에 자세한 비평을 해주었고, 구이저우의 내 오랜 친구 란쯔 군도 「내 정신의 자서전」에 부분적인 비평을 해주었다. 그러나 이 몇 가지 비평도 내게 적지 않은 도움을 주었기 때문에 지금 그것을 하나하나 해당 부분의 각주에 채록하여 부분적인 대화라도 이루어지게 해두었다. 독자 여러분께서 유의해주시길 바란다. 나는 이후에도 이 같은 실험을 할 기회가 있기를 희망한다.

이 책을 완독한 후 흥미진진하게 펜을 들고 한바탕 비평을 해주실 독자가 있을지 모르겠다.

2007년 10월 18일

| 대륙판과 타이완판 교정 소감 |

1_ 역자 주: 이 '교정 소감'은 이 책의 저자 첸리췬 선생께서 역자에게 직접 제공한 것이다. 이 책을 번역하는 과정에서 저자와 연락이 닿았고, 저자는 대륙판에 삭제된 내용이 많음을 안타까워하면서, 대륙판과 타이완판을 대조 교정한 파일을 역자에게 제공해주었다. 이 교정 소감은 바로 그 교정 파일 앞에 붙어 있다. 그리고 이 번역본에서 대륙판의 삭제 내용을 복원한 것은 모두 저자 첸리췬 선생의 '대조 교정 파일'을 근거로 이루어진 것이다. 첸리췬 선생에게 깊은 감사의 말씀을 드린다.

2_ 역자 주: 타이완사회과학잡지사臺灣社會科學雜誌社는 타이완사회연구잡지사臺灣社會研究雜誌社의 착오이다.

| 이끄는 말 |

1_ 「결손의 가치─나의 저우쭤런 연구에 관하여有缺憾的價值─關于我的周作人研究」, 『마음을 누르고 있는 무덤壓在心上的墳』, 59쪽, 四川人民出版社, 1997년.

2_ 「'무덤」 뒤에 쓰다寫在『墳』後面」, 『루쉰전집魯迅全集』 권1, 283쪽, 人民文學出版社, 1981년.

| 제1장 | 역사적 중간물

1_ 역자 주: '역사적 중간물' 의식은 1980년대 중국 대륙의 왕후이王暉·첸리

친첸리췬錢理群 등이 루쉰의 저술에서 연역해낸 루쉰 정신의 특징이다. 루쉰은 자신이 전통 의식을 벗어나지 못한 상태에서 근대를 추구하는 불완전한 사람이라고 하면서, 지식인은 누구나 이러한 자신의 한계를 명확하게 인식하고, 자신의 위치와 자신이 할 일을 겸허하게 결정해야 한다고 했다. 루쉰의 '역사적 중간물' 의식은 특히 그의 '암흑의 갑문黑暗的閘門'이라는 비유(「우리는 어떻게 아버지 노릇을 할 것인가我們怎樣做父親」, 『루쉰전집魯迅全集』 권1)에 잘 드러나 있다. 즉 캄캄한 성안에는 아이들이 갇혀 있고, 육중한 갑문은 서서히 닫히고 있다. 그런 와중에서도 어떤 용사 한 사람이 그 갑문을 어깨로 지탱하면서 아이들을 전부 햇빛 찬란한 성 밖으로 탈출시킨 후 자신은 그 암흑의 갑문에 깔려서 죽는다. 여기에 지식인의 희생정신이 포함되어 있음을 주의해야 한다. 과거의 모든 낡은 인습에 반항하고 또 그 인습을 스스로 감당하면서 '참인간 세우기立人'에 매진한 루쉰 정신의 특징이 잘 드러나 있다. 왕후이와 첸리췬은 '역사적 중간물' 의식을 확대하여 현실과 역사를 인식하는 비판적 지식인의 기본 특징으로 자리매김했다.

2_ 1980년대 학계에서 가장 일찍 루쉰의 '역사적 중간물' 개념에 주목한 사람으로는 나 말고도 왕후이가 있다. 그는 「역사적 '중간물'과 루쉰 소설의 정신 특징歷史的'中間物'與魯迅小說的精神特徵」이란 글에서 이에 관한 훌륭한 논술을 했다. 『심령의 탐색』 315쪽의 주석에서 나는 특히 왕후이의 이 글을 거론하면서 "필자는 일찍이 왕후이와 이 문제들을 토론한 적이 있고, 그에게서 적지 않은 계발을 받았다"고 밝혀 두었다.

3_ 「재판 후기再版後記」, 『심령의 탐색』, 319쪽, 北京大學出版社, 1999년 제2판.

4_ 첸리췬, 「고난을 정신 자원으로 변화시키다'—『고난의 선택』 일러두기'將苦難轉化爲精神資源'—『艱難的選擇』導讀」, 자오웬趙園, 『고난의 선택艱難的選擇』, 2-3쪽, 上海文藝出版社, 2001년, 2001년 2판.

5_ 「후기」, 『심령의 탐색』, 349-350쪽, 上海文藝出版社, 1988년.

6_ 앞의 책, 351쪽.

7_ 이 점에 관해서는 앞에서 인용한 「결손의 가치」에서 요점을 설명한 바 있다. 나의 가정과 유년기 교육에 관한 회고의 글은 내가 쓴 『세기말의 깊은

생각世紀末的沈思」,『마음을 누르고 있는 무덤壓在心上的墳』,『60 평생 재
난의 언어六十劫語」 등에 포함되어 있다.

8_ 「결손의 가치」,『마음을 누르고 있는 무덤』, 52-56쪽.

9_ 「이심집·서언二心集·序言」,『루쉰전집』 권4, 191쪽.

10_ 「동시대인에 대한 관찰과 이해」,『세기말의 깊은 생각』, 113-114쪽.

11_ 「"'독서' 구호에 대한 망언" 후기書〈妄說"讀書"的口號〉後」,『마음을 누르
고 있는 무덤』, 155-156쪽. 이 글에서 나는 또 다음과 같이 진술했다. "우
리 세대 중 어떤 사람은 지식 체계나 정신 기질 측면에 확실히 존재하는
결함을 백방으로 은폐하며 그것을 인정하지 못하겠다는 태도를 보이고 있
다. 그들은 스스로 대단히 우수한 인재라고 생각하거나 매스컴의 과장에
도취되어 있다.—만약 여기에 그친다면 문인의 과대망상으로 끝날 수 있
다. 그러나 어떤 사람은 여기에서 한 걸음 더 나아가 자신이 성장해온 '문
화 단절'의 시대를 미화하거나 그 시대의 폐해를 숨기며 '독서를 많이 한
사람일수록 멍청하다'는 시대사조에 대해 어떤 비판도 용납하지 않으려
한다. 이런 태도야말로 가공할 만한 일이며 또 가증스러운 일이기도 하
다."

12_ 「동시대인에 대한 관찰과 이해」,『세기말의 깊은 생각』, 114쪽. 「결손의 가
치」,『마음을 누르고 있는 무덤』, 61쪽 참조.

13_ 「'첫 번째로 쓰러진 사람'을 애도함悼"第一個倒下者"」,『세기말의 깊은 생
각』, 5-6쪽.

14_ 「고난이 어떻게 정신 자원으로 바뀔 수 있었는가苦難怎樣才能轉化爲精
神資源: 代序」,『마음을 누르고 있는 무덤』, 2쪽.

15_ 「서문」,『인간의 병폐人之患』, 1-2쪽, 浙江人民出版社, 1993년.

16_ 이 시기를 전후하여 『왕야오 선생 기념집王瑤先生紀念集』(天津人民出版
社, 1990년), 『왕야오 문집王瑤文集』(北岳文藝出版社, 1995년), 『선구자
의 족적先驅者的足迹』(河南大學出版社, 1996년), 『왕야오와 그의 세계王
瑤和他的世界』(河北敎育出版社, 1999년), 『왕야오 전집王瑤全集』(河北敎
育出版社, 2000년), 『첸닝 동지를 기념하며紀念錢寧同志』(淸華大學出版
社, 水利電力出版社, 1987년), 『영원으로 남은 사랑: 첸린싼 기념집遺愛永

恒: 錢臨三紀念集』(1994년 자비 인쇄), 『첸톈허 문집錢天鶴文集』(中國農業科技出版社, 1997년. 이 책 속표지에 이렇게 썼다. "삼가 이 책을 빌려 아버지, 어머니, 큰누나, 큰형, 셋째 형, 둘째 누나에 대한 그리움을 표명한다.—이분들이 지하에서라도 편히 쉬시기를 빈다.") 회고와 추모의 글은 『인간의 병폐』와 『마음을 누르고 있는 무덤』에 수록되어 있다. 참고하기 바람.

17_ 안순安順에 사는 나의 '젊은 친구' 란쯔籃子 군은 이 책의 초고를 읽고 난 후 나에게 보낸 편지에서 다음과 같은 의견을 제시해주었다. "제 생각에는 '학술 준비기'의 의의에 대한 선생님의 사고가 좀 부족한 것 같습니다. 이것은 매우 특수한 '예비 단계'로 뒷날 선생님의 연구 방향과 학문 특징에 아주 심대한 영향을 미쳤습니다. 예컨대 선생님께서 초기에 루쉰 연구 및 문학 연구를 진행하면서 형성한 두 가지 특징, 즉 현실에 대한 관심과 정신에 대한 관심(인문에 대한 관심)에 이러한 영향이 분명하게 드러나 있습니다. 이러한 관심은 뒷날 선생님의 연구—특히 1990년대 중반기 이후의 연구—속에도 거의 일관되게 나타납니다. 뿐만 아니라 후기로 가면 갈수록 더욱더 현저하고 강렬하게 나타납니다. 만약 이러한 점을 조금이라도 진술하지 않으면 뒷날 선생님께서 보여주신 학문의 경계 넘나들기나 여러 분야에 대한 광범위한 언급이 너무 생뚱맞게 느껴질 것입니다. 그리고 독자들이 선생님의 이러한 경향이 사실 연원이 깊고 초지일관된 행동이라는 사실을 이해하지 못할지도 모릅니다. 제가 관찰한 바로는 선생님께서는 전문 연구자의 길로 들어선 이후 「20세기 중국문학 삼인담二十世紀中國文學三人談」에서 시작하여 『저우쭤런전周作人傳』 『저우쭤런론周作人論』에 이르기까지 자신의 학문 연구 방향에서 아카데미즘의 특징을 아주 짙게 드러내고 있는 것 같습니다. 저는 이 시기가 선생님께서 상아탑으로 들어가시길 갈망하다가 마침내 그 자격을 인정받은 '학문의 진입기'라고 생각합니다. 이 때문에 이 시기는 선생님께서 의식적으로(아니면 무의식적으로) 과거 민간의 비아카데미즘적 연구 습관(민간의 야성, 민간의 입장)을 감추고 그것에서 벗어나려고 시도한 기간이기도 합니다. 그러나 『크고 작은 무대 사이에서』란 저작에서부터는 이처럼 억압된 야성과 습관이

갑자기 어느 정도 완화·해방됩니다. 혹은 억압에서 깨어 활성화되었다고 해야 할지 모르겠습니다. (…) 이후 일단의 시기 동안에는 마치 이 두 가지 노선과 두 가지 경향이 모순을 일으키고 충돌하는 양상을 보이는 것 같습니다. 때때로 강약이 얽혀 있기도 한데, 아마도 선생님께서 이 두 가지 경향 사이에서 주저하고 배회하던 시기인 것 같습니다. 그러다가 1999년의 사태를 겪은 후에는 홀연 대오각성하신 듯 두 가지 모순이 평형을 이루고 서로 지탱해주는 가운데 진퇴가 자유로워지셨습니다. 흔히 속된말로 '도가 트이신' 것 같습니다. 학술 언어로 이야기하면서도 점입가경의 경지를 보여주시는 모습이 어떤 의미에서는 자유와 초탈의 경지에 이르신 것이 아닌가 합니다. 그동안의 학술 훈련은 담론의 기초와 근거로 작용하고, 민간에 대한 관심(현실에 대한 관심, 기층에 대한 관심 그리고 정신에 대한 관심)은 학술 연구의 동력과 방향계로 작용하고 있습니다. 지난날 정치적 관찰과 사상 분석에 장기를 보이던 글쓰기의 특징이 전문 학술 연구 방법의 세례를 받고 더욱 학문적인 색채를 띠게 되었습니다. 동시에 또 순수 학문과 아카데미즘의 몇 가지 한계를 돌파한 뒤 매우 특징적인 학문 노선을 정립하고 또 아주 개성적인 목소리를 내게 되었습니다. 아울러 '정신계의 전사精神界的戰士'나 '사상가思想者'처럼 자신의 모습이 투영된 몇몇 배역 선정에 있어서 개성화의 특징을 한층 더 강화하고 두드러지게 하였습니다. 어떤 의미에서 선생님의 후기 학문 노선은 다소 '예비 단계'의 시기로 회귀하는 경향이 있는 것 같습니다. 혹은 초기에 형성된 몇 가지 치학治學 특징이 실제로 줄곧 선생님의 전문 연구 영역 속에 잠복하여 때로는 강하고 때로는 약하게 또 때로는 숨어 있다가 때로는 나타나기도 하면서 선생님에게 영향을 미친 것이 아닌가 합니다. 이런 경향은 후기로 갈수록 더욱 뚜렷하고 자각적으로 표현되다가 마침내 더욱 고차원적인 의미에서의 부활을 이루게 됩니다. 이런 점에 비추어 저는 선생님께서 '풍부한 경력을 가지고 학계로 진입했다'는 단락을 언급할 때 좀 더 보완된 진술을 해야 하지 않을까 생각하는 것입니다."—란쯔 군의 의견은 아주 일리가 있다. 그러나 나는 이미 「나의 회고와 반성我的回顧與反思」에서 '학술 준비기'에 대한 초보적인 진술을 했기 때문에 여기에서는 더 이상 언급하지 않기로 한다.

그러나 나의 학문 노선에 대한 란쯔 군의 분석에 나는 기본적으로 동의하
며 아울러 그가 나의 마음을 알아주는 지기知己라는 느낌을 강하게 받고
있다. 이것은 내가 란쯔 군에게 감사해야 할 일이다.

18_「결손의 가치」, 『마음을 누르고 있는 무덤』, 59-60쪽.

19_「절대 양보할 수 없다絕對不能讓步」, 『60 평생 재난의 언어六十劫語』,
9쪽, 福建教育出版社, 1999년.

20_「결손의 가치」, 『마음을 누르고 있는 무덤』, 60쪽. 나는 「절대 양보할 수
없다」라는 글에서도 루쉰에 대한 나의 기본적인 사고의 맥락을 다음과 같
이 개괄했다. "사람을 인간이 되게 하느냐, 노예가 되게 하느냐는 전통사
회와 현대사회를 구분하는 기본적인 표준과 척도이다. 인간임을 자각하
느냐 아니면 기꺼이 노예가 되고자 하느냐는 현대인과 전통인을 구분하는
기본적인 표준이다. 그[루쉰]가 행한 무소부지의 사회 비판과 문화 비판은
모두 이 점을 가치 척도로 삼고 있다."(『60 평생 재난의 언어』, 10쪽) 저우
쭤런 연구 과정에서도 나는 그의 '반노예성' 사상을 매우 중시했다.(「반노
예성: 기본 명제 중의 세 번째反奴性: 基本命題之三」, 『저우쭤런을 읽다讀
周作人』, 天津古籍出版社, 2001년) 저우쭤런이 창의적인 5·4 전통에 참
여한 것은 구국救國을 위한 것이 하나의 이유이고, 개체의 자유를 위한
것이 또 하나의 이유인데, 이제 저우쭤런은 이 두 가지 모두로부터 철저
하게 괴리되었다. 뿐만 아니라 그는 외국 침략자의 노예가 되었다. 이것이
바로 저우쭤런이 타락하여 매국노가 된 중요한 교훈이다.(『저우쭤런전』,
478-479쪽, 北京十月文藝出版社, 2001년 제2판) 그리하여 나는 다음과
같은 결론을 도출했다. "모든 형식의 노예 통치(이민족이든 동족이든 막론
하고) 및 어떠한 깃발 아래에서 행해지는 노예 행위(민족과 개인의 존엄한
자유를 팔아먹는)라 하더라도 모두 응분의 질책을 받아야지 어떤 명분으
로도 용서해서는 안 된다. 미화는 더더욱 말할 것도 없다." 그러나 나는 저
우쭤런이 "왜 적을 섬기게 되었을까? 사상과 문화 및 기타 부문에서 어떤
원인이 작용했을까? 어떠한 사상적 논리가 그를 수렁에 빠뜨렸을까? 특히
일찍이 민족의 우수한 지식인이었던 저우쭤런의 실족失足에는 어떤 사상
문화 및 이론적인 교훈이 포함되어 있는가?"라는 등등의 문제에 대해 단

지 정치적·도의적 질책만을 할 것이 아니라, 학술적으로 깊이 있는 탐구를 수행해야 한다고 강조했다.(「저우쭤런 연구에 대한 나의 견해周作人研究之我見」, 『저우쭤런을 읽다』, 257-258쪽.)

21_ 『화개집華蓋集·갑자기 떠오른 생각 11忽然想到 十一』, 『루쉰전집』 권3, 92쪽.

22_ 「심령의 탐색·후기」, 『심령의 탐색』, 347-348쪽, 350쪽. 우리가 주의해야 할 것은 1990년대 말과 21세기 초에 이르러서도 이러한 유가儒家의 전통을 되살려내, 과도하게 개성의 독립과 자유를 추구하는 '서구 전통'의 폐해를 바로잡자고 주장하는 사람들이 있다는 점이다. 이런 사이비 담론에 대해 나는 여전히 회의적인 태도를 견지하고 있다. 내가 더욱 놀랍게 생각하는 것은 '국가와 민족의 이익을 보호하자'는 기치 아래 사람들(특히 연약한 사람들)의 개인 이익과 권리를 박탈하려는 자들이 있다는 점이다.

23_ 앞의 책, 349쪽.

24_ 앞에서 말한 란쯔 군은 이 일단의 진술을 읽은 후 내게 보낸 편지에서 다음과 같은 보충 설명을 하며 경각심을 일깨우고 있다. "이 부분에서는 지식인들이 '민족주의 문제에서 범한 오류'를 이야기하고 있습니다. 지식인들이 절반은 핍박으로 절반은 자발적으로 그들이 가져야 할 '독립적인 사고의 권리'를 포기하고 말았다고 명확하게 서술하고 있기는 합니다. 그러나 첫째 부분에서는 강렬한 민족주의 정서를 갖게 된 것에 대해 서술했고, 둘째 부분에서는 지식인이 형성되는 사회 전통에 대해서 서술했으며, 셋째 부분에서는 국가에 대한 신임에서 맹목적인 복종으로 나아간 현상에 대해 서술하고 있습니다. 사실 이 세 가지는 기본적인 면에서 지식인의 '자동화'의 한 측면일 뿐입니다. 따라서 지식인의 핍박에 대한 묘사가 좀 소홀한 것이 아닌가 합니다. 이렇게 되어서는 이 책의 논술이 총체성과 정확성을 잃게 될 것 같습니다. 또 더욱 중요하게는 지식인들이 개조와 비판 과정에서, 특히 끊임없이 밀어닥치는 정치적 숙청의 소용돌이 속에서 침묵을 강요받으며 실어증에 걸린 사실과 이에 따라 독립적인 사고의 권리를 박탈당한 사실이 쉽게 생략되거나 사실상 은폐될지도 모릅니다. 저는 이 점이야말로 지식인들이 자신의 지위와 권리를 상실한 주요 원인이기

때문에 어떤 경우에라도 소홀히 취급해서는 안 된다고 생각합니다. 따라서 저는 각주의 형식(본문에 영향을 주지 않기 위해)으로라도 이 점에 대해 좀 더 보충설명을 하셔야 한다고 건의드립니다."—나는 란쯔의 의견에 전적으로 동의하며 특별히 여기에 그의 의견을 채록하여 아주 중요한 주석으로 삼고자 한다.

25_ 민족주의 문제 때문에 나는 줄곧 곤혹스러웠고, 이에 이 문제를 반복해서 생각했다. 이상에서 인용한 문장 이외에도 나는 이에 대해 다음과 같은 글을 썼다. 「민족주의 사조에 관한 방담록關于民族主義思潮的放談錄」(『마음을 누르고 있는 무덤』에 수록), 「외래문화관(상)外來文化觀 上」(『저우씨 형제 이야기話說周氏兄弟』에 수록).

26_ 란쯔 군은 편지에서 또 다음과 같이 건의하고 있다. "지식인의 개조를 언급할 때, 그 '개조론'이 바로 일종의 '원죄론'이라는 걸 직접 밝혀주실 수는 없겠습니까? 즉 지식인을 모두 노동자 농민과 결합하지 못하는 '원죄' 직업군으로 간주했다고 말입니다."—'원죄론'은 확실히 핵심을 찌르는 용어이다.

27_ 역자 주: 무산계급無産階級을 흥성興盛하게 하고 자산계급資産階級을 멸망滅亡시키자는 구호이다.

28_ 「후기」, 『심령의 탐색』, 353–355쪽.

29_ 「쓸 수 있는 것과 쓸 수 없는 것能寫的與不能寫的」, 『나는 존재한다, 나는 노력한다我存在着, 我努力着』, 151쪽, 黑龍江人民出版社, 2004년.

30_ 나는 「벗어날 수 없는 정신적 고난無法擺脫的精神磨難」(이 글은 『삭제집刪餘集』에 수록됨)이라는 글에서 다음과 같이 지적했다. "지식인에 대한 사상 개조"는 "마오쩌둥이 자행한 대담하고도 황당무계한 환상과 실험 중의 하나이다." 그는 "본 세기 역사의 중심 과제 중 하나를 해결하기 위하여 이러한 실험을 감행했다.—그것은 국제 공산주의 운동과 지식인의 관계 문제인데 스탈린이 대규모 피의 숙청을 감행한 후 제기한 새로운 모델이다. 그러나 마오쩌둥식 사상 개조도 결국에는 스탈린식 피의 숙청과 결합하지 않을 수 없었다. 이러한 과정은 그 자체로서 사람들을 깊은 사색에 빠져들게 하는 의미를 갖고 있다." "이것은 어떤 면에서 1940년대 이후

중국 역사의 면모를 결정해주었고, 한때 가공스럽고 비애로운 성공을 거두기도 하였지만 결국 실패한 실험으로 끝나고 말았다. 이것은 중국 현대 사상문화사에서 회피할 수 없는 연구 과제가 되었다. 뿐만 아니라 우리는 이 과제를 20세기 국제 공산주의 운동이 흥기하고, 발전하고, 위기를 겪고, 변혁을 추구해온 거대한 배경 하에 자리를 잡아주어야 한다. 그렇게 되면 이 과제는 자연스럽게 20세기 세계 문화 연구의 한 부분이 될 수 있을 것이다." 이 글은 「결손의 가치有缺憾的價値」에 일부분 포함되어 있다. 그러나 이 글을 『독서讀書』 잡지에 발표할 때, 그리고 『마음을 누르고 있는 무덤』에 수록할 때는 모두 삭제되었다. 대륙판 239쪽에서도 여전히 삭제되었다.

31_ 역자 주: 대의大義를 위해서라면 부모 형제도 돌아보지 않는다는 의미.

32_ 란쯔 군은 편지에서 이 단락에 대해 다음과 같은 문제를 제기했다. "과거에 계급론으로 인성론을 대체한 사실[요점]을 왜 직접 지적하지 않으십니까? 선생님께서 이 지점에서 이러한 직접적인 화법을 고의적으로 회피하시는 것이 아닌지 모르겠습니다. 그렇지 않다면 직접적이며 에돌지 않는 화법을 어째서 사용하지 않으십니까? 사실 오늘날의 관점으로 보면 이러한 화법을 사용하는 것이 결코 계급 분석의 합리성에 대한 부정을 의미하지는 않습니다. 계급론은 사회 분석 방법의 하나입니다. 동시에 이와 병존할 수 있고 또 결코 충돌을 일으키지 않는 다양한 분석 방법이 있습니다. 예컨대 젠더 분석, 표본 분석, 직업군 분석 또는 이익집단 분석, 그룹 분석, 신앙 분석, 민족 분석 등등이 그것입니다. 과거의 오류는 계급 분석으로 모든 분석을 대체하고 부정했다는 것입니다. 계급 이론은 유일한 사회[역사도 포함] 분석 이론이 되었을 뿐만 아니라, 이 유일한 이론을 윤리 분석 이론으로 바꾸어버렸습니다. 그리하여 그렇게 많은 반인성적 현상이 나타나게 되었던 것입니다."—란쯔 군의 문제 제기는 정확하다. 내가 '계급론으로 인성론을 대체하거나 부정했다는' 언급을 하지 못한 것은 또 다른 극단적 관점에서 계급론과 인성론을 완전히 대립시키면서 계급론과 계급 분석 방법의 합리성을 소홀히 하거나 부정할까봐 걱정되었기 때문이다. 사실 1990년대 이래로 계급 분석 방법으로 중국 사회 현실을 분석하

는 일은 거의 회피되었고 이러한 현상은 학계의 주류 의식이 되어 있는 실정이다. 그러나 나는 이 점에 대해 시종일관 경각심을 가져왔다. 물론 나도 '계급론으로 인성론을 대체하거나 부정하는' 경향에는 반대한다. 그러나 일찍이 존재했던 역사적 교훈을 깡그리 망각할 수도 없는 일이다.

33_「그래도 계속 추궁해야 한다還要追問下去」, 『60 평생 재난의 언어』, 21-22쪽.

34_「결손의 가치」, 『마음을 누르고 있는 무덤』, 62-64쪽.

35_「봉황의 울음과 그녀의 '경력—나의 1957년'和鳳鳴與她的'經歷—我的1957年'」, 『수필隨筆』, 2004년 4기.

36_ 역자 주: 쿵이지孔乙己는 루쉰의 단편소설 「쿵이지」에 나오는 주인공이다. 과거공부를 하였지만 과거에는 급제하지 못하고, 도둑질을 하면서 살아가는 몰락한 전통 지식인이다. 모든 사람에게 놀림을 받으면서도 자신이 독서인이라는 의식을 버리지 못한다.

37_「'협력자', '어용 문인'의 함정'幫忙', '幫閑'的陷穽」, 『마음을 누르고 있는 무덤』, 185-188쪽.

38_「역사로부터 도출해낸 남모르는 근심由歷史引出的隱憂」, 『마음을 누르고 있는 무덤』, 135, 140-141쪽.

39_ 위의 글, 137쪽.

40_ 위의 글, 140쪽.

41_「세 가지 반성, 미래의 '우환'은 무엇인가?反思三題, 未來的'憂患'是什麼?」, 이 글은 『마음을 누르고 있는 무덤』에 수록될 때 삭제되었고, 지금은 나 스스로 인쇄한 『삭제집刪餘集』에만 원문이 실려 있다. 본래 이 글은 1989년 3월에 쓴 것이지만, 나중에 과연 '실탄으로 중국 민중을 살해하는' 사건(1989년 6월 4일 톈안먼 학살 사건-역자 주)이 일어나자, 나의 이 예언식 문장은 기피 대상이 되었고, 여러 번 삭제되었다. 그러나 루쉰이 언급한 바와 같이 "실탄으로 뿜어져 나온 것은 청년들의 피다. 피는 먹으로 쓴 거짓에 가려지지 않을 뿐만 아니라, 먹으로 쓴 만가輓歌에도 취하지 않고, 어떤 위력도 피를 압박할 수 없다. 왜냐하면 그것은 이미 속일 수 없고 죽일 수 없기 때문이다."

42_ 위의 글에서 거론하고 있는바, 당시 '조직적으로 진행된' '대대적 비판'은 2000년 당내 극좌파에 의해 발동되고, 나중에 또 정치국 상무위원회 리란칭李嵐淸이 나를 직접 거명하면서 고조되어, 전국적으로 확대된 나에 대한 대대적인 비판 운동이다. 리란칭이 나를 직접 거명한 중요 근거 중의 하나가 바로 "중국 지식인들이 서로가 서로를 살육한 역사이다"라는 나의 관점이었다.

43_ 「세 가지 반성, 미래의 '우환'이란 무엇인가?」, 『마음을 누르고 있는 무덤』, 132쪽.

44_ 「'연희'를 논함論'演戱'」, 『저우씨 형제 이야기話說周氏兄弟』, 216쪽, 218–219쪽, 山東畵報出版社, 1999년.

45_ 「루쉰과 창조사·태양사의 논전魯迅與創造社, 太陽社的論戰」, 『루쉰과의 만남與魯迅相遇』, 317쪽, 三聯書店, 2003년.

46_ 「중국 대학의 문제와 개혁—나의 추궁과 사고 및 나의 발언 입장中國大學的問題與改革—我的追問與思考, 以及我的言說立場」, 『중국 대학의 문제와 개혁中國大學的問題與改革』, 281–283쪽 발췌 요약, 天津人民出版社, 2003년.

47_ 「10년 침묵의 루쉰十年沈黙的魯迅」, 『루쉰과의 만남』, 98–99쪽.

| 제2장 | 돈키호테와 햄릿

1_ 나 스스로 인쇄한 『삭제집』 「전언前言」에서 나는 그 정치 풍파가 지나간 이후의 베이징대학 분위기를 이렇게 묘사했다. "캠퍼스의 모든 것이 나를 숨도 쉬지 못할 정도로 압박해왔다. 이후 「우리 앞에 유언비어가 난무한다醜話說在前面」, 「주동자를 사살했다槍打出頭鳥」, 「이제 끝장을 볼 것이다現在就要算帳」와 같은 '당국의 지시'가 전해져왔다. 그래서 나는 어느 곳에 가든지 루쉰의 광인이 목도한 바와 같이 '허여스름하고 단단하게 굳은' 물고기 눈 같은 두 눈이 나를 주시하고 있는 것처럼 느꼈다. 나는 모골이 송연해지고 공포감에 사로잡혔다. 정말 한번은 내가 강의를 하고 있을 때 갑

자기 '너 이리 나와'라는 고함 소리가 들려왔다. 문밖으로 나가보니 표범처럼 생긴 거한이 입구를 막고 서서 '강의실 질서를 검열하겠다'고 했다. 전전긍긍하며 가까스로 그들을 내보냈지만 강의를 계속할 수 없었다. 나는 늘 문밖에서 한 쌍의 눈초리가 나를 감시하고 있는 것처럼 느꼈고 이후로는 교정이 안전하다는 느낌이 사라졌다."

2_「후기」, 『풍부한 고통―'돈키호테'와 '햄릿'의 동천』, 325쪽, 328쪽, 時代文藝出版社, 1993년.

3_「후기」, 『풍부한 고통』, 326-327쪽. 나 자신과 우리 세대의 돈키호테 정신에 대한 발견은 구이저우에 살다가 요절한 나의 친한 친구 류샹페이劉向沸에 대한 나의 정신적 깨달음과 분석을 통해 이루어진 것이다. 이 책의 「후기」에 상세한 설명이 있다. 같은 책 326쪽 참조.

4_ 『풍부한 고통』, 13-14쪽.

5_ 앞의 책, 113-115쪽, 117쪽.

6_ 앞의 책, 96-97쪽, 98쪽.

7_ 앞의 책, 98쪽.

8_「위진 풍도 및 문장과 약 및 술의 관계魏晉風度及文章與藥及酒之關係」, 『루쉰전집』 권3, 513쪽.

9_「외래문화관상外來文化觀 上」, 『저우씨 형제 이야기』, 103-104쪽.

10_ 『풍부한 고통』, 94-95쪽.

11_ 위와 같음.

12_「외래문화관상」, 『저우씨 형제 이야기』, 104쪽.

13_「현대 중국인의 정신사의 한 측면現代中國人精神史的一個側面」, 『60 평생 재난의 언어』, 258쪽, 259-260쪽.

14_ 『풍부한 고통』, 91쪽.

15_「'꿈꾸기'談'做夢'」, 『저우씨 형제 이야기』, 193쪽, 190-191쪽.

16_「가공할 청춘靑春是可怕的」, 『마음을 누르고 있는 무덤』, 160쪽.

17_「'꿈꾸기'」, 『저우씨 형제 이야기』, 197쪽.

18_ 『풍부한 고통』, 87-88쪽.

19_ 앞의 책, 146-147쪽, 150쪽.

20_ 「펑밍과 그녀의 글 "경력―나의 1957년"에 화답하다和鳳鳴與她的"經歷―我的1957年"」, 『수필隨筆』(2004년 4기에 게재)란 글에서 나는 다음과 같은 분석을 했다. "이것은 바로 그 세대 혁명가와 혁명에 경도된 청년들이 지니고 있었던 공통의 정신 특징이다. 노동과 노동 인민을 이상화·성결화하고, 지식인에겐 태어날 때부터 죄가 있다는 인민주의의 신념, 고난을 신성화하고 고난 속에서 영혼을 정화시켜 새로운 인간으로서 '성도聖徒'가 된다는 사고에는 분명 러시아 문화가 이 세대 사람들에게 끼친 깊은 영향이 스며 있다. 이와 같은 신념과 사고가 가지고 있는 자율적인 도덕의 순결성은 의심의 여지가 없지만 루쉰은 일찍이 이렇게 경고하고 있다. '도스토옙스키식의 인종忍從'은 '폭압에 대한 진정한 인종'을 초래할 수 있다. 지금 발생하고 있는 일은 바로 자아의 도덕적 완성을 추구하는 과정에서 초래된 (…) 인종의 비극이다."

21_ 『풍부한 고통』, 145쪽.

22_ 앞의 책, 125쪽, 133쪽, 127-129쪽.

23_ 위와 같음.

24_ 「'생각', '말', '쓰기'에 대한 중국 지식인의 곤혹中國知識者'想', '說', '寫'」, 『마음을 누르고 있는 무덤』, 183쪽. 이 글보다 앞서 나는 1988년에 「계몽가의 진퇴양난의 선택啓蒙者的兩難選擇」이란 글을 쓴 적이 있다. 이 글도 앞의 같은 책에 수록되어 있다.

25_ 『풍부한 고통』, 169쪽.

26_ 「루쉰: 지식인의 유랑蘆焚: 知識者漂泊之旅」, 『정신의 연옥精神的煉獄』, 249쪽, 廣西教育出版社, 1996년. 나중에 나는 또 이 같은 인식을 '저우씨 형제'에 대한 인식으로 확대했다. 그 내용은 다음과 같다. "저우씨 형제가 각각 자기 삶의 형태를 선택하면서 느낀 곤혹감은 본질적으로 말해서 민족·국가·시대를 초월하여 인간 자체에 속하는 것이다. 그것은 또한 인간 천성의 '패러독스'를 드러내주고 있다. 인간은 시종일관 '급변'과 '안정', '파괴'와 '응집', '창조'와 '보수', '소동'과 '편안', '격정'과 '온정', '폭력'과 '온화', '불균형'과 '균형', '무질서'과 '질서', '충돌'과 '화해', '비분'과 '한적', '숭고'와 '평범'……뿐만 아니라 생명의 '가벼움'과 '무거움' 같은 삶의

형태심리상, 정감상……의 양 극단에서 흔들리고 있다." 저우씨 형제는 돈키호테나 햄릿처럼 인류 천성의 근본적인 두 대립 면을 구현하고 있다. 다만 서로 다른 두 전형의 의미를 갖고 있을 뿐이다. 「의미 있는 참조有意味的參照」, 『저우쮀런을 읽다讀周作人』, 252-253쪽.

27_ 「'유랑자 문학'의 심리 지향'流亡者文學'的心理指歸」, 『정신의 연옥』, 147쪽, 151-152쪽. 『풍부한 고통』 제12장에서는 허치팡何其芳이 '귀의처'를 찾은 이후의 모습을 토론하는 과정에서 이 문제를 언급했다.

28_ 「아이들 자신의 정신적 고향을 다시 건설하다重在建構孩子自己的精神家園」, 『생존의 뿌리를 찾아서: 나의 퇴임 사색록追尋生存之根: 我的退思錄』, 94쪽, 廣西師範大學出版社, 2005년.

29_ 세르반테스, 『돈키호테』, 楊絳 번역본, 하책 204쪽, 상책, 355쪽, 상책, 351쪽, 人民文學出版社, 1987년.

30_ 『풍부한 고통』, 14쪽, 91-92쪽.

31_ 『풍부한 고통』, 252-256쪽.

32_ 「'식인'을 말하다說'食人'」라는 글에서 나는 '폭력으로 폭력을 대신하는' 문제에 대해 간단한 토론을 한 적이 있다. 참고할 만하다. 『저우씨 형제 이야기』, 173-175쪽. 山東畵報出版社, 2000년.

33_ 「후기」, 『심령의 탐색』, 359-360쪽. 1989년 3월 나는 「세 가지 반성反思三題」이란 글을 쓴 적이 있다. 이 글에서 나는 한편으로 "'문학 살인'에서 '실탄 살인'으로 나아가려는 현실에 우려를 표시했다." 이와 동시에 나는 또 이렇게 강조했다. "오늘날 우리는 여러 가지 원인으로 인해 군중이 '품고 있는 원한이 포화 상태에 이르렀다." "이러한 상황에서 우선 지식인 사이에 과학적 이성 정신을 제창하고, 아울러 지식인을 통해, 이성과 용기를 민중 속으로 주입하는 것이 현실적으로 매우 절박한 일이 되고 있다." 이 글은 『마음을 누르고 있는 무덤』에 수록될 때 삭제되었고, 그 전체 문장은 『삭제집刪餘集』에 수록되어 있다.(自印本)

34_ 「대서: 나의 근래 10년 연구代序: 我這十年研究」, 『정신의 연옥』, 2-3쪽.

35_ 란쯔 군은 내게 보낸 편지에서 다음과 같은 분석을 하면서 내 문장의 부족한 부분을 보충해주었고, 또 내 정신을 일깨워주었다. "선생님께서 루

쉰의 '역사적 중간물' 명제를 논술할 때 그가 '완벽한 아름다움(또는 선善)'과 '원만함'을 부정하였고, 역사 발전·사회 형태·인생[예술] 역정의 지극한 경지, 즉 완벽한 진선미를 인정하지 않았지만, 불완전하고 결함이 있는 것만이 역사·사회·인생·인성·예술 등의 정상적인 존재 형태라는 사실을 확실하게 인정했다고 강조하셨습니다. 그러나 이 부분에서 루쉰의 그 '확실한 인정' 자체도 일종의 패러독스란 사실을 고려했어야 하지 않았을까요? 즉 한편으로 세계는 불완전하고 결함이 있다는 사실을 확실하게 인정했지만, 다른 한편으로는 아마도 사람들이 이처럼 불완전하고 결함이 있는 것들을 개혁할 필요성을 느끼고 있었다는 사실도 인정했어야 하지 않았을까요? 다시 말해 사람들은 불완전함에 대해 불만을 가져야 하며 이러한 결함과 폐단 등등에 대해 변혁을 수행할 권리를 가져야 하는 것이지요. 이처럼 현실에 대한 불만과 변혁의 권리를 동시에 지적하고 인정해야만 비로소 현실 변혁을 지향하는 인간들의 노력과 필요성에 입지의 공간이 마련될 것입니다. 그리고 이렇게 논술해야만 논리적으로 결함이 없어질 것입니다. 그렇지 않고 불완전하고 결함이 있다는 사실만 인정하면 또 다른 극단으로 흘러가지 않을까 걱정됩니다. 즉 결함과 폐단 그리고 부족한 부분 등에서 인간은 할 일이 없어지고 소극적으로 대응할 수밖에 없게 되지요. 이러한 측면을 마땅히 고려하셔야 할 것 같습니다."

36_ 「사상가로서의 루쉰作爲思想家的魯迅」, 『현재로 진입해온 루쉰走進當代的魯迅』, 66~67쪽, 北京大學出版社, 1999년. 이 글은 왕첸쿤王乾坤 선생과 함께 쓴 것이다. 상술한 개괄 속에도 그의 사상 성과들이 포함되어 있다. 나는 그의 사상에서 아주 큰 계발을 받았다.

37_ 1990년대 중반에 나는 '루쉰 "들풀"의 철학魯迅"野草"裏的哲學'이란 제목으로 베이징대학과 전국 여러 대학에서 '절망에 반항하는' 루쉰의 철학을 강연했다. 이 강연은 대학생들에게 강렬한 반향을 불러일으켰다. 이 강연 원고는 『마음을 누르고 있는 무덤』과 『현재로 진입해온 루쉰』 등의 책에 수록되었다.

38_ 「진짜 돈키호테와 가짜 돈키호테眞假堂吉訶德」, 『루쉰전집』 권4, 519-520쪽.

39_ 『풍부한 고통』, 37쪽, 126쪽.

40_ 「중화민국의 새로운 '돈키호테'들中華民國的新'堂·吉訶德'們」, 『루쉰전집』
권4, 352쪽.

41_ 「'참인간 세우기'를 중심으로以'立人'爲中心」, 『루쉰과의 만남』, 88쪽.

42_ 「마상즈 일기馬上支日記」, 『루쉰전집』 권3, 328쪽.

43_ 「후기」, 『풍부한 고통』, 332-333쪽.

|제3장| 생존자

1_ 「세월은 무정하면서도 다정하다歲月無情又多情」, 『20세기 중국문학 3인
담·문화 만담二十世紀中國文學三人談·漫說文化』, 144쪽, 北京大學出版社,
2004년.

2_ 란쯔 군은 내게 보낸 편지에서 이렇게 이야기했다. "선생님께서 사용하신
그 '생존자'란 이미지는 대단히 훌륭합니다. 나는 그 부분까지 읽어내려 가
면서 나도 모르게 가슴이 떨려왔고, 얼마 지나지 않아 마치 무엇엔가 얻어
맞은 것처럼 이상한 느낌을 받았습니다. 뒷부분을 계속 읽어내려 가면서
더욱더 이 창황하고 비참한 명명 방식에 깊은 의미가 담겨 있음을 느꼈습니
다."

3_ 여기에서 말하는 운동이란 나의 입장에서는 주로 반우파 투쟁, 문화대혁
명, 1989년의 풍파를 가리킨다. 나는 이 세 가지 운동의 생존자로서 집필을
계속하고 있다.

4_ 「중국 독자를 위한 글쓰기爲中國的讀者寫作」, 『생존의 뿌리를 찾아서』,
237쪽.

5_ 마루야마 노부루丸山昇, 「20세기에 생존한 루쉰이 21세기에 남겨준 유산
活在二十世紀的魯迅爲二十一世紀留下的遺産」, 『루쉰 연구 월간魯迅研究
月刊』, 2004년 12기.

6_ 「문혁 기억과 연구에 관한 통신關于文革記憶與研究的通信」, 『생존의 뿌리
를 찾아서』, 48쪽.

7_「고난이 어떻게 정신 자원으로 바뀔 수 있었는가苦難怎樣才能轉化爲精神 資源: 代序」, 『마음을 누르고 있는 무덤』, 5-6쪽.

8_「노라는 떠난 후 어떻게 되었는가?娜拉走後怎樣?」, 『루쉰전집』 권1, 161쪽.

9_ 란쯔 군은 내게 보낸 편지에서 '직장 소속제'에 대해 다음과 같은 관점을 제기했다. "직장 소속제의 '심원한 영향'을 토론할 때 직장 소속제의 경제 기초가 바로 공유제(이것이 실제이며 요점이기도 하다)라는 사실을 밝혀야 하지 않을까요? 만약 그렇게 말하기가 불편하거나 그렇게 말하고 싶지 않다고 해서 그 기초를 국유제로 바꾸어 말할 수 있을까요? 현상을 덮고 있는 가림막을 찢지 않았기 때문에, 이 문제 배후에 숨어 있는 '경제 문제', 즉 자유도 돈 때문에 팔릴 수 있다는 견해가 그 핵심을 잘 드러내지 못하는 것은 아닐까요? 같은 논리로 뒷 문장에서 언급하고자 하는 자유 지식인의 '경제 기초'가 저는 실상 사유제라고 생각합니다. 그러나 이 부문에서 우리의 관점이 좀 달라지는 것 같습니다. 따라서 선생님께서 참고하시도록 시험 삼아 제 의견을 제시하는 것입니다. 국유제라는 이 개념은 사용할 만한 것이고 실제와도 부합됩니다. 그러나 적어도 마르크스가 구상한 그 공유제는 아닙니다."―나는 이 문제를 생각해본 적이 없다. 왜냐하면 나는 정치경제학을 잘 모르고, 소유제 문제에 대해서도 거의 깊이 있게 따져본 적이 없기 때문이다. 란쯔가 여기에서 제기한 '직장 소속제의 기초가 공유제'라는 개념에 대해서 더더욱 나는 분명하게 이해할 수 없다. 아마도 우리 사이에 확실히 의견 차이가 있는 것 같다. 아마 그것은 서로의 화법話法 문제일 수도 있다. '국유제'(중국 특색의 국유제)라고 말한다면 나는 더 쉽게 받아들일 수 있다. 어떻든 직장 소속제의 경제 기초 및 정치 체제와의 관계는 우리가 응당 계속 사고하고 토론해야 할 문제이다.

10_「'주인과 노예'를 분석함(하)析'主與奴'下」, 『저우씨 형제 이야기』, 266-267쪽.

11_ 1977년에 이르러 나의 잡문 한 편이 정치 심사를 통과하지 못하여 잡지 상에 발표되지 못했다. 자세한 내용은 『현대로 진입해온 루쉰』의 부록 「삭제된 문장에 관한 옛 이야기―'옛 수법을 다시 쓰다'佚文舊事―關于'老譜新用'」를 보라.

12_ 「신세기의 문학·'계획화'의 궤도新世紀的文學·'計劃化'軌道」, 董乃斌, 錢
理群 主編, 『컬러 삽화본 중국문학사彩色揷圖本中國文學史』, 347-348쪽,
貴州人民出版社, 2004년.

13_ 「'새로운 소설의 탄생''新的小說的誕生」, 『1948: 천지현황1948: 天地玄
黃』, 197쪽, 山東教育出版社, 1998년.

14_ 「'새로운 소설의 탄생」, 『1948: 천지현황』, 197쪽, 212-213쪽, 山東教育出
版社, 1998년.

15_ 「180820 쉬서우창에게致許壽裳」, 『루쉰전집』 권11, 365쪽, 人民文學出版
社, 2005년.

16_ 「'식인' 이야기說'食人」, 『저우씨 형제 이야기』, 164쪽.

17_ 「하찮은 잡감小雜感」, 『루쉰전집』 권3, 556쪽, 人民文學出版社, 2005년.

18_ 「'식인' 이야기」, 『저우씨 형제 이야기』, 164쪽, 170쪽.

19_ 「'꿈' 이야기談 '做夢」, 『저우씨 형제 이야기』, 191쪽.

20_ 앞의 책, 192쪽.

21_ 앞의 책, 193-194쪽.

22_ 「도명逃名」, 『루쉰전집』 권6, 396쪽.

23_ 「추배도推背圖」, 『루쉰전집』 권5, 91쪽.

24_ 「'연기' 이야기論'演戲」, 『저우씨 형제 이야기』, 215쪽.

25_ 「노라는 집을 나간 후 어떻게 되었는가?娜拉走後怎樣」, 『루쉰전집』 권1,
163쪽.

26_ 「'연기' 이야기」, 『저우씨 형제 이야기』, 205쪽.

27_ 「'주인과 노예'를 분석함(상)析'主與權'上」, 『저우씨 형제 이야기』, 237쪽,
239쪽, 243쪽, 244-245쪽.

28_ 이상의 분석은 모두 『저우씨 형제 이야기』 제7강에서 제11강까지 실려 있
다. 또 여기에서 밝혀야 할 것은 이상의 분석에도 다른 사람의 연구 성과
가 수용되어 있다는 점이다. 예컨대 「중국 언어의 유희성과 대일통 권력
구조의 관계中國言語的遊戲性與大一統權力結構關係」에는 쉐이薛毅의 몇
몇 관점이 받아들여져 있다.

29_ 「잡다한 기억雜憶」, 『루쉰전집』 권1, 225쪽.

30_「이심전심―편지 한 묶음心有靈犀――一束通信」, 『생명의 깊은 호수生命的沈湖』, 356-357쪽.

31_「중국인은 자신감을 잃었는가中國人失掉自信力了嗎」, 『루쉰전집』 권6, 118쪽.

32_ 위와 같음.

33_「말살할 수 없는 사상 유산不容抹煞的思想遺産」, 『학혼』, 39쪽, 文匯出版社, 1999년.

34_ 앞의 책, 42쪽.

35_「민간 사상의 견지―란쯔의 『산비탈의 파수꾼』 서문民間思想的堅守――籃子『山崖上的守望』序」, 『나는 존재한다, 나는 노력한다我存在着, 我努力着』, 44쪽, 46-48쪽.

36_ 앞의 책, 51쪽.

37_ 나중에 내가 쓴 「피비린내로 깨어나는 진실한 목소리帶着血蒸汽的醒過來的眞聲音」라는 글은 바로 어떤 민간 사상가 한 분을 위해 집필한 것이다. 이 글은 『망각 거절拒絶遺忘』에 수록되어 있다. 근래 몇 년간 나는 계속 전국 각지의 민간 사상가와 서신 연락을 유지하고 있다. 그들은 모두 내가 한 번도 만난 적이 없는 친구들이다.

38_「'정신계의 전사' 계보의 자각적인 계승'精神界戰士'譜系的自覺承續」, 『학혼 재창조學魂重鑄』, 175-176쪽.

39_「'참인간 세우기'를 중심으로 삼다以'立人'爲中心」, 『루쉰과의 만남』, 89-90쪽.

40_「'정신계의 전사' 계보의 자각적인 계승」, 『학혼 재창조』, 176쪽.

41_「야초·제사野草·題辭」, 『루쉰전집』 제2권, 159쪽.

42_「루쉰과 1990년대 베이징 대학생魯迅與九十年代北京大學生」, 『현재로 진입해 온 루쉰走進當代的魯迅』, 289-297쪽.

43_ 베이징대北大 『시사時事』 편집부, 「진정한 베이징대학의 목소리를 찾아서尋找眞北大的聲音」, 첸리췬錢理群 주편, 『베이징대학으로 들어가기走進北大』, 四川人民出版社, 2000년. 내가 볼 때 이 글은 1957년 『광장廣場』 발간사와 동일한 의의를 지니고 있다. 이 글들은 모두 베이징대학 교사校史

내정신의 자서전

에서 말살할 수 없는 한 페이지를 장식하고 있다.

44_「'정신계의 전사' 계보의 자각적인 계승」, 『학혼 재창조』, 181-182쪽.

| 제4장 | 학자, 교사, 정신계의 전사

1_ 이후로도 나는 줄곧 '아동문학가'가 되려는 꿈을 버리지 못했다. 나는 2004년 한 젊은 아동문학 연구자에게 보내는 편지에서 이런 말을 한 적이 있다. "아동문학 연구는 아마도 제 인생에서 마지막으로 하고 싶은 일이며, 최후의 연구 계획이 될 것입니다. 이것은 또 나의 낭만적인 상상입니다. 70~80세가 되었을 때 아동문학 연구를 통해 노년과 소년의 소통을 실현하는 것입니다. 이것은 정말 시적 의미가 풍부한 과제라고 할 수 있습니다."

2_ 샤중이夏中義, 『아홉 분의 선현을 배알한 글九謁先哲書』, 348-349쪽, 345쪽, 405쪽, 408쪽, 上海文化出版社, 2000년.

3_ 「20세기 중국 지식인의 공간 위치 선택과 이동二十世紀中國知識分子空間位置的選擇與移動」, 『생존의 뿌리를 찾아서』, 45쪽.

4_ 「'현대 학술'의 함정을 경고함警惕'現代學術'的陷穽」, 『반추와 재건―문학사의 연구와 집필返觀與重構―文學史的研究與寫作』, 207쪽, 上海教育出版社, 2000년.

5_ 「중국 대학의 문제와 개혁―나의 추궁과 사고 및 나의 담론 입장中國大學的問題與改革―我的追問與思考, 以及我的言說立場」, 『중국 대학의 문제와 개혁中國大學的問題與改革』, 87쪽.

6_ 「나의 우려, 곤혹과 고투―상하이 대학에서 개최된 '글로벌화와 중국 현대문학 연구의 전환' 국제 연토회상에서의 발언我的憂慮,困惑和掙扎―在上海大學'全球化與中國現代文學研究的轉變'國際研討會上的發言」, 『생명의 깊은 호수生命的沈湖』, 329쪽.

7_ 「마비된 사고로부터 쥐어짜낸 기억―왕야오 선생님 서거 1주년從麻木中擠出的回憶―王瑤師逝世一週年祭」, 『세기말의 깊은 생각』, 49-50쪽.

8_ 「후기後記」, 『루쉰과의 만남』, 318쪽.

9_ 「나는 어떻게 이 책을 구상하고 집필했는가—후기를 대신하여我怎樣想與寫這本書—代後記」, 『1948: 천지현황』, 324쪽.

10_ 천쓰허陳思和, 「저우쭤런 전기에 관하여關于周作人傳記」, 『중국현대문학연구총간中國現代文學研究叢刊』, 1991년 제3기.

11_ 『저우쭤런전』, 325-326쪽, 北京十月文藝出版社, 2005년 제2판, 제8쇄.

12_ 「한적한 경지: 적막 속의 비적막閑適意境: 寂寞的不寂寞之感」, 『저우쭤런을 읽다讀周作人』, 172-173쪽.

13_ 「문학 경전으로 뒷세대를 길러내자用文學經典慈養下一代」, 『학혼 재창조』, 152쪽.

14_ 「'인생을 위한' 문학'爲人生'的文學」, 『루쉰과의 만남』, 138쪽.

15_ 역자 주: 『귀웬성기果園城記』는 스퉈師陀가 1958년 新文藝出版社에서 출판한 단편소설집이다. 스퉈의 단편소설 총 17편이 실려 있다. 중국 항일 전쟁 시기 피폐한 농촌의 생활을 다루고 있다. 애통하고 침울한 정서를 정련된 언어로 비애롭게 묘사한 깃으로 유명하다.

16_ 첸리췬, 「문학 본체와 본성의 소환—'시화 소설 연구 서계' 총서文學本體與本性的召喚—'詩化小說研究書系'總序」, 우샤오둥吳曉東, 『경화수월의 세계: 페이밍 '다리'의 시학 연구鏡花水月的世界: 廢名'橋'的詩學研究』에 수록, 4쪽, 廣西教育出版社, 2003년.

17_「문학 본체와 본성의 소환—예스양 '루쉰 소설의 형식적 의의' 서문文學本體與本性的召喚—'魯迅小說的形式意義'」, 『원행 이후—루쉰 수용사에 대한 한 가지 묘사(1936~2001)遠行以後—魯迅接受史的一種描述(1936~2001)』, 165쪽, 貴州教育出版社, 2004년.

18_「목표와 선택—나의 중국 현대문학 연구 강령目標與選擇—我的中國現代文學研究大綱」, 『반추와 재건』, 179쪽.

19_ 첸리췬, 「문학 본체와 본성의 소환」, 우샤오둥, 『경화수월의 세계: 페이밍 '다리'의 시학 연구』에 수록, 5쪽.

20_ 「우쭈샹의 시대소설·서吳組緗時代小說·序」, 『우쭈샹의 시대소설吳組緗時代小說』, 2쪽, 上海文藝出版社, 1997년.

21_「나는 어떻게 이 책을 구상하고 집필했는가—후기를 대신하여」, 『1948:

천지현황』, 324쪽. 물론『1948: 천지현황』에도 여전히 내 연구의 강렬한 주
관적 색채와 현실에 대한 관심이 감춰질 수 없을 정도로 짙게 드러나고 있
다. 같은 책, 324-328쪽.

22_ 위의 책과 같음.

23_「연구의 상상력─현대문학 연구 방향에 대한 전망研究的想像力─對現代
文學研究趨向的展望」,『반추와 재건』, 185-186쪽.

24_「나의 연구와 사고我的研究與思考」,『나는 존재한다, 나는 노력한다』,
237쪽.

25_ 나는 현대문학 연구에 대하여 생래적이라고 해야 할 미련을 갖고 있다.
아울러 현대문학이라는 학문 분과의 발전에 대해서도 아주 강렬하고 자
각적인 책임감을 느끼고 있다. 그리하여 나는 시종일관 학문 분과 발전에
관한 모든 새로운 경향 및 우리 학문 분과에서 배출한 신진 학자에 대해
서도 가능한 한 모든 지지와 지원을 아끼지 않고 있다. 이와 동시에 학문
분과 발전에 관한 새로운 설계와 새로운 과제도 끊임없이 제출했다. 아울
러 현대문학연구회의 학회 업무와『중국 현대문학 연구총간中國現代文學
硏究叢刊』의 편집 업무 및 학술 연구총서 출판 계획을 통하여 민간 학술
역량 조직 작업을 진행했다. 나는 이 부문에 막대한 정력을 바쳤지만 피
로한 줄 모르는 즐거움 속에서 일을 추진했다. 이 부문에 관한 사유와 제
창에 관한 글은『반추와 재건─문학사의 연구와 집필文學史的研究與寫
作』이란 책에 수록되어 있다. 정년퇴임 후에 나의 연구는 이미 현대문학의
범위를 벗어났지만 현대문학 분과 발전에 대해서는 여전히 깊은 관심을
기울이고 있다. 이와 관련된 글은『생존의 뿌리를 찾아서: 나의 퇴임 사색
록』에 수록되어 있다. 현대문학 연구는 내 학문의 뿌리이다. 2004년에도
「우리가 걸어온 길:『중국 현대문학 연구총간』100기 회고我們所走過的道
路:『中國現代文學研究叢刊』一百期回顧」 등과 같은 장문을 썼다. 이러한
작업들은 이미 현대문학 학문 분과 발전사 연구이며 또 학술 사조사 연
구이기도 하다.

26_「후기」,『저우쭤런을 읽다讀周作人』, 265-266쪽.

27_「엉뚱한 추모離題的追念」,『나는 존재한다, 나는 노력한다』, 11쪽.

28_ 「서문」, 『인간의 병폐』, 1쪽.

29_ 「엉뚱한 추모」, 『나는 존재한다, 나는 노력한다』, 11–12쪽.

30_ 「정신의 지원군을 찾아서―『루쉰과 그의 논적 문선』 서문 및 기타尋求精神支援―『魯迅和他的論敵文選』序及其他」, 『현재로 진입해온 루쉰』, 322–324쪽.

31_ 「『심령의 탐색』, 『저우쭤런전』, 『저우쭤런론』의 확장心靈的探尋』,『周作人傳』,『周作人論』的延伸」, 『60 평생 재난의 언어』, 283–284쪽.

32_ 「악마시의 힘에 관한 논설摩羅詩力說」, 『루쉰전집』 권1, 68쪽. '인심을 사로잡는다'는 루쉰의 문학관에 대해서는 『루쉰과의 만남』이란 책에서 구체적인 분석을 한 바 있다.

33_ 「『풍부한 고통―'돈키호테'와 '햄릿'의 동천』에 대한 호응豊富的痛苦―'堂吉訶德'與'哈姆雷特'的東移」, 『60 평생 재난의 언어』, 325–326쪽.

34_ 「이끄는 말引言」, 『심령의 탐색』, 27쪽.

35_ 「위이 선생님께 드리는 편지致于漪先生書」, 『어문 교육 문외담』, 395쪽, 廣西師範大學出版社, 2003년.

36_ 「사료의 '독립적인 준비' 및 기타―중국 현대문학 문헌 문제 좌담회 상에서의 강연史料的'獨立準備'及其他―中國現代文學的文獻問題座談會上的講話」, 『생존의 뿌리를 찾아서』, 246쪽.

37_ 위와 같음.

38_ 「『심령의 탐색』, 『저우쭤런전』, 『저우쭤런론』의 확장」, 『60 평생 재난의 언어』, 314쪽.

39_ 「대학원생 교육에 관한 사고」, 『학혼 재창조』, 102–103쪽.

40_ 「진정한 베이징대학의 목소리를 찾아서」, 『베이징대학으로 들어가기』, 282쪽.

41_ 「'진정한 베이징대학의 목소리'와 그 현실 운명 그리고 역사 의의―1997년 베이징대학의 역사 기사眞北大的聲音'與它的現實命運和歷史意義―1997年北京大學的歷史記事」, 미간행 원고.

42_ 「타이징눙에게 보내는 편지致臺靜農」, 1933년 12월 27일, 『루쉰전집』 권12, 309쪽.

43_ 「옛글 다시 베끼기와 베낀 후의 소감舊文重抄并抄後感」, 『60 평생 재난의 언어』, 179쪽.

44_ 다음 글을 참조하라. 딩판丁帆, 「『중국 현대문학 연구 총간』에 대한 몇 가지 건의對『中國現代文學研究叢刊』的幾點建議」. 자오웬趙園, 「현대문학 연구에 관한 수상록關于現代文學研究的隨想」. 셰즈시解志熙, 「'고전화'와 '평상심'—중국 현대문학 연구에 관한 약간의 단상'古典化'與'平常心'—關于中國現代文學研究的若干斷想」. 앞의 글은 모두 『중국 현대문학 연구 총간』 1997년 제1기에 게재되었다. 2004년 나는 「우리가 걸어온 길我們所走過的道路」이란 글에서 이 논쟁을 언급했다. 『중국 현대문학 연구 총간』, 2004년 제4기 참조.

45_ 『원행 이후』, 100-101쪽.

46_ 「학문에 헌신하다—왕자핑 『루쉰의 정신 세계에 대한 응시』 서문獻身學術—王家平『魯迅精神世界凝視』序」, 『학혼 재창조』, 189-190쪽.

47_ 「'인생을 위한' 문학'爲人生'的文學」, 『루쉰과의 만남』, 110쪽.

48_ 「루쉰의 '의심 많은' 사유 방식—'작은 이야기'에 대한 한 가지 관점을 함께 이야기하다魯迅'多疑'的思維方式—兼談對'一件小事'的一點看法」, 『당대로 들어온 루쉰』, 181쪽.'

49_ 「죽은 불 다시 살아나—『사원록—루쉰과 그들의 논적 문선』 서문死火重溫—『思怨錄—魯迅和他們的論敵文選』序」, 『죽은 불 다시 살아나死火重溫』, 433-434쪽, 人民文學出版社, 2000년.

50_ 「'참인간 세우기'를 중심으로」, 『루쉰과의 만남』, 92쪽.

51_ 「독서 잡담讀書雜談」, 『루쉰전집』 권3, 441쪽.

52_ 1996년 10월 25일 저녁 베이징대학에서 행한 "저우씨 형제와 베이징대학 정신周氏兄弟與北大精神"이란 제목의 공개 강연. 1996년 11월에 정리한 「루쉰 『들풀』의 철학魯迅『野草』裏的哲學」에 관한 연설.

53_ 1997년 하반기에 개설한 "루쉰·저우쭤런 사상 연구魯迅·周作人思想研究" 강의. 나중에 이 강의는 『저우씨 형제 이야기話說周氏兄弟』란 제목으로 정리되어 단행본으로 출판되었다. 또 이 강의 가운데 몇 부분은 베이징과 각 지역 대학교에서 공개 강연 원고로 사용되었다.

54_ 1998년을 전후하여 『독서讀書』『방법方法』 등의 잡지에 베이징대학 개교 100주년을 기념하기 위해서 발표한 「76년 전의 개교 기념을 상기한다想起 了七十六年前的紀念」, 「말살할 수 없는 사상 유산—베이징대학 및 교외의 '우파' 언론을 다시 읽다不容抹煞的思想遺産—重讀北大及校外'右派'的言 論」, 「'정신계의 전사' 계보의 자각적 계승」 등 세 편의 글이다.

55_ 「중국 독자를 위한 글쓰기爲中國的讀者寫作」, 『생존의 뿌리를 찾아서』, 237쪽.

56_ 앞의 책, 236, 238쪽.

57_ 「저우씨 형제와 베이징대학 정신—베이징대학 강연록1周, 氏兄弟與北大 精神—北大演講錄一」, 『마음을 누르고 있는 무덤』, 274–275쪽.

58_ 「76년 전의 개교 기념을 상기한다—『베이징대학 일간』을 읽고 느낀 소감 想起了七十六年前的紀念—讀『北京大學日刊』有感」, 『망각 거절: 첸리췬 문 선拒絶遺忘: 錢理群文選』, 347–349쪽, 351쪽, 汕頭大學出版社, 1999년 판.

59_ 홍양원宏羊文, 「헌법과 교육법의 존엄을 위하여—첸치췬 등이 『중고등학 교 어문 교육 자세히 살펴보기』에서 범한 오류를 비판하다爲了憲法和敎育 法的尊嚴—批判錢理群等在『審視中學語文敎育』中的謬論」, 이 글은 『문예 이론과 비평文藝理論與批評』 2003년 제3기에 게재되었다. 이 글 및 이와 관련된 비판 문장은 나중에 『개혁이냐 아니면 방향 전환이냐改革還是改 向』란 책으로 편집되어 2001년 大衆文藝出版社에서 출판되었다. 새로운 세기가 시작되는 시점에서도 이와 같은 대대적인 비판 문집이 출판되었다 는 것은 그 자체로 흥미로운 사상 문화 출판 현상이라고 할 수 있다.

60_ 아이눙艾農, 「저들은 도대체 무엇을 하려는 것인가?」, 『중류中流』 1999년 제11기.

61_ 「이게 무슨 말인가?這是什麽話?」, 『청년문화 통신靑年文化通信』 제8기, 2000년 1월 출판.

62_ 「절대 후회하지 않는다—2000년 총결1絶不後悔—2000年總結之一」, 미간 행 원고.

63_ 「나 자신의 말을 하다: 나의 선택自說自話: 我的選擇」, 『마음을 누르고 있

는 무덤」, 219쪽.

64_「쓸 수 있는 것과 쓸 수 없는 것」, 『나는 존재한다, 나는 노력한다』, 152-153쪽.

65_「2000년부터 시작하여2000年伊始」, 『생명의 깊은 호수』, 203-204쪽.

66_「침잠 10년沈潛十年」, 『학혼 재창조』, 197쪽.

67_「후기」, 『저우씨 형제 이야기』, 306쪽.

|제5장| 지식인이란 무엇인가

1_ 루쉰, 「이심집·서언二心集·序言」, 『루쉰전집』 권4, 191쪽.

2_「절대 후회하지 않는다—2000년 총결 1」, 미간행 원고.

3_「10년 침묵의 루쉰十年沈默的魯迅」, 『루쉰과의 만남』, 98쪽.

4_「글을 읽은 느낌·우리의 위기는 어디에 있는가讀文有感·我們的危機在哪裏」, 『망각 거절: 첸리췬 문선』, 368쪽.

5_「이심전심—편지 한 묶음」, 『생명의 깊은 호수』, 357쪽.

6_ 루쉰, 「이심집·서언」, 『루쉰전집』, 191쪽.

7_「나의 우려, 곤혹과 고투」, 『생명의 깊은 호수』, 325쪽.

8_「『아침 꽃을 저녁에 줍다』와 『들풀』朝花夕拾和野草」, 『루쉰과의 만남』, 286쪽, 288쪽.

9_「쉬광핑에게致許廣平」, 1925년 3월 11일, 『루쉰전집』 권11, 14쪽.

10_ 이 두 글은 모두 『현재로 진입해온 루쉰』에 수록되었다. 같은 책에는 「사상가로서의 루쉰作爲思想家的魯迅」, 「새로운 형식 창조의 선봉—루쉰 소설론創造新形式的先鋒—魯迅小說論」, 「생명 체험과 담론 방식—루쉰 산문론生命體驗和話語方式—魯迅散文論」, 「자신에게 적합한 문체—루쉰 잡문론適合自己的文體—魯迅雜文論」 등의 글이 함께 실려 있다. 내가 1980년대에 『심령의 탐색』을 출판한 이후, 1990년대에 집필한 루쉰 관련 연구들을 모은 주요 성과물이다.

11_「20세기 중국의 경험을 과학적으로 총결하다科學總結二十世紀中國經

驗」, 『생존의 뿌리를 찾아서』, 26-27쪽.

12_「20세기 중국 지식인의 공간 위치 선택과 이동二十世紀中國知識分子空間
位置的選擇與移動」, 『생존의 뿌리를 찾아서』, 35-36쪽.

13_「루쉰과 20세기 중국魯迅與二十世紀中國」, 『당대로 들어온 루쉰走進當
代的魯迅』, 116-124쪽.

14_「60 평생 재난의 언어(서문을 대신하여)六十劫語(代序)」, 『60 평생 재난의
언어』, 2-3쪽.

15_「우리의 신앙을 견지하자, 오늘날의 중국堅守我們的信仰, 在今天的中國」,
『생명의 깊은 호수生命的沈湖』, 320쪽.

16_「2000년 총결 그 첫째2000年總結之一」, 미간행 원고.

17_ 앞의 원고.

18_「우리의 신앙을 견지하자, 오늘날의 중국」, 『생명의 깊은 호수』, 321-
324쪽.

19_「『무덤』 뒤에 쓰다寫在『墳』後面」, 『루쉰전집』 권1, 284쪽.

20_「지식계급에 관하여關于知識階級」, 『루쉰전집』 권8, 191쪽, 188쪽, 190쪽.

21_「박쥐 이야기談蝙蝠」, 『루쉰전집』 권5, 203쪽.

22_「친구에게 보내는 편지一封致友人的信」, 『생존의 뿌리를 찾아서』, 322쪽.

23_「2004년 총결2004總結」, 미간행 원고.

24_「루쉰과 현대평론파의 논전魯迅與現代評論派的論戰」, 『루쉰과의 만남』,
265쪽.

|제6장| 사상가와 실천가

1_ 역자 주: '사상 환원주의還思想子思想者'는 '실천지상주의'에서 사상으로
환원하여 사상 그 자체에 고유한 사상을 부여하겠다는 첸리췬의 독특한 개
념이다. 인류의 유토피아 사상이 실천지상주의에 의해 현실화되는 과정에
서 수많은 참극과 강압이 수반되었음을 인식하고, 사상과 실천을 분리하여
사상을 꼭 현실화해야 한다는 부담을 갖지 말고 사상 그 자체로서 철저한

이상화를 추구하자는 개념이다. 첸리천은 이 개념에 입각하여, 지식인들은 현실 실천이라는 중압감에서 벗어나 사상 그 자체의 철저함을 추구하면서 현실에 대한 영원한 비판자의 역할을 수행하고, 현실적 실천은 혁명가·정치가·경제인들에게 맡기자고 주장한다. 중국 현대사에서 유토피아적 실천 지상주의에 의해 문화대혁명과 같은 수많은 참극이 일어났음을 상기하고, 지식인의 비판성을 회복하기 위한 차원에서 이 같은 개념을 제시한 것으로 보인다. 물론 '사상 환원주의'라는 첸리천의 개념이 실천을 완전히 배제한 '사상지상주의'를 의미하는 것은 아니다. 첸리천은 비판적 지식인으로서 사상 자체의 철저함을 추구하자고 하면서도, 지식인의 능력으로 할 수 있는 작은 실천은 적극적으로 수행하자고 했다.

2_ 『풍부한 고통』, 52쪽, 55쪽.

3_ 앞의 책, 97쪽.

4_ 「천상에서 심연을 보다于天上看見深淵」, 『심령의 탐색』, 35쪽.

5_ 『풍부한 고통』, 89-98쪽.

6_ 「후기」, 『풍부한 고통』, 331쪽.

7_ 『풍부한 고통』, 196-197쪽. 나는 저우쭤런이 20세기 1930년대에 행한 선택을 이렇게 개괄했다. "'사상'과 '행동'의 연계를 잘라내고 자신 및 지식인, 최소한 일부 지식인들의 활동 가치의 실현을 순수한 정신의 사상문화 영역 내로 제한했다." 이것도 일종의 '사상 환원주의'다.

8_ 「저우씨 형제와 베이징대학 정신周氏兄弟與北大精神」, 『마음을 누르고 있는 무덤』, 271쪽.

9_ 「나 자신의 말을 하다: 나의 선택自說自話: 我的選擇」, 『마음을 누르고 있는 무덤』, 220-221쪽, 219-220쪽, 222쪽.

10_ 앞의 책, 221쪽.

11_ 「저우씨 형제와 베이징대학 정신」, 『마음을 누르고 있는 무덤』, 271-272쪽.

12_ 「교육의 궁극적 목표를 새롭게 확립하자重新確立敎育的終極目標」, 『어문 교육 문외담語文敎育門外談』, 52쪽, 54쪽. 같은 책에 수록되어 있는 「'참 인간 세우기'를 중심으로—9년제 의무교육 가운데서 어문 과정 개혁에 관

한 몇 가지 생각以立人爲中心─關于九年制義務教育中的語文課程改革的一些思考」참고.

13_「어문 교육의 폐단 및 그 배후의 교육 이념 문제語文教育的弊端及其背後的教育理念問題」,『어문 교육 문외담』, 72쪽.

14_「교육의 궁극적 목표를 새롭게 확립하자」,『어문 교육 문외담』, 53쪽. 같은 책에 수록되어 있는 「'참인간 세우기'를 중심으로」 참조.

15_「어문 교육의 폐단 및 그 배후의 교육 이념 문제」,『어문 교육 문외담』, 78쪽.

16_ 앞의 책, 5-6쪽.

17_ 앞의 책, 3쪽.

18_ 주쯔칭은 나의 지도교수인 왕야오 선생님의 스승이다. 그가 생전에 행한 마지막 작업은 바로 중고등학교 어문 교재를 편찬한 일이었다. 그러므로 내가 중고등학교 어문교육 개혁에 참여하여 교과 외 참고도서를 편선編選한 것은 처음부터 주쯔칭 선생의 전통을 계승하자고 스스로 격려한 결과이다.

19_「나와 칭화대학의 인터넷 평가 실험我與淸華大學的網絡評價試驗」,『어문 교육 문외담』, 237쪽.

20_「『신어문 독본』편자의 말『新語文讀本』編者的話」,「『신어문 독본』편찬 수기『新語文讀本』編寫手記」,『어문 교육 문외담』, 275쪽, 302쪽.

21_「'참인간 세우기'를 중심으로」,『어문 교육 문외담』, 7쪽.

22_「『신어문 독본』편자의 말」,『어문 교육 문외담』, 281쪽.

23_「내 인생의 길과 학문의 길─남사 부중 동학과 마음으로 나눈 이야기我的人生之路與治學之路─與南師附中同學談心代序」,『나는 존재한다, 나는 노력한다』, 9-10쪽.

24_「교육의 진체教育的眞諦」,『어문 교육 문외담』, 127쪽.

25_「'이것도 생활이다'……'這也是生活'……」,『루쉰전집』권6, 601쪽.

26_「후기」,『나는 존재한다, 나는 노력한다』, 247쪽.

1_ 「루쉰: 지식인의 유랑蘆焚: 知識者的漂泊之旅」, 『정신의 연옥精神的煉獄』, 246-251쪽.

2_ 「새로운 형식 창조의 선봉—루쉰의 소설론創造新形式的先鋒—魯迅小說論」, 『정신의 연옥』, 75-77쪽.

3_ 「고향의 아들의 유랑과 사수鄕之子的漂泊與困守」, 『세기말의 깊은 생각世紀末的沈思』, 192-194쪽.

4_ 「공화국 역사에 대한 또 다른 글쓰기—'한 평민 백성의 회고록' 좌담회 상에서 행한 발언對共和國歷史的另一種書寫—在'一個平民百姓的回憶錄'座談會上的發言」, 『생명의 깊은 호수』, 248, 250쪽.

5_ 「이심전심—편지 한 묶음」, 『생명의 깊은 호수』, 362-363쪽.

6_ 「세기말 심령의 만남世紀末的心靈相遇」, 『60 평생 재난의 언어』, 23쪽.

7_ 「'외침' 자서『吶喊』自序」, 『루쉰전집』 권1, 418쪽.

8_ 「침잠 10년」, 『학혼 재창조』, 202-205쪽.

9_ 「세기의 총결과 기대世紀總結與期待」, 『60 평생 재난의 언어』, 50쪽.

10_ 「나의 우려·곤혹과 분투」, 『생명의 깊은 호수』, 326-327쪽.

11_ 「반하소집半夏小集」, 『루쉰전집』 권6, 595쪽.

12_ 「21세기에 직면하여: 초조·곤혹·분투面對二十一世紀: 焦慮·困惑·掙扎」, 『생존의 뿌리를 찾아서』, 4쪽, 11쪽, 10쪽.

13_ 란쯔籃子, 「귀환한 학문의 영혼—첸리췬의 2003년 구이저우 여행歸來的學魂—錢理群2003年貴州之旅」, 『생존의 뿌리를 찾아서』, 209-210쪽.

14_ 역자 주: '나라이 주의拿來主義'는 외래의 문화를 주체적으로 가져와서 [拿來], 본토의 문화를 풍요롭게 하자는 루쉰의 개방적 사고를 가리킨다.

15_ 「중국 대학의 문제와 개혁中國大學的問題與改革」, 『생존의 뿌리를 찾아서』, 63쪽, 70쪽.

16_ 역자 주: 한어병음漢語拼音은 중국 대륙에서 통용되는 중국어 발음 표기 방법이다. 영어 알파벳을 중국어 발음 부호로 사용한다.

17_ 역자 주: 이 시는 어우양장허歐陽江河가 쓴 「중국어와 영어 사이漢英之

間」란 시의 마지막 연이다.

18_「중국 대학의 문제와 개혁」, 『생존의 뿌리를 찾아서』, 79쪽.

19_ 란쯔, 「귀환한 학문의 영혼」, 『생존의 뿌리를 찾아서』, 213쪽. 나중에 란 쯔는 내게 보낸 편지에서 다음과 같이 내용을 보충하면서 나를 일깨워주었다. "정신의 고향은 피안성(유토피아성)도 갖고 있고 차안성(현실성)도 갖고 있습니다. 피안성으로서 정신의 고향에는 궁극적 관심에 대한 모종의 의미가 포함되어 있습니다. 차안성으로서 정신의 고향에는 현실 생활 속 인간의 입각점 및 그것과 상응하는 신념·관념·준칙 등등이 포함되어 있습니다. 따라서 뿌리가 있는가 없는가의 문제는 사실 자신의 마음이 연관되어 있는가 없는가, 생명이 편안한가 그렇지 않은가의 문제인 셈입니다. 정신의 고향은 일정한 지역 문화를 벗어날 수 없지만, 단순하게 편협한 지역성이나 형상화된 기호로만 이해해서도 안 됩니다. 어쩌면 더욱 다양한 의미에서 지역적 상징의 일종이며 문화적 공감의 심리적 귀의처로 이해하는 것이 더 나을 것입니다.

결국 내가 생각해봐도 그리 분명한 이해를 하지 못했기 때문에 개념 정리를 분명하게 할 필요가 있었고, 정신의 고향을 편협한 지역성이나 지역 문화로 오해하던 경향에서 벗어날 필요가 있었던 셈입니다."—이것은 말할 것도 없이 중요한 개념 정리다.

20_「『한 사람의 안순』 서언戴着『一個人的安順』序言」, 다이밍셴戴明賢, 『한 사람의 안순一個人的安順』, 1-2쪽, 人民文學出版社, 2004년.

21_ 퇴임 후의 사고는 나중에 나의 사상 수필집 『생존의 뿌리를 찾아서: 나의 퇴임 사색록追尋生存之根: 我的退思錄』(廣西師範大學出版社, 2005년)에 수록되었다.

22_「21세기에 직면하여: 초조·곤혹·분투」, 『생존의 뿌리를 찾아서』, 3쪽.

23_「나의 우려·곤혹과 분투」, 『생명의 깊은 호수』, 331-332쪽.

24_「'내가 이 땅을 깊이 사랑하기 때문에'—『구이저우 독본』 편자의 말'因爲我對這土地愛得深沈'—『貴州讀本』編者絮語」, 『생존의 뿌리를 찾아서』, 201쪽.

25_『캐나다 여행 일기旅加日記』, 미간행 원고.

26_ 위와 같음.

27_ 위와 같음.

28_ 역자 주: 농민공農民工은 중국에서 농촌 호구를 가지고 있으면서도 대도시로 이주하여 막노동으로 생계를 유지하는 최하층 빈민들이다. 이들은 중국 당국의 허가를 받지 않고 불법으로 도시로 이주하였기 때문에 자녀 교육이나 의료나 복지 부문에서 중국 당국에서 제공하는 혜택을 받지 못한다. 1980년대 개혁 개방 정책이 본격적으로 시행된 후 나타난 사회 현상의 하나이다.

29_ 「우리는 농촌을 필요로 하고 농촌은 우리를 필요로 한다―'농촌으로 가자'는 중국 지식인 운동의 역사 회고와 현실 사고我們需要農村, 農村需要我們―中國知識分子'到農村去'運動的歷史回顧與現實思考」, 미간행 원고.

30_ 「길손過客」, 『루쉰전집』 권2, 191-192쪽, 194쪽.

| 후기 |

1_ 역자 주: 이 책의 상편 「나의 회고와 반성我的回顧與反思」에서 첸리췬은 자신의 가정환경, 성장 환경, 학문 역정을 비교적 객관적이고 흥미롭게 서술하고 있다. 그러나 너무 방대한 분량이어서 이 역서에서는 번역하지 않았다. 이 역서는 그 하편 「내 정신의 자서전我的精神自傳」만 번역한 것이다.

2_ 우자옌吳佳燕, 『첸리췬의 현대문학 연구를 논함論錢理群的現代文學研究』, 전자원고.

3_ 「현대인의 생존 곤경 및 심미 형태―나의 근래 10년 연구現代人的生存困境及審美形態―我這十年研究」, 『반추와 재건返觀與重構』, 155쪽.

4_ 「『사십 자술』 '자유중국'판 자기『四十自述』'自由中國'版自記」, 『후스전집胡適全集』 권18, 3쪽, 安徽教育出版社, 2003년.

5_ 「『사십 자술』 야둥판 자서『四十自述』亞東版的自序」, 『후스전집』 권18, 7쪽.

6_ 「이 같은 책을 보기를 희망한다希望看到這樣一本書」, 『왕야오 전집王瑤全集』 권8, 50쪽.

7_ 허자오톈賀照田, 「중국 대륙 학술 사상계를 제약하고 있는 몇 가지 문제制約大陸學術思想界的幾個問題」, 『개방시대開放時代』, 2002년 1기.

1.

그냥 스쳐지나간 옛날의 사소한 기억으로 치부하면 그만이지만, 더러는 그 사소한 기억들이 현재의 삶 속으로 끊임없이 스며드는 기이한 만남이 있다. 그런 것이 인연인지도 모르겠다. 이 책의 저자 첸리췬錢理群 선생과의 만남이 그러했다. 내 학문의 동지 조성환趙誠煥이 지은 『중국현당대문학비평가사전中國現當代文學批評家辭典』(중문, 1996) 첫머리에는 첸리췬 선생이 쓴 유머러스한 「서언序言」이 실려 있다. 나는 대학원에서 중국 현대문학을 전공하면서 첸리췬 선생의 고뇌에 찬 저서를 읽으며, 이 분이 유머와는 관계가 먼 엄숙하고 심각한 용모의 소유자일 것이라고 상상했다. 첸리췬 선생의 현실에 대한 깊은 우환의식과 루쉰 정신에 대한 철저한 인식은 젊은 시절 내 학문 여정에 많은 영향을 주었다. 앞의 책 「서언」을 읽고 나서 나는 조성환에게 당시 경주 불국사 앞에서 첸리췬 선생에게 선물한 불상이 어떤 모양이었느냐고 물은 적이 있다. 왜냐하면 첸리췬 선생은 그 「서언」에서 "둥근 머리를 가지고서 미소짓고 있는 불상의 모습이 나의 외모와 매우 흡사하다"고 했기 때문이다. 나는 내가 상상하고 있던 첸리췬 선생의 모습과 실제 첸리췬 선생의 모습이 과연 제대로 부합하는지 몹시 궁금했다. 그러나 조성환의 대답은 전혀 뜻밖이었다. 조성환이 첸리췬 선생에게 선물한 불상은 고뇌에 찬 석가모니불

이 아니라 만면에 웃음을 띤 배불뚝이 미륵보살 상이라고 했다. 나는 금방 둥근 대머리에 배꼽을 드러낸 배불뚝이 미륵보살 좌상을 떠올렸다. 유머러스하고 인자한 미소를 짓고 있는 모습은 금방 상상이 되었지만, 내가 첸리췬 선생의 저서를 읽으며 상상했던 모습과는 전혀 딴판이었다. 나와 첸리췬 선생의 인연은 그렇게 조성환을 통해 상상의 모습과 실제 모습이 유리된 채로 천천히 시작되고 있었다.

2.

얼마 뒤 나는 한국학술진흥재단(지금의 한국연구재단) 해외 박사후 과정에 선발되어 중국 베이징대학으로 유학을 가게 되었다. 1997년 9월로 기억된다. 첸리췬 선생의 「루쉰魯迅과 저우쭤런周作人 사상 비교」라는 과목(나중에 『저우씨 형제 이야기話說周氏兄弟』로 출판되었다)을 청강하면서 실제 그의 모습을 대면할 기회를 얻게 되었다. 첸리췬 선생은 조성환이 말한 것처럼 정말 배불뚝이 미륵보살 불상과 흡사했지만, 그가 토해내는 사자후는 당시 베이징대학에서 가장 큰 계단식 강의실(제1교학루第一敎學樓 201호)을 열광의 도가니로 몰아넣었다. 만장한 수강생들은 저마다 녹음기를 첸리췬 선생의 교탁 위에 올려놓고 그 숨소리 하나까지 녹음했으며, 중국의 불합리한 현실을 비판하는 사자후가 불을 뿜을 때마다 열화와 같은 박수로 공감의 마음을 표시하고 있었다. 첸리췬 선생의 강의에는 거의 매번 10여 차례가 넘는 뜨거운 박수가 쏟아졌다. 나는 흡사 미래에 불국토를 실현한다는 미륵보살의 야단법석을 보는 듯하였다. 루쉰과 저우쭤런을 매개로 중국 현실의 문제점을 진단하는 그의 강의는 중국 당국에서 금기로 정해놓은 언어를 마음대로 넘나들고 있었다. 나는 그의 열강을 통해 6·4(톈안먼 민주화운동) 이후 중국의 비판적 지식인들이 느끼고 있던 마음속 고뇌와 울분을 짐작해볼 수 있었다. 그리고 그 학기에 그 강의를 수강하던 나를 비롯한 한국 유학생 몇몇은 첸리췬 선생을 모시고 조촐한 저녁식사 자리를 마련하였다. 가까이서 본 첸리췬 선생은 정말 인자한 미륵보살의 모습 그대로였다. 우리는 당시 중국 현실과 한국 현실, 중국 현대문학, 중국 현대사 등의 온갖 주제를 놓고 첸리췬 선생과 허심탄회하게 이야기를 나누었으며, 첸리췬 선생은 매우 진솔하고도 격의 없이 우리의 질문에 대답해주었다. 그리고 이것은 개인적인 이야기지만 나는 당시 그의 강의 시간에 쑨위孫郁의 저서 『루쉰과 저우쭤런魯迅與周作人』(河北人民出版社, 1997)을 알게 되었고, 귀국 후 이 책을 번역하여 출판하였다. 인연의 끈이 좀 더 질겨진 셈이다.

3.

마침 당시는 베이징대학 개교 100주년 행사 기간이었다. 그러나 첸리췬 선생은 관방 중심의 경축 행사에 반대하고 학생과 민간 주도의 행사를 주도하였다. 이는 인간 개체의 자유와 독립성을 견지하면서 베이징대학의 현실비판 정신을 되살리려는 각고의 노력이라고 할 만했다. 중국 정부에서는 물론 첸리췬 선생의 교내 강연활동을 금지하고 교내외 매체에 발언을 하는 걸 불허하는 등 대대적인 비판과 탄압을 가하였다. 첸리췬 선생에 대한 당국의 탄압 소식은 음으로 양으로 학생들 사이에 퍼지기 시작했다. 그리고 당시 베이징대학 당국에서 개교 100주년 기념으로 학생들의 투표를 통해 10대 우수 교수를 선발하는 행사를 하자 수많은 학생이 첸리췬 선생에게

표를 던져 그를 베이징대학 10대 우수 교수 1위로 선정하였다. 이때부터 첸리췬 선생은 베이징대학의 '정신적 스승精神導師'으로 불리고 있다. 5·4 정신과 루쉰 정신을 고수하면서 중국 현실에 대한 비판적 지식인으로 자처하고 있는 첸리췬 선생은 퇴임 후에도 수많은 저작을 통해 중국의 민간 사상가들과 교류하며 '참인간 세우기立人'라는 그의 이상을 실현하기 위해 매진하고 있다.

4.

이 책은 매우 특이한 자서전이다. 우리가 보통 알고 있는 자서전이 저자의 삶을 외면적인 경력 위주로 구성하는 데 비해, 이 책은 첸리췬 내면의 정신 역정과 학술 사상을 반성적으로 다루고 있기 때문이다. 그는 이 책에서 그의 정신 역정과 학술 사상이 '역사적 중간물'로서의 희생정신, '돈키호테와 햄릿' 사이의 방황 의식, 엄혹한 중국 현대사의 '생존자' 관념, '학자·교사·정신계의 전사'로서의 복합적인 의지, '비판적 지식인'으로서의 분투 사상, '사상가와 실천가' 사이의 곤혹, '유랑자와 사수자'에 대한 공감의 영역을 넘나들고 있다고 분석한다. 물론 첸리췬은 단계마다, 중국 현실 문제에 대한 비판적 관심에서 출발하여 그의 연구·사고·활동의 심도를 깊게 하면서 문학·역사·사상 분야에 견실한 자원을 제공하고자 노력하고 있다. 우리는 이 책을 통해 중국 관방의 대중화주의의 목소리와는 다른 양심적이고 비판적인 중국 지식인의 목소리를 들을 수 있다. 그리고 첸리췬의 목소리는 단순히 중국 지식인에 대한 질타에만 그치지 않는다. "현재 학술 연구가 상품화의 수렁에 빠져들어 수단이 목적화되고, '거품 학술'이 조성되면서 '허위적이고 열등한 학술 상품'을 생산해내고 있다"고 비판하는 첸리췬의 목소리가 어찌 중국 학계만을 겨냥한 것이겠는가? 또 그는 "일부 학자들은 자기 학문 분야에서는 훌륭한 성과를 내고 있지만, 자신의 학문적 견해에 구애된 나머지, 자신과 다른 새로운 학문 경향에 대해서는 판단력을 잃고 종종 그들의 부분적인 실수와 결함에 기대어, 아주 간단하게 새로운 학문을 부정하는 모습을 보인다"고 탄식한다. 여기에서 더 나아가 첸리췬은 지금 현실 속의 가짜 지식인을 이렇게 규정한다. "가짜 지식인에게는 다음과 같은 특징이 있다. 첫째, 그들은 모두 믿음이 없는 인사이며 신념이 없는 지식인이다. 둘째, 그런데도 그들은 다른 사람의 신념을 말살시키고 다른 사람이 신념을 갖는 것도 허락하지 않는다. 셋째, 그들은 또 자기 자신을 신념의 수호자로 가장한다." 이 구절을 읽으며 우리 학계와 지성계를 돌아볼 때, 지금 첸리췬의『내 정신의 자서전』이 우리에게 던지는 성찰의 깊이는 단순한 타산지석의 의미를 넘어서는 것이 확실하다. 이 책이 우리 학계와 지성계에 심도 깊은 성찰의 목소리로 작용하기를 희망한다.

5.

첸리췬 선생과 맺어진 인연은 내가 귀국한 후 잠시 단절된 듯하였지만, 글항아리 출판사의 기획위원 노승현 선생의 밝은 눈에 의해 이제 다시 더 굵고 질긴 인연으로 이어지게 되었다. 노 선생의 혜안에 감사드린다. 그리고 글항아리 강성민 대표도『내 정신의 자서전』출판에 적극적인 지지를 표하며, 번역 과정 중 지대한 관심을 보여주었다. 인문 정신에 대한 이 분들의 헌신적인 노력은 우리 지성계를 풍요롭게 해줄 것이다. 그리고 '루쉰전집번역위원회'에서 함께 일하고 있는 한병곤韓秉坤 선생은 첸리췬 선생과의 연락을 주선해주었을 뿐만 아니라 번역 초고를 읽고 유익한 가르침을 베풀어주었다. 이 자리에서 특히 깊은 감사의 마음을 전한다.

첸리췬 선생과 연락을 하는 과정에서 이 책이 대륙본(廣西師範大學出版社)과 타이완본(臺灣社會研究雜誌社)이라는 두 가지 판본으로 존재함을 알게 되었다. 첸리췬 선생께서는 대륙본은 많은 부분이 삭제된 불완전 판본이라고 강조하면서, 대륙본과 타이완본을 꼼꼼하게 비교한 교정 원고를 직접 역자에게 제공해주었다. 이 책은 대륙본을 바탕으로 첸리췬 선생의 교정 원고를 보충 번역하여 원본의 모습을 회복하였다. 수많은 중국 대륙의 책이 번역되고 있지만, 이러한 시도는 아마 처음일 것으로 생각된다. 루쉰 이래 수많은 중국 지식인에게 강요되어온 중국 문망文網의 실체가 이처럼 적나라하게 드러난 경우는 드물 것이다. 이 책을 통해 복원된 문망의 내용을 일독해보면 현재 중국 언론 출판의 금기 사항과 금기 언어가 무엇인지 금방 간파할 수 있을 것이다. 음으로 양으로 언론의 검열이 강화되고 있는 작금의 우리 현실을 돌아볼 때, 중국의 문망이 과연 저들의 금기 사항에만 그치는 것일까? 끝으로 흔쾌히 교정 원고를 제공해주신 첸리췬 선생께 존경과 감사의 말씀을 올린다. 첸 선생의 비판적 정신은 중국을 넘어 동아시아 지성계의 또 하나의 시금석으로 자리잡을 수 있으리라 믿는다.

2012년 3월 19일
옮긴이 김영문

내 정신의 자서전

초판인쇄 2012년 3월 26일
초판발행 2012년 4월 2일

지은이   첸리천
옮긴이   김영문
펴낸이   강성민
기 획   노승현
편 집   이은혜 박민수 김신식
일러스트   이재열
마케팅   최현수
온라인 마케팅 이상혁 장선아

펴낸곳   (주)글항아리 | 출판등록 2009년 1월 19일 제406-2009-000002호

주 소   413-756 경기도 파주시 문발동 파주출판도시 513-8
전자우편   bookpot@hanmail.net
전화번호   031-955-8891(마케팅) 031-955-2670(편집부)
팩 스   031-955-2557

ISBN   978-89-93905-94-6 03900

글항아리는 (주)문학동네의 계열사입니다.

이 도서의 국립중앙도서관 출판시도서목록(CIP)은 e-CIP 홈페이지(http://www.nl.go.kr/ecip)에서
이용하실 수 있습니다.(CIP제어번호: CIP2012001271)